U0498741

西安城市语言景观研究

Research on the Linguistic Landscape
of Xi'an City

杨彬 著

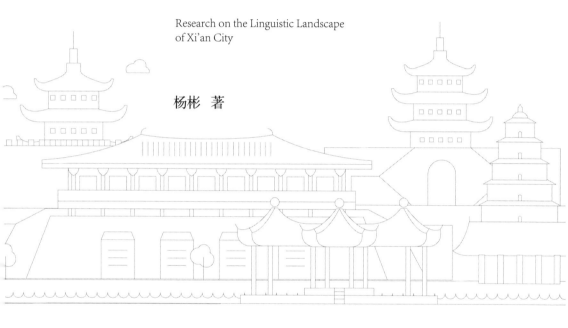

商务印书馆
The Commercial Press

本书获西安外国语大学学术著作出版专项资助

前　言

　　语言景观是生活中随时随地可以见到的日常现象。在公共空间的语言实践活动中，既可以观察到"自上而下"式的官方语言规划，也能够发现"自下而上"式的私人语言风貌，既有体现语言服务态度的不同类型标识标牌，也有展示个性化特征的商业店铺牌匾。一座城市的语言景观是历史人文的缩影，是当代风尚的窗口，也是民心民意的通道。

　　西安作为我国西部城市发展中的领头羊，不仅表现出近年来新媒体中所呈现的"网红城市"形象，更重要的是国家赋予其相应的战略规划与身份定位。作为十三朝古都，西安是"一带一路"建设中的排头兵与桥头堡，是关中平原城市群发展规划的"国家中心城市"，是国际性综合交通枢纽城市，是产业创新升级的"硬科技"之都，是富有东方神韵的国际旅游名城。这些荣誉与勋章都是西安发展的指南针，引领其成为一座历史之城、科技之城、活力之城、创新之城，西安的城市语言景观也必然体现出国际化、多元化、地域化、人文化、时尚化等多重特质。然而，语言生活中的新现象、新问题总是领先于语言治理、语言规划的步伐，这使得我们对语言景观的调研、监测与分析具备了必要性及可行性。

　　2019 年回到西安工作之后，我对城市语言景观治理产生了浓厚的兴趣，与传统文化、地域文化、时代文化相关的景观成为我日常留心的领域，截至目前通过田野调查共收集图片近 2300 张。本书分别选取以大雁塔广场及大唐不夜城旅游景区为代表的历史名胜古迹区、以易俗社文化街区为代表的商业步行街、以西安市政府门户网站为代表的都市文明窗口区和以地铁及公交站点为代表的公共交通系统作为研究对象，以标牌类型、语码选用、材料字刻、景观置放、承担功能为关注焦点，深入探讨了旅游景区语言使用的"双语化"、开发地域特色语言资源的实践性、语言景观建设与提升城市形象相互依存等常议常新的话题。语言景观建设水平是城市活力的外在表征，是城市软实力的综合体现，是古今融通魅力的彰显，是中外合璧的探索实践，是群众评价城市治理水平的依据，政府机关、语言学工作者、普通市民多方联动才能早日实现西安城市语言景观的规范化、专业化、国际化。

　　本书是我对近年工作的提炼与总结，也是对未来的规划与展望。在搜集资料与数据统计的过程中，得到了丁红、辛雅萍、王思怡、张思越、卢思淼的大力帮助，部分章节的内容也依托于李萌、程玥、蒙幸恬的毕业论文。以上同学为本书付梓所付出的努力，在此一并致谢！

　　由于个人能力与水平所限，书中定会存在不少问题，欢迎各位专家批评指正，在此表示诚挚的谢意。

杨　彬

2024 年 3 月于西安外国语大学

目　录

绪　论

第一节　研究背景与价值

一、研究背景

"全球化"是当今时代的基本特征，指各个国家之间联系不断紧密，将世界压缩为一个整体，人类逐步建立起"全球观念"以及"全球意识"的过程。它以经济全球化为核心内容，辐射到政治、文化、科技、军事、安全、意识形态、生活方式、价值观念等多层次、多领域，对"本土化"而言既是挑战又是机遇，一方面产生激烈的碰撞与冲突，另一方面推动着同质倾向与自我更新。

在"全球化"的进程中，语言问题也日益凸显，将社会语言学与全球化相融合的研究已经发展成为新趋势、新走向、新潮流。"全球化社会语言学"（the sociolinguistics of globalization）包括双重含义：一是指全球化的社会语言现象，二是为了研究这种新现象所需的新理论。

作为现象的"全球化社会语言学"主要表现为：（1）网络语境催生了话语的新类型、新实践、新模式；（2）城市新移民群体的语言多样性改变了传统的"言语共同体"；（3）以英语为代表的全球性语言的强势传播将少数民族语言或方言的延续传承引入了窘迫处境。其特征为冲击领域的广泛性、语言变体的不平衡性、服务群体的不平等性，以及权力资源的多元性（扬·布鲁马特、高一虹、沙克·科霍恩，2011）。"移动性"（mobility）是新的研究范式，涵盖"语言的移动潜势"以及"移动的人、移动的语言"，前者注重"结构"的变化，主要观察特定的语言或语言变体为人们提供了怎样的移动潜势，如随着"城市化"（urbanization）的推进，大量移民涌入城市中心区域，新精英阶层的崛起、底层劳动者贫困状况的加剧、局部范围内语言秩序的重组。后者强调"建构"的形成，在重组后的语言格局中，人们怎样通过语言使用获得或丧失移动性，并产生新的移动潜势，如农民工群体家乡方言、普通话、当地方言使用的多元混合性及自我身份认同的多元化，海外留学生、侨民、移民汉语及方言的使用、保持与丧失，来华留学生、旅居中国的外国人双语需求下新的言语库的建立与生成。

作为理论的"全球化社会语言学"主要研究全球化语境发生在社会的不同层面时对语言所产生的影响，诸如特征、应用、体裁、社会语言运作过程的层次和规模之间的问题等。荷兰蒂尔堡大学教授扬·布鲁马特（Jan Blommaert，2003）指出了全球化与社会语言学之间的辩证关系，认为"全球化是有关社会语言的，语言内在于全球化过程"，该理论的三个核心概念包括标准性、超多元性与流动性。其中，"流动性"是其本质，指运用符号的综合体创造出新的组配机制，如采用语言形式、语言种类、图画形象、标识记号、文本编辑，这些符号以语言变体的身份大批量组成特殊团体。布鲁马特认为移动存在双重主体，一是不同的语言符号，二是使用语言的人，这两者均能够在物理、社会空间中进行移动。尼古拉斯·库普兰（Nikolas Coupland，2003）提出了"全球化社会语言学"的四个重要改变：相互依存，时空压缩，不嵌入，以及商品化。"相互依存"说明语言与政治、经济、贸易等基本一致，是个人、群体、国家在交往实践过程中相互依存关系的新媒介、新标记。"时空压缩"是指在信息化、网络化、数字化高速发展的时代，社会语言全球化的三要素（主体、符号、商品）传播中所占据的时间和覆盖的空间被缩短或挤压。"嵌入"表现为人们试图将先进文化纳入社会活动范畴，而"不嵌入"则与之相反，是指文化底蕴和语言符号无法插入社会活动范畴（Giddens，1991），前者如嘻哈乐队经常使用俚语，并将其插入在流行音乐 rapper 中承载着一定的文化意义，后者则如作为国际通用语言的英语，只是全球性通用的一种语言，并没有在文化上重新嵌入。"商品化"指语言由标志着人类文化的物质转变为全球化市场下的商品，即商品化了的各种语言演变成为语言产品，同时具备物质文明和象征意义双重价值，如环球连锁超市沃尔玛、麦德龙、家乐福、特易购等，不仅向消费者暗示超市里物品丰富、价格低廉，而且代表了商业影响力、品牌公信力等积极形象。

在"全球化社会语言学"理论体系中，多语现象（multilingualism）是普遍存在的，也是语言景观研究中关注的焦点之一。《语言景观：多语研究的新路径》（Gorter，2006）在这一领域有较多先行实践成果，利用对标牌语言多语现象问题的关注，挖掘不同国家、不同地域隐藏的社会文化因素，追踪语言接触和演变的轨迹，洞察语言与社会双重力量下的互动机制。语言的权势地位、英语的传播状况、语言政策的理想化与语言实践的现实性四个方面是多语现象最为普遍的研究视角。国外的语言景观研究发端早、范式多、成果丰，与之相较，国内则尚处于起步阶段，未能形成独立的理论体系，多在西方学者提出的框架下开展调查研究。国际化大都市的语言景观研究备受关注，主要集中于北京、上海、广州等一线城市，公共空间中"多语多言"现象的存在正是"全球化社会语言学"的研究对象，也是语言多样化发展趋势的主要表征。

本研究以"全球化社会语言学"为理论基础，以西安城市语言景观为研究对象，在调研过程中发现了多重语言现象能够佐证该理论的相关特点，如：（1）作为全球通用语言的英语在西安名胜古迹游览区、都市窗口文明区、公交系统生活区等公共空间的广泛出现、高频呈现反映了"语言全球化"的强势传播；（2）"城市化"进程中使用普通话的官方要求与地方话（方言）的日常需求体现了西安市政府城市语言规划、语言治理与西安市民语言实践的现实矛盾，是语言、政治与民生的辩证统一，更是个体、群体、国家在语言生活中相互依存的显现；（3）各类标牌、牌匾、海报、标语等载体形式丰富，不同语码的选取与排列灵活多样，图画、标记、字体的组合千变万化，使用不同类型符号创造出了千姿百态的组配机制，不仅是"流动性"的外显，更体现了"全球化社会语言学"的核心本质；（4）标牌上英文、日文、韩文、俄文等多语码共现并竞争，然而对比中文的强势地位仍然表现出高度受限性，说明语言符号无法纳入主流社会活动范畴，尽管"全球化"的趋势在语言领域表现突出，但仍仅限于工具性的外显，外来文化作为细枝末节尚无法嵌入主流文化；（5）西安城市语言景观包罗万象，既有普通话与地方话的此消彼长，又有汉语与外语的并存混用，在语言格局重组之后建构起了新的发展潜势，"多元化"不仅体现在语言应用方面，更凸显于身份认同之中，形成了新、老城市居民，城市原住民与城乡一体化新移民，本土长期居民与来华学习旅居短期居民等不同群体成员自我身份认同的混合性与单一性之间的新矛盾。

二、研究价值

（一）理论价值

本书在研究过程中借鉴了国外流行的语言景观研究范式，以 SPEAKING 理论模型为基础，观察景观的背景与场合、参与者、目的和结果、言语行为发生次序、语气表情及姿态、传播媒介、规约和准则、言语活动类型，以场所符号学理论为基础，发现语言景观的语码取向，字刻（字体、材质、附加成分、累加、状态变化），置放特征（去语境化符号、越轨式符号、有情景符号）等特点，是对新理论的应用与推广；丰富了语言景观资源的内容，呼吁围绕"两化两性"，即国际化、地域化和时代性、历史性构建富有区域特色的景观；拓宽了语言生活、语言政策、语言规划、语言治理的研究主题，促进了国内社会语言学发展。

（二）实践价值

以西安的城市语言景观为研究对象，通过调查分析语言事实、语言材料，深化对大都市公共空间多语现象的认识。定位于"四大领域"，即历史名胜古迹区、地下商业步行街、都市文明窗口区、城市公共交通系统，与普通百姓日常旅游、购物、问政、出行相关联，全方位呈现塑造城市形象的不同空间。将语言实践对标语言政策，发现外国语言文字在西安城区的使用情况，完善语言景观的信息功能与象征功能，为语言政策的修订、语言景观的规划、语言生活的和谐发展提供有益参考。

第二节 语言景观理论建构

"语言景观"的概念界定、内容延伸、功能价值、研究模型均源于国外语言学理论，不同学者在实践中不断扩大了研究范围，对公共空间涵盖语言文字的形式加以拓展，发现并承认了景观的信息、象征、索引功能，探索并建立了诸如场所符号学、公共标牌语言选择理论、语言景观四原则、SPEAKING 分析模型、三维分析模型等五类研究范式。该理论被引介进我国后，研究视角与范围进一步扩大，由典型的语言景观发展至非典型景观，同时与众多学科融会贯通，共时层面注重精准化描写、历时层面突出点状化溯源，并从经济学角度分析景观存在的可能性及必要性，已迅速跃升为新兴的潜力巨大的交叉性学科。

一、国外理论生成

（一）概念界定

兰德里和波希斯（Landry & Bourhis，1997）最早在文章《语言景观与民族语言活力：一项实证研究》中将"语言景观"（Linguistic Landscape）界定为"某个特定地区或者城市群内的公共道路标识、广告牌、街道名称、地名、商店标识，以及政府建筑物附属公共标识上的语言，共同构成了该区域的语言景观"。十几年后该领域的研究逐步受到关注，不同学者随之对概念进行了扩充与填补，主要集中于语言表现形式层面的拓展。伊塔基和辛格（Itagi & Singh，2002）认为景观仅局限于"语言的书写形式"，本·拉斐尔（Ben-Rafael，2006）提倡凡是可见的"语言物件"均可纳入其中，肖哈密和瓦克斯曼（Shohamy & Waksman，2009）较为正式地指出"陈列的文字"方可被认定，而贾沃斯基和瑟洛（Jaworski & Thurlow，2010）则将"语言-活动-空间-文化"等多元要素融合为一体，说明了语言景观研究的多维性、立体性，也提示了语言、视觉活动、空间实践与文化维度之间的相互作用。领域内专业刊物《语言景观》(*Linguistic Landscape: An International Journal*)最终给出了较为权威的定义:"语言景观研究尝试去理解公共空间内所出现的各种语言及其各种形式背后的不同动机、不同用法、不同意识形态、不同变体和彼此竞争关系。"

(二)基本功能

兰德里和波希斯认为语言景观的基本功能为信息功能和象征功能。本·拉斐尔指出其象征性,斯科隆(Scollon)则说明了其索引性。

兰德里和波希斯(1997)提出语言景观具有信息功能(informative function),指其能够为人们提供信息,并帮助人们了解某个语言群体的地理边界以及社区内部使用语言的特点。这一功能属于显性功能,主要体现在:(1)是特定语言社团地理领域的显著标志,有助于与相邻社团划分界限;单语、双语、多语的应用说明了社团的多样性。(2)语言的权势和地位反映了其在社会中的优越性、竞争力。(3)私人标志相较政府标牌更具有差异化、多元化的特点。象征功能(symbolic function)指语言景观能够透视出语言权势与社会身份,是语言群体成员对语言价值及地位的认可,映射出一个地区的语言政策及语言权势,民众的身份认同及意识形态,属于隐性功能。在公共标志中语言同样可以作为经济、传媒、医疗、军事的衡量标准,且在文化、商业、宗教活动中具备强大的生命力,由于使用该符号的群体人数众多,足以实现其正当化、合理化。

本·拉斐尔(2006)认为语言景观具有象征性,是个人和机构在公共领域对语言资源的利用,是公共空间的象征性建设。如商店、邮局、售货亭等物理空间所使用的标牌、颜色、显著度、特定位置、书面文字都直接象征了主导社团与从属社团的语言地位高低。语言景观与现实生活是相辅相成的,在某一区域内对特定元素的研究有助于揭示社会现实,如时尚语言的运用频率,语言形式的变化、意义的引申及联想都会塑造出具有地域特色的语言景观。

斯科隆(2003)从地理符号学(Geosemiotics)的角度指出语言和标志的重要属性——索引性。"索引"的功用是能够快速收取数据,且保证数据的唯一性。语言和标志为真实社会和物质世界编制索引，该特性将抽象意义转化为真实生动的具体意义，使枯燥无味的数据展示变为鲜活灵动的景观感知，体现了创造的实时过程。

（三）研究范式

不同学者提出了彼此各异的语言景观研究模型：斯科隆构建了场所符号学理论，斯波斯基和库珀（Spolsky & Cooper）提出了公共标牌的语言选择理论，本·拉斐尔归纳了构建语言景观的四个原则，许布纳（Huebner）建立了SPEAKING 分析模型，列斐伏尔（Lefebvre）创建了三维分析模型。

R. 斯科隆和 S. W. 斯科隆（Scollon, R. & Scollon, S.W., 2003）提出了地理符号学理论。该理论主要研究标牌、话语的物质实现以及人在物质世界中的意义，涵盖互动秩序、视觉符号、场所符号三个系统。互动秩序（interaction order）重在发现语言、动作、姿势之间彼此联系、相互作用的过程。视觉符号（visual semiotics）重点审视文本和图片。场所符号（place semiotics）则侧重观察非语言符号的运用。"场所符号学理论"关注语言景观的语码取向、字刻、置放。语码取向（code preference）指的是双语或多语标牌上语言之间的关系，凭借出现顺序、字体大小反映不同语言在社团内的价值和地位。字刻（inscription）包括字体、材质、附加成分、累加（layering）和状态变化。字体是字母（或文字）的书写方式、大小、形状、颜色；材质指语言文字的物质载体；累加是指一种字体作为附加成分或者延伸成分附着在另一更为永久的字体上面；状态变化是指字体外的意义蕴含，如标牌中的字亮起表明处于营业状态。置放（emplacement）指现实世界中置放标牌的三种形式：去语境化符号（decontextualized semiotics）、越轨式符号（transgressice semiotics）和有情景符号（situated semiotics）。其中，"去语境化符号"（去语境化置放）指标牌不受置放地理环境、语言环境的影响，在任何情况下都保持自身原有的形式。"越轨式符号"（越轨式置放）指标牌被放置于本不该出现的地方，即不适当的位置或者未经批准的场所。"有情景符号"（场景化置放）指标牌在恰当的地点或位置发挥其应有的作用，具有良性的社会效应。

斯波斯基和库珀（2009）从标牌"书写者—阅读者"的双重视角提出了关

注语言景观的语言选择、编码选择、读者选择、语用选择。标牌上的语言选择需要考虑三个条件：一要使用标牌创建人熟悉的语言，以避免使用外语书写经常出现拼读错误；二要使用预期受众能够理解的语言，双语标牌面向外国游客，因此选择目标群体常用的语言进行书写；三要使用自己的语言或能够表明自己身份的语言，通过多语标牌上的语言顺序来体现当地不同语言的权势地位。

本·拉斐尔（2009）将语言景观视为自我建构的过程，并提出了四重建构原则。凸显自我原则（presentation of self）指特色化语言出现于特定领域内会提高关注概率，与众不同、标新立异的形式终会脱颖而出。在范围狭窄、稠密林立的都市景观中，各种标牌竞相吸引人们的注意力，显然最特立独行的一个会给人留下深刻印象，这必然需要采用非同其他的自我表现手法展示自身优势。充分理性原则（good reasons）要求语言标志的创造者应了解社会、迎合公众、理性表达。受到公众欢迎、了解公众需求、反映公众观念的标识会得到广泛认可，如售卖楼盘的广告中经常出现"绿色、人文、生态、田园"等字眼，正是为了满足消费者对美好人居环境的向往和追求。集体认同原则（collective identity）要求创建者和受众在语言表达上达成一致。部分少数民族的语言也会出现在景观上，创设者通过语言形式暗示各自的权力地位、身份高下，寻求主流社会的认同。权势关系原则（power relations）指主导社团所使用的语言更多地出现于标牌标志上。由于拥有更多的资源和权限，主导社团能够对语言资源的使用加以规划或限制，并引导人们的价值取向，将强势文化以法律条文的形式加以说明。

许布纳（2009）在海姆斯（Hymes，1972）提出的语言交际能力模型，即SPEAKING交际模型基础上，进一步转向梳理语言与社会意义之间的关系。不同字母代表了研究过程中需要注重的因素，其中 S 代表场景（setting and scene），是标牌放置的语境所建构的社会意义；P 代表参与者（participants），是语言景观的创设者和受众（读者）；E 代表目的（ends），是语言标牌的目的和功能；A 代表行为顺序（act sequence），是标牌中语言的空间安排；K 代表讯息传递基调（key），是标牌的语码选择、文本数量、信息清晰程度；I 代表媒介与渠道（instrumentalities），指词汇选择以及语码选择、语码转换、语码混合、语码排列等；N 代表规则（norms），包括交际规则和阐释规则，前者的影响因素包括社会阶层、年龄、种族、言语社区，后者的影响因素涵盖言语社区的行为、特征及意义；G 代表的是体裁（genres），是语言标牌的类型，以广告牌、路牌、海报、指示牌等多种形式存在。

列斐伏尔（1991）创建了三维分析模型，将"空间"分为空间实践（spatial practice）、构想空间（conceived space）、生活空间（lived space），三者分别对应人类的物质空间、专家或者决策者所构想的空间、人们日常生活的空间。特兰佩·赫克特（Trumper-Hecht，2010）将三维分析模型运用到语言景观研究上：空间实践指标牌上语言的实际分布情况，是物理（physical）维度，可以利用照相器材记录真实的语言分布状况；构想空间是政治观念和国家意识形态的体现，决策者借助相关的政策法规整合语言景观，并反映主流意识形态，是政治（political）维度；生活空间为当地居民对景观的感知和态度，是体验（experiential）维度。

二、国内借鉴应用

尚国文系统地引介了语言景观的相关理论，并将其研究范围进一步拓展，在借鉴其他学科扩大观察视角的同时，该学科也逐步发展成为实用性强的交叉学科。

（一）概念的引入

"语言景观"这一概念的引介经历了由多学科向语言学聚焦、语言文字符号向多类型符号发散的过程。

王萍（2013）首次提出了"汉语语言景观"的概念，具体指："汉民族在中国这一特定地域范围内，使用具有一定功能性、传承性、地域性和特殊感征的语言项目所形成的语言面貌；是中国地理空间范围历史文化变化发展序列的载体，是自然和文化内涵整合的体现。"并对自然地理、人口、政治、经济、性别、网络六个维度下的语言景观进行详细解释。

尚国文、赵守辉（2014a）在学术论文《语言景观研究的视角、理论与方法》中系统地将语言景观这一概念引入国内，从研究视角、理论方法、分析维度、理论构建等方面对语言景观展开了全方位的介绍。他们赞同兰德里和波希斯（1997）对语言景观的界定，认可其信息、象征功能，指出收集语料的方法包括拍照、问卷调查、访谈，将标牌分为官方与私人两类，倡导标注并做量化处理，着重介绍了场所符号学理论和 SPEAKING 分析模型。同时指出了当前语言景观研究面临的挑战：注重量化，忽视质性；分析单位尚未统一；标注体系杂乱无章；官方与私人界限不明；语言景观可以从"历史＋研究"两个维度深入探讨，前者注重动态的、变化的历时演变描写，后者强调三个层面，即语言权势地位与语言关系、语言政策与具体实施、标牌语言形式特征。同年，尚国文、赵守辉（2014b）进一步在文章《语言景观的分析维度与理论构建》中重点阐明了语言景观的五个研究维度以及四条构建原则，前者包括语言景观与语言权势和地位、语言政策与具体实施之间的落差、标牌语言的形式特征、英语的国际传播和扩散、语言景观的历史维度，后者涵盖凸显自我（presentation of self）原则、充分理性（good-reasons）原则、集体认同（collective identity）原则、权势关系（power relations）原则。

尚国文、周先武（2020）对非典型语言景观的类型、特征和研究视角进行了综述。该类语言景观指"城市空间中传统标牌以外的语言文字所构成的语言景象"。主要有游行标语、车体及动态广告、涂鸦、街头艺术、T 恤文化衫、网络虚拟语言、语音播报、标签、宣传册、邮票、报纸、书籍、明信片等，它们具有移动性、临时性、多模态性、越界性的特征，突破了以往语言景观研究仅限于静态的传统模式，确立了多元的、流动的、变化的观察角度，发现了更为丰富的非典型景观类型，以揭示更多语言使用与社会、人群、政治、经济、身份等因素之间的关系。同时，针对非典型语言景观的研究视角也采用了质性研究的方法，以城市政治学视角、语码优选视角、语言权势视角、场所符号学视角、对话性视角作为比较常见的分析框架。

尚国文在语言景观研究领域的建树还包括：（1）从语言经济学的角度探讨多元文化共存国家新加坡、马来西亚、泰国语言景观中的经济因素，并以经济学概念为分析工具，阐释语言景观构建中的经济、政治动因，为语言政策和语言规划提供参考（尚国文，2016）；（2）从偶发性学习、语言意识、语言能力等方面探讨语言景观的作用，并倡导将其作为教学资源和工具纳入二语／外语的学习过程中，成为重要的输入来源（尚国文，2017）；（3）从宏观社会语言学分析旅游语言景观所反映的社会现实，并呼吁关注语言的商品化、语言表征的真实性、英语的霸权地位、少数族群语言的角色和命运等问题（尚国文，2018）。

（二）视角的延伸

尽管语言景观的研究理论借自于西方学说，但观察视角在我国得到大幅拓展，如全球化社会语言学、历史社会语言学、语言经济学、宏观社会语言学、生态翻译学等，这些方法与理论的使用都使得该领域的研究更加多元化，并被不断赋予新的活力。

1. 全球化社会语言学

该理论由以荷兰学者扬·布鲁马特为代表的欧洲学派提出，把社会语言学的描写对象从语言的使用者延伸到了语言使用的空间，其核心概念是超多元性、标准性和移动性，内容在本书的研究背景中已经详述，此处不再赘述。田飞洋、张维佳（2014）以全球化社会语言学的视角对北京学院路的双语公示语语言景观进行调查分析，归纳了路牌及公示语研究的多重视角，即翻译视角、跨文化视角、社会语言学视角，讨论了全球化与本土化、城市居民语言使用的超多元性、语言规范及其标准性、人和语言符号在社会空间中的移动性，最终指出双语路牌不是简单的英汉翻译，而是语言符号背后的超多元社会化力量，路牌作为交际行为者应该得到更为有力的规范与优化。

2. 历史社会语言学

照相机的发明和使用为记录语言景观的变迁轨迹创造了优越的条件，以便于学者从历史语言学的角度对某一特定区域的景观演变进行系统的历时考察。彭国跃（2015）收集了382张自1870—2013年的上海南京路照片，分析了百年语言景观变迁与发展，宏观上将其分为形成期（1870—1911）、繁荣期（1912—1948）、动荡期（1949—1976）、复兴期（1977—2013），各个时期语言景观表现出的特点分别为：形成期店名招牌从无到有、中西并存；繁荣期传统语言景观从大力发展到迅速退潮，白天大旗招展、夜晚霓虹闪烁；动荡期商业促销荡然无存，政治标语赫然醒目；复兴期店名标牌逐步恢复，公益广告批量出现。微观上追踪了大新、永安、先施三家百货公司及老店邵万生的语言景观，如永安公司近百年间先后经历了"永安花园—永安公司—公私合营永安公司—国营东方红百货商店—上海第十百货商店—上海华联商厦股份有限公司—永安"等频繁的招牌命名更迭，反映了不同时代的经济体制变迁与政治体制需求。

3. 语言经济学

从经济层面来说，语言是一种可用于生产或再生产的资产和资源，与其他资源一样，也具有价值、效用、费用和效益等经济学属性（Marschak，1965；Grin，2001；张卫国，2008）。语言标牌的创设可以说是通过语言资源的配置创造效益的过程。尚国文（2016）选取新加坡、马来西亚首都吉隆坡和泰国首都曼谷三个多元文化、多种族的地区分别展开描述，并利用经济学中的成本与效益、效率与公平、供给与需求、利用价值、工具理性等原理分析三地语言景观构建的权衡要素。

4. 宏观社会语言学

宏观社会语言学关注语言在旅游区文化与身份表征中的作用，见赫勒（Heller，2010）；霍尔和卢（Hall-Lew & Lew，2014）；赫勒、贾沃斯基和瑟洛（Heller, Jaworski & Thurlow，2014）。旅游语言景观具有信息功能，通过语言文字与游客进行信息交流，如方向指引、景点介绍、商品服务，同时也具有象征功能，是传达异域情调的符号价值，增强探古寻幽的历史厚重感，体现东道主热情好客的友好态度。尚国文（2018）提出应从语言商品化（commodification）、语言表征的真实性（authenticity）、国际语言传播框架（英语的霸权地位）、语言维持框架（少数民族语言的角色和命运）深入探讨。如华盛顿唐人街语言标牌上的汉字和云南丽江标牌上的东巴文，体现了语言的商品化能够带来经济效益。葡萄牙阿尔加夫地区的英语语言景观占据主导地位，强化了游客及生活型移民的内心归属感。

5. 生态翻译学

生态翻译学在翻译原则、过程、方法、技巧等方面为理论与实践开创了新天地，以"适者生存"为其哲学基础，将翻译过程视为译者与译本之间生态的多维选择与适应，重点考察语言维度、文化维度、交际维度。杨金龙、朱彦蓉（2019）对具有 130 多年历史的美国东北部著名华人聚居区波士顿"中国城"语言景观的翻译情况展开探究，语言维度从音译、直译、意译勘察景观如何适应社区翻译生态，交际维度审度双语标牌中的内容是否能够充分、准确地传达信息并被理解，文化维度分析语言凸显性与社区内部符号的偏爱程度，以及标牌设计中翻译的方向性。该研究说明，新时期海外华人社区的语言景观对于塑造国家形象、体现国家文化软实力、构建"人类命运共同体"具有重要的作用。

第三节　语言景观实证研究

　　语言景观研究实践层面较为典型的个案分析均来自国外语言学，涉及的调查地区包括战争频发、民族冲突多见的中东地区，北欧的世界历史文化名城罗马、西班牙，高度自治的行政区巴斯克，东南亚旅游城市曼谷及国际化大都市东京。在我国现有的研究成果中，学术论文较多、学术专著极少，前者根据研究对象的特征大致分为城市、旅游、国外、少数民族、虚拟、乡村及其他类语言景观，后者则仅就北京市的整体语言景观与国际化社区望京的特色语言景观展开探讨。近年来，我国语言景观研究呈现出一些新的发展态势：从综合研究到单类调查；从理论建设到个案研究；从国内居所到海外社区；从现实环境到虚拟空间；从单一维度到多模态。这些积极的变化都为该领域研究的壮大提供了理论与实践的支撑。由于国内研究文献较多，无法一一列举，下文采用"总论＋典型个案举例"的方式解说，在不同种类之下仅介绍影响较大且出自重要核心期刊的学术论文。

一、国外案例

　　耶路撒冷·凯美特街（Keren Kayemrt Street）语言景观调查。罗森鲍姆

（Rosenbaum）等人（1977）主要对该街区的标识语言、买卖用语、晤谈语言展开调查分析，重点区分了语言符号呈现的三种形式：无罗马字母文字；有少许罗马字母文字，但希伯来文字占主导地位；罗马字母文字和希伯来文字同样突出。

罗马语言景观研究。格里芬（Griffin，2004）对罗马 7 个区段的 17 条街道展开调研，采用照片记录的方式共收集了 225 个使用英语的样本，并且记录了 901 个单词，发现商业标志上英语出现较多，而街道标志、公共机构则相对较少出现。

以色列及东耶路撒冷多语现状调研。本·拉斐尔等（2006）关注了希伯来语、阿拉伯语、英语在上述地区的使用及变化。将标牌语言分为自上而下、自下而上两种类型，重点发现语言显著度、字体大小、排列顺序、标牌位置的特点。调研结果表明不同社区具有特异的语言景观模式，如"希伯来－英语"标牌首先在犹太社区中出现；"阿拉伯语－希伯来语"标牌在以色列－巴勒斯坦社区出现；"阿拉伯语－英语"标牌在东耶路撒冷出现。

西班牙巴斯克区及荷兰弗里斯兰省购物街区语言景观调查。塞诺兹和戈特（Genoz & Gorter，2006）通过调查发现，上述地区均使用少数民族语言（巴斯克语和弗里西语）、国家语言（西班牙语和荷兰语）和英语。研究通过 975 张语言标牌的照片分析了不同语言使用的组合情况（双语或多语），并进一步阐明了语言景观与官方语言政策中对少数民族的重视程度有极大关联。

曼谷语言景观研究。许布纳（2006）对曼谷市中心和郊区 15 个社区的街道语言标识展开搜集与分析，划分了五种有差异的地理分布模式：仅用泰文；仅用泰文或泰文－英语共存；泰－汉出现较多；泰－英出现较多；未见泰文。他的研究同时划分了政府与非政府标志，认为前者是特定国家的显性语言政策，后者则为隐性语言政策，反映了底层人民的文化身份认同。

东京语言景观调查。贝克豪斯（Backhaus，2007）出版了第一本语言景观研究的专著《语言景观：东京城市多语言的比较研究》（*Linguistic Landscapes: A Comparative Study of Urban Multilingualism in Tokyo*）。在以往定量研究的基础上，他确定了研究地点、分析单元，并对单语标牌、多语标牌进行划分，其主要贡献在于构建起一个相对完整的语言景观研究框架模型。

二、国内案例

国内语言景观研究成果以学术论文居多，划分类别较为细致，涉及领域十分广泛，既有实体空间也有虚拟空间，既有主要城区也有偏远乡村，既有以汉民族为主的地区也有少数民族聚居区，还涵盖国内外的知名旅游景区。不同的研究对象使语言景观范围得到了极大的拓展，也体现了该领域的研究与市民生活、民族团结、文化建设之间密不可分的联系。以下将针对不同类别详述，由于文章数量众多，每种类型只以最经典的研究案例作为代表进行解说。

（一）学术论文

笔者在中国知网搜索框内输入"语言景观"后，点击"中文"选项和"学术期刊"选项，所选取的文献发表时间为 2014 年至 2021 年 11 月，共筛选出国内学者对语言景观实证研究学术论文 267 篇，研究范围主要集中于国际化大都市生活核心圈、旅游景区游览胜地、少数民族群聚多语区域、海外华人社区、乡村振兴视角下的新农村、知名景点的门户网站虚拟语言景观和其他等 7大类别（如下图）。"其他"类涉及范围较广，研究对象相对分散，难以提炼出明确的主题，具体如：教育场域的高等学校校园、文博体系的博物院、公共交通系统的机场，以及文体系统的体育运动赛事场地等。

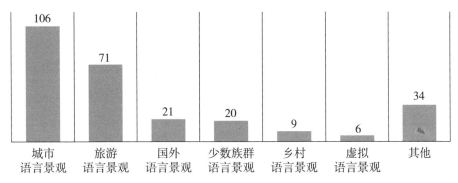

国内语言景观研究领域论文发表状况图（2014—2021）

上图显示在上述诸多研究领域中，城市语言景观学术论文数量最多，为

106 篇，占比 40%；其次是旅游语言景观学术论文，数量为 71 篇，占比 27%；国内学者同时也关注国外语言景观理论的发展与创新，学术论文数量为 21 篇，占比 8%；少数族群语言景观学术论文数量为 20 篇，占比 7%；乡村语言景观学术论文数量为 9 篇，占比 3%；虚拟语言景观学术论文数量为 6 篇，占比 2%；其他类型的学术论文数量为 34 篇，占比 13%。按照占比分布生成的饼状图呈现如下：

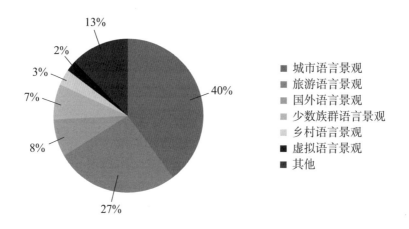

1. 城市语言景观

聚焦于国际化大都市生活圈语言景观的实证性研究论文共有 106 篇，内容涉及城市双语公示语中的翻译问题、官方与私人标牌的呈现形式、轨道交通空间语言景观、国际化社区居住者对现存语言景观的态度及认同、CBD 商业街区多元化语言景观，以及弘扬社会主义核心价值观的思政主题语言景观。这类文章基本以《语言文字应用》与《语言战略研究》为主要刊发阵地。

俞玮奇、王婷婷、孙亚楠（2016）对国际化大都市北京和上海的外侨聚居区望京和古北的多语种语言景观进行了考察分析。他们从语言景观学的视角对单语、多语标牌，政府、民间标牌进行了语料搜集，并根据标牌上语言文字的种类、类型、强势语言、场所规模、位置等特征进行编码解读，认为：（1）韩国侨民聚居区韩文标牌构建原则有集体认同原则、充分理性原则和凸显自我原则；（2）英语在国际社区具有辅助性、服务性、象征性和装饰性等功能；（3）侨聚区域的标牌应突出汉语主体地位，体现语言政策，但也要使用当地侨民的语言。

2. 旅游语言景观

以国内知名旅游景区语言景观为研究对象的学术论文内容涉及历史文化名城名镇名村语言资源保护、历史文化街区语言景观分布、"红色"革命旅游景区，重点考察了上述区域内的官方与私人标牌、语言服务与语言规划现状等问题。该类文章共有 8 篇发表于核心期刊，多见于《外语研究》《外语电化教学》《当代外语研究》《上海翻译》等外语类刊物。

冯全功、顾涛（2019）对杭州西湖的翻译景观进行了分析研究。在"语言景观"概念的基础上，提出了"翻译景观"这一下位概念，并将其定义为："翻译景观特指公共场所中呈现的双语或多语的使用现象，其中的双语或多语之间有一定的信息对应关系，不管是完全对应还是部分对应。"文章对西湖景区五条道路（南山路、北山路、湖滨路、白堤、苏堤）的古建筑、商业街、历史人物宅邸、著名景点、室内展厅、博物馆等区域展开语料搜集，对语言景观的载体，如金属、石头、纸张、塑料、LED、灯牌等加以分析，关注其材质、位置和可移动性等特点。发现景区共使用 5 种语码（汉语、英语、日语、韩语、法语），汉语作为国家通用语言文字占主体地位，突显了我国的语言政策及汉语在交际中的强势地位，英语作为国际通用语承担了象征功能，日、韩语的使用与相应语言背景的游客群体人数多寡关系较大。

3. 国外语言景观

有关国外语言景观实证研究的论文共有 21 篇，以公示语、标牌、店名招牌为主要研究对象，核心期刊发文量仅有 8 篇，多刊发于《语言战略研究》中。其中，非常值得一提的研究视角是海外华人社区语言景观调查研究，如《面向"人类命运共同体"的海外华人社区语言景观翻译探析——以波士顿"中国城"为例》（杨金龙、朱彦蓉，2019）、《印尼华族集聚区语言景观与族群认同——以峇淡、坤甸、北干巴鲁三地为例》（刘慧，2016）、《城市再开发对语言景观的影响研究——以华盛顿的中国城为例》（聂平俊，2019）等，该类主题将成为日后海外语言景观研究中的一枝独秀，以华语传承、文化承继的视角洞察中华文明在异域传播的宽度、广度与深度。

尚国文（2016）对新加坡、马来西亚首都吉隆坡以及泰国首都曼谷语言景观中涉及的经济因素进行分析，解释影响语言景观构建的经济动因。发现新加坡政府对各族语言一视同仁，尚未制定特殊的法律法规；马来西亚政府确立了马来语的主体地位，不仅标牌上必须使用，且要求置于第一行，或比其他语种字体大 30% 以上；泰国政府的语言政策也与此相似，刻意突显泰语的地位，限制、排斥其他语种以提高民众的国家认同感，将税收优惠作为主要激励政策。

4. 少数族群语言景观

以少数族群聚居区语言景观为研究对象的文章共有 20 篇，大多围绕西藏地区展开，涉及边境口岸普兰的语言景观调查、拉萨语言景观的多元历时变迁、藏语在拉萨使用的历时变化、自治区语言景观规范化建设等话题。该类主题文章以《西藏大学学报（社会科学版）》为主要发表阵地。

利格吉（2021）对中国、尼泊尔、印度三国交界的普兰口岸语言景观进行了调查，发现私人语言景观保持原有面貌，呈现出多元化的特点：（1）使用语言种类丰富，包含汉语、藏语、英语、尼泊尔语和印度语；（2）语言景观由官方标牌和私人牌匾构成，前者体现国家语言政策，承担信息功能，后者凸显自我和充分理性的原则，承载象征功能；（3）科学规划西藏边境口岸语言景观，保持积极支持的态度，对落实国家语言政策至关重要，有其必然性和必要性。

5. 乡村语言景观

乡村建设类语言景观研究是随着"乡村振兴""美丽农村建设"等新热点出现的研究种类，内容涵盖中、小城镇语言景观调查研究，城市化进程中的城中村语言使用选择、新农村语言景观与话语空间构建、乡村振兴背景下的语言生态与语言服务，均与时代主题紧密契合。该类共有 9 篇文章，仅有 3 篇发表于核心期刊，说明是蓄势待发的一类。

李现乐、刘逸凡、张沥文（2020）对扬州、泰州、南通的 52 个城镇的语言生态建设及语言服务状况进行了调查，发现市民在公共区域的语码选择倾向于规律，正式语境中多使用普通话，而非正式场合下则倾向于使用家乡方言。在收集的 3000 多张语言标牌、标识图片中，语码选择上，汉语占主体地位，其次为"中–英"标牌，也存在极少数的四语标牌（中–英–韩–日）。而公共标牌中存在的问题也较为突显，如"二简字"、繁体字、英译不规范，别字、错字，内容不真实、不健康等现象在经济落后的乡镇中较为常见，解决上述问题对乡镇语言使用具有极大的积极促动效应。文章以问卷调查为主要形式，利用量化统计分析了乡村居民的语言行为、语言能力、语言态度，在实践中发现了"语言与脱贫""语言与贫困"的深层关系，在语言如何服务于乡村振兴这一时代话题中具有开拓性的理论价值和意义。

6. 虚拟语言景观

该类主题涉及高等学校的官网、城市政务部门的门户网站、主流媒体报刊电子版的栏目设计、商业网站的语言景观呈现等，共有 6 篇文章，仅有 1 篇发表于《语言文字应用》。与高校学习、生活息息相关的如《粤港澳大湾区高校门户网站语言景观调查》（王毅力等，2021）、《高校网站的虚拟语言景观研究——网络空间的语言呈现模式、意识形态和语言权力》（王春梅，2020）。

柴雨蕾、贾爱武（2018）对杭州旅游官网的语言景观进行分析并提出了建设性意见：（1）官网虽突出了汉语的强势地位，体现了我国语言政策，但"英语帝国主义"的潜在意识也有所暴露和体现；（2）语言景观呈现文字、图片、视频、链接共享等多模态样式；（3）应抱持凸显自我优势、理性分析受众、主体认同优先、平衡权势关系的建设理念。

上述多种样式及类型的语言景观研究中，城市、旅游两类占比最多，呈现出多元化、国际化的特点，而乡村则最少，凸显了单一化、本地化的局限性。我们发现，当下多个新兴研究主题的出现都是与习近平主席二十大主旨报告相关内容紧密结合的，如海外华语社区语言资源的调查、利用与开发是紧扣"推进文化自信自强，铸就社会主义文化新辉煌"中"增强中华文明传播力影响力"一条提出的，该项研究有助于深化文明交流互鉴，加强中华文明的国际传播能力，形成与我国综合国力、国际地位相匹配的国际话语权体系。以社会主义新农村为主要切入点的语言景观研究贴合"加快构建新发展格局，着力推动高质量发展"中的"全面推进乡村振兴"一条。语言是品牌资本,方言是特色小镇建设、休闲农业项目中的一张独特的名片;语言是社会资本,是凝聚乡村价值认同、涵化群众心灵、淳化乡风民风的重要工具;语言是象征资本,担负着"记住乡愁"和"留住乡音"的历史使命;语言是人力资本,加大国家通用语言的教育培训力度,才能为乡村振兴注入新活力(孙凤,2022)。乡村振兴的进程中,应当以语言建设助力文化振兴,不断增强村民的身份认同、文化自信,以及归属感与获得感。

(二)学术专著

目前可见的语言景观调查专著有三本,分别为徐茗的《北京市语言景观调查研究》(2020)、聂平俊的《国际化社区语言景观研究》(2020)和尚国文的《语言景观研究的理论与实践》(2023)。

徐茗首先对北京市公共语言空间的景观进行了总体的概括性分析,以北京地铁2号线涵盖的18个站点为范围,选取每个站点附近一条具有代表性的街道组成调查区域,针对语言使用种类、数量、组合模式,官方与非官方标志,多语标志上文本互译的对应关系、优势语言分布,不同功能类型的景观差异等相关问题展开探讨并分析形成原因。其次依据地理分布进一步展开调查,选取16个区中具有代表性的商业中心街道,尝试以区域性差异的视角洞察景观特色,如主城区内的朝阳区三里屯酒吧街、东城区王府井大街、海淀区中关村大街等,近郊区内的顺义区新顺南大街、通州区新华大街、昌平区回龙观商业街等。调查结论显示,朝阳区多语标志率最高,达到73.5%,可见语种数量高达9种,具体为汉语、英语、阿拉伯语、德语、意大利语、俄语、塞尔维亚语、土耳其语、西班牙语。从语言组合模式来看,三里屯街区共有12种情况,分别为:汉-英(90个)>英语(73个)>西班牙语(4个)>汉-英-阿(3个)>汉-西/汉-英-塞(各2个)>汉-阿/汉-英-意/汉-英-德/汉-英-西/英-俄/英-土(各1个)。从优势语言来看,除汉语之外,英语为出现最多的外语,其余还包括法语、日语、阿拉伯语、德语、西班牙语。非官方标志远郊区最多,怀柔区商业街达到99.2%,其次是近郊区及主城区。基于上述结论,可以将北京市语言景观的空间类型综合划归为丰富型(朝阳区、石景山区、东城区、海淀区、顺义区），多元型（西城区、通州区、延庆区），发展型（昌平区、大兴区、房山区、丰台区、门头沟区、平谷区、怀柔区、密云区）。伴随着中国城市化及北京国际化的步伐，语言景观多样化水平仍有待提升，相关语言规划、语言政策需进一步完善，语言景观在城市规划、设计、管理、建设中的价值与作用不容忽视。

聂平俊以外向型国际居住区望京为研究对象，主要调研了"韩国城社区"的空间实践、构想空间以及生活空间。从空间实践状况来看：（1）语言构成中使用最多的为汉语，其次是韩语、英语；（2）语言模式包括单语、双语、多语三种类型，单语为汉语、韩语、英语、法语、德语，双语为汉-英、汉-韩、韩-英，多语则为汉-英-韩；（3）官方标志的语言使用为汉语 > 英语 > 韩语，非官方标志则为汉语 > 韩语 > 英语 > 法语 > 德语。构想空间主要依托于《中华人民共和国宪法》《中华人民共和国国家通用语言文字法》《北京市实施〈中华人民共和国国家语言文字法〉若干规定》展开调研，通过与华盛顿中国城的发展历程进行对比，提出应该出台相关法律条例规范公共语言标牌，积极规划语言服务增强地区文化特色，挖掘旅游、经济、交流的独特价值。生活空间主要调查了社区居民对语言景观的感知、偏好及态度，结果显示：（1）感知层面。中国籍居民对非官方语言标牌的韩语感知强于韩国籍居民，已在脑海中建立"望京就是韩国城"的总体印象，同时认为官方标牌路标或道路指示牌中汉语、英语使用频率较高的情况基本符合实际情况。（2）偏好层面。使用非官方标牌时，中国籍、韩国籍居民首选的语言模式均为"汉-英-韩"，其中中国籍居民赞成汉-英-韩、汉-英、韩-汉、汉语 4 种模式，韩国籍居民认可汉-英-韩、韩语、韩-汉、汉-英 4 种模式。而就官方标牌而言，中国籍居民倾向于使用汉-英-韩、汉-英、汉语，韩国籍居民则乐于选择汉-英-韩、韩语、韩-汉。（3）态度层面。中国籍、韩国籍居民均认可在非官方标牌中应该出现英语，而对本国语言的使用都抱有保护心态，对他国语言则存在排他情绪，反差十分明显。上述调查对城市语言标牌的设置、管理、维护及国际社区语言景观的规划提供了有价值的参考及依据。

尚国文首先介绍了语言景观的研究概貌、研究方法、分析维度、分析框架等理论性知识，其次选取上海、杭州、宁波三个沿海开放区城市作为对象进行实证研究，针对当地公共标牌、路名标牌、商业街区标牌、旅游标牌 4 个类别的语言景观展开深入的田野调查，并且就某些存在争议的语言现象调研了语言学专家、本地民众、外国人、从业者等不同群体的态度与心声，如对"公共标牌上语言使用的感知和态度""路名牌上英语与汉语拼音之争的症结""消费者与从业者对商业标牌上使用外语的感知与态度""旅游标牌上体现的异域情调与好客之道"等都通过问卷的形式进行了量化统计，结果显示合法化、规范化是官方管理部门制定标牌的基本原则，获得经济收益、保持竞争力是商铺经营者选用外语标牌的根本原因，塑造真诚、友好、包容、开放的国际化大都市形象是全体社会成员的共同期待。此外，将语言景观建设、人类情感反应、独特城市品位相融合，探讨了语言景观之中蕴含的情感机制、情感塑造、情感体验、情感取向，映射了居民素质、人文风貌、用语倾向、城市形象。"双语化"既是全球化、国际化、多元化的体现，也是强势文化资本的硬性灌输及"语言帝国主义"的外在表现，如何能够在公共语言空间彰显汉语与英语的权势差异，合理审视外语在中国语境里承担的作用，警惕消极影响与潜在威胁是新时期语言生活中不得不直面的问题。

第四节　西安语言景观研究

西安市语言景观研究尚处于发轫阶段，知网上仅有 11 篇论文，4 篇硕士学位论文和 7 篇期刊论文，研究对象以回民街、大雁塔景区为主。其中隽娅玮（2018），张智杰、李思齐（2018），庞欢（2020）均以回坊特色语言景观为研究对象；李稳敏、陈友艳（2020），赵琼（2020），汪洋（2022）侧重于观察网红旅游景区大雁塔周边景观及交通类双语景观的建设现状。还有一些其他视角，如王伟（2020）围绕新农村建设选取西咸新区调查了景观翻译现状，李琛（2022）重点关注了历史文化街区三学街的多模态语言景观，张琛睿等（2022）

对樊川公园的语言景观展开了调查分析，杨璐（2021）聚焦于知名旅游景区内的多语景观，杨欢（2020）则对赛格国际购物中心的牌匾语言景观及其传播效果进行了深入调研。

隽娅玮（2018）利用场所符号学理论对西安回坊风情街的北院门、西羊市语言景观进行考察，发现语码取向以"阿拉伯语＋汉语"为主，标牌大多以行书、楷书为主，其中存在如官方标牌语码选择不统一、私人标牌信息混乱等问题，基于此提出应以"历史文化景区"的定位开展语言规划。

张智杰、李思齐（2018）对回坊风情街和永兴坊的 210 个商业店名进行了考察，从音节特征、构词特征、语码组合特征和修辞特征四个方面调研了西安私人语言景观。商业店名以四、五音节长度居多，保留了店名的构词元素和业主的姓氏及发源地，语码选择以汉语为优势语言，使用了比拟、谐音、双关、仿词和异语等修辞手段。存在的问题有汉字使用不规范、副标牌过多等，他们指出美食类旅游景区的语言景观建设应遵循规范性、地域性和美观性三个原则。

庞欢（2020）从回坊风情街的语言景观出发，提出要想提升西安"硬科技"城市形象的设计，就要增加科技含量，应该"以现代科技、语言学、文学、建筑学、人体力学等多方面理论为基础"，凸显西安城市语言景观的技术性、功能性、艺术性等功能。

李稳敏、陈友艳（2020）对西安市大雁塔景区公示语及 609 路公交线路的双语景观进行考察，并以当地英语学习者、外国留学生和游客为受众，调查了不同群体对语言景观的接受程度，结论为政府应对语言景观加以监测审核，并有效利用高校人才储备多做贡献，积极构建多模态景观、开展多语种文化宣传。

王伟（2020）发现西咸新区新农村语言景观存在英语翻译未遵循规范、拼写有误、没有文化内涵等问题，提出在政策和翻译者方面应杜绝语言景观翻译不合理情况的出现。

赵琼（2020）将研究范围划定为大雁塔景区内的民俗大观园、唐大慈恩寺遗址公园、大雁塔广场，以该区域内所含的多语言景观为研究对象，探讨了语言景观的功能以及不同语言的权势与地位，倡议更好地维护多语言并存的和谐语言生态。

杨璐（2021）以西安旅游景观建设与旅游经济发展之间的互动关系为切入点，运用语言经济学理论，以大唐不夜城、回民街、秦始皇兵马俑博物馆为研究对象，微观层面洞察语言资源的丰富性与多语实践，宏观层面探讨经济因素对语言景观构建的影响、旅游语言景观对经济发展的作用，重点考虑了诸如成本与收益、供给与需求、效率与公平等要素。

汪洋（2022）以大唐不夜城景区的语言景观为研究对象，运用三维空间理论划分出物理空间、构想空间、生活空间，分别调查了语言景观的现状、决策者和受众与语言景观的互动、不同主体对语言景观的评价等，并分析语言景观建设对西安国际化城市形象构建的作用。

杨欢（2020）选择西安人熟知的大型商超——赛格国际购物中心内的商业标牌为研究对象，观察其呈现特点、国际化与传统化的融合、语言传播效应。研究发现绝大部分商业标牌为英文书写，且能够作为中介系统将商家的目的和意图明确地传递给消费者，但在繁简字、大小写、自造字的使用上仍需遵守相关法规进一步规范。

李琛（2022）利用文化资本理论对西安三学街（府学巷、咸宁学巷、书院门步行街）历史文化街区的多模态语言景观进行了深入挖掘，发现视觉模态最为突出，且以中文为优势语言。同时指出，在从文化符号向文化资本转移的过程中，应该将语言景观具体化、客观化、制度化，促进语言文化的传播与发展。

张琛睿等（2022）以西安市长安区新建公园樊川公园为例，从实体维度、政治维度分析了可见语言景观，指出了存在的问题，并进一步提出应对方案，以期打造"把好山好水好风光融入城市"的美好蓝图。

以上成果较为集中、维度相对单一，以热门旅游景区语言景观为主，缺乏与本地人民生活密切相关的其他领域的调查研究，如购物、出行、交通等。本书拟扩大研究范围，以"城市语言景观"为研究对象，强调立足多维视角观察西安市区生活，将语言景观划分为四大系统，分别为历史名胜古迹区、地下商业步行街、都市文明窗口区、公共交通系统区，并选取不同系统中极具代表性的公共空间进行深度描写，包括大雁塔广场、易俗社文化街区、西安市新火车站、人民政府网站、地铁 3 号线、公交站名等，深入分析语言景观的具体呈现方式，探讨其功能价值，发现其存在问题，并提供解决方案，同时洞察国际化、地域化、时代化、历史化在语言景观建设中的不同作用，以期在塑造西安国际化大都市形象的同时能够真正做到便民、惠民、利民。同时，由于城市商业步行街与公交站命名是能够直接反映出城市历史遗迹与城市文明印记的元素，因此两处以对比的视角切入，发掘易俗社文化街区与老上海风情街语言景观的特异性，西安、北京公交站的不同命名方式、命名理据及其透射的文化心理，旨在显化不同城市蕴含的人文情怀以及地域文化建设过程中的个性化表达。

第一章
历史名胜古迹区标识类语言景观

大雁塔广场景区地处西安市雁塔区，占地近 1000 亩，包括北广场、南广场、雁塔东苑、雁塔西苑、雁塔南苑、慈恩寺、步行街和商贸区八个板块。整体设计以慈恩寺为主轴、以大雁塔为中心，突出唐文化意蕴，融合传统、现代元素，力求重现盛唐气象。近年来，随着短视频社交软件的兴起，大雁塔景区已成为西安最具代表性的旅游景点，"网红打卡地""网红景区"等称谓实至名归。游客们游览的区域主要集中于大雁塔南、北广场，我们研究的范围相应集中于此。

北广场北起雁塔路南端，南接大慈恩寺北外墙，东到广场东路，西到广场西路，占地 252 亩，主题景观为亚洲最大的水景喷泉，中央为主景水道，左右两侧分别设置了唐诗园林区、法相花坛区、禅修林树区，南端有广阔的观景平台，周围商贸设施多以零散店铺为主。除此之外，部分景观围绕喷泉而立，如大唐盛世书卷铜雕、大唐文化柱、大唐精英人物雕塑群、诗书画印等地景浮雕。

南广场位于大慈恩寺前，慈恩路将其环绕，共占地 32.6 亩，与大唐不夜城步行街相连，主要景观包括玄奘雕塑、水面过桥等，其景观建设多体现了佛教文化。该区域的商业开发相对发达，大悦城购物中心坐落于此，是市民休闲娱乐的重要场所。由于大悦城属于商业实体空间，与本文所探讨的名胜古迹区域语言景观特征差异较大，因此暂不做探讨。

第一节　大雁塔广场标牌系统

一、标识类语言景观的类型划分

旅游景区标识是依据区域文化特点，将造型、材料、图片、文字等符号串联融汇为一体的服务系统，它以自身的导引、管理、宣传、解说功能为游客提供了诸多方便。然而，该系统的构成与标准化却一直存在争议，我们参考了旅游规划、设计艺术等专业的相关文献，发现学者们对标识的类型见解不一。

王默（2007）在其硕士毕业论文中定义了"旅游景区符号标识"这一概念，并确定了不同的划分标准：依据性质可以分为说明性标识（旅游景点标牌介绍、文物等级评定碑）、引导性标识（指示路牌、导游图、盲道）、限制性标识（禁止、警示、指令）；按照表达方式可以分为实物标识、图形标识、文字标识、综合标识四种形式；根据被感知方式大致可分为可视标识、可听标识、可嗅标识、可触标识；以行业为标准分为交通标识、旅游标识、商业标识、化工标识、环保标识。

张婷婷（2022）专门针对历史遗址类景区的标识系统展开深入探讨，具体分为导向性标识、说明性标识、服务性标识、警示性标识四种类型，她认为"完善的景区标识系统体现了景区的管理理念和服务状态"，有助于修整服务设施，提升游客旅游体验，促进人文资源盘活，推动旅游经济飞升，并倡导应该戒除千篇一律，而加强对历史、文化、地域特色的展现，突出文化归属感，增强艺术表现力。

表 1-1 标识类语言景观的类型划分

学者	分类标准或功能	分类情况	举例说明
王默	性质	说明性标识	旅游景点标牌介绍
		引导性标识	指示路牌、导游图
		限制性标识	禁止、警示、指令
	表达方式	实物标识	
		图形标识	
		文字标识	
		综合标识	
	被感知方式	可视标识	
		可听标识	
		可嗅标识	
		可触标识	
	行业	交通标识	
		旅游标识	
		商业标识	
		化工标识	
		环保标识	
张婷婷	向游客进行导向	导向性标识	
	文化传播	说明性标识	
	便于景区管理	服务性标识	
	安全警示	警示性标识	

二、大雁塔广场标牌系统

(一)不同类型的标牌

大雁塔景区既有古朴典雅的唐风建筑,也有灵动鲜活的现代商业,按照不同的标准,景区南、北广场的标牌系统可以采取不同的划分方法。

从标牌的方向性来看，具体包含政府部门设立的"自上而下"的官方标牌，以及团体或私人设计的"自下而上"的私人标牌，前者如路牌、公示语、解说牌、指示牌，后者如店铺招牌、宣传标语、海报广告等。

从标牌的功能性来看，可以分为景区导览型（景区导览图、景区平面图、景区介绍牌），道路指示型（路牌），警示关怀型（提示牌、警示牌），设施名称型（售票处、购物中心、游客中心）和景物说明型（来源典故、历史故事、神话传说）。

从参与表达的符号来看，包括文字（中文、英文、日文、韩文），阿拉伯数字，拼音，图画等。

在具体分析的过程中，我们将以"方向性"为纲领，以"功能性"为线索，以不同形式的符号为内核，深入探讨大雁塔南北广场景区标牌系统的设置状况。

（二）标牌的分布状况

通过实地调查采集照片我们共收集大雁塔广场语言景观193条：（1）景区导览型标牌仅有2个，占比约为1.1%；（2）道路指示型标牌有31个，占比约为16.1%；（3）警示关怀型标牌最多，有95个，占比约为49.2%；（4）设施名称型标牌有30个，占比约为15.5%；（5）景物说明型标牌有35个，占比约为18.1%。

表1-2 大雁塔广场语言景观不同类型标牌数量及比例

类型	景区导览型	道路指示型	警示关怀型	设施名称型	景物说明型	总计
数量（个）	2	31	95	30	35	193
比例（%）	1.1	16.1	49.2	15.5	18.1	100

（三）不同类型标牌示例

下文将针对不同类型的标牌具体举例说明。

1.景区导览型

景区导览系统主要包含景点介绍、游览路线图两种形式，能够使游客了解该景区的历史文化、当下发展、所涉范围、重点区域。

图 1-1   图 1-2

（1）景点介绍牌

"大雁塔文化休闲景区"（图 1-1）的简介牌位于西广场前，以汉语、英语、日语、韩语的语码形式依次纵向罗列，其内容涵盖景区的具体位置、级别、荣誉，以及开放时间、接待旅客数量、文化功能等信息。"AAAAA 级景区、首批国家级文化产业示范区、城市会客厅"等关键词的串联，以最为简洁明了的方式展示了该景点在陕西乃至全国旅游系统中的地位及影响。最下方的"西安曲江景区"字样暗示了景区由曲江文旅打造，曲江新区以"文化＋旅游＋城市"为基本模式，坚持走"文化立区、旅游兴区、产业强区"的路线[①]，打造了一系列文化新地标和旅游精品项目，享誉国内外。

图 1-1 景区介绍牌中的信息具体如下。

中文：

大雁塔文化休闲景区，坐落西安标志性建筑大雁塔的脚下，是国家AAAAA 级景区，也是中国首批国家级文化产业示范区——曲江新区的北大门。作为一个极富唐风佛韵、现代科技和地方文化特色的休闲聚积地，自 2003 年 12 月 31 日大雁塔北广场盛妆开放以来，景区平均每日接待各地游客数以万计，成为游客的乐土、市民的家园、城市的窗口、文化的盛地，被誉为西安的"城市会客厅"。

———————————

① 转引自新闻报道《大同谋划推进让古城真正"火"起来，已引入西安曲江文旅助力》，澎湃新闻，2020 年 8 月 30 日。

英文：

Located at the foot of the world famous Dayan Pagoda, The area is a national AAAAA attraction at the north gate of Qujiang New District—the first national cultural industry demonstration zone.As a leisure area which of the Tang and Buddhism, the Pagoda North Square serves as the reception room of xi'an, receiving tens of thousands of visitors each day since its opening on Dec.31, 2003. It has become a paradise for visitors, home for citizens,a window of the city and a popular land for culture.

日文：

大雁塔文化レジャー景勝地は、西安のシンポルである大雁塔の隣に位置し、国家 AAAAA 級景勝地である。また、第一の中国国家レベル文化産業モデル区—曲江新区の北大門でもある。唐代の仏韻および現代科学技術と地方文化の特色に富んだレジャー集合地として、2003 年 12 月 31 日に大雁塔北広場をオープンレて以降、一日あたりの各地からの観光客数は一万人を超えている。大雁塔北広場は観光客における繁華街、市民の憩い場所、都市の窓口、文化の中心地になっており、"都会の迎賓館" と褒め称えられている。

韓文：

대안탑 문화 유양지는 시안의 표시 건물인 대안탑 주변에 위치하고 있으며, 국가의 5A 급 관광지인 동시에 취쟝신구라고 하는 중국의 첫 국가급 문화산업시범구의 북쪽의 입구입니다. 여기에 당나라의 분위기와 불교의 풍모, 그리고 현대적 과학기술과 지역적 문화특징을 한둘 에 모이고 있습니다. 2003 년 12 월 31 일부터 대안탑 북광장이 열린 후부터 날마다 수만 명의 관광객이 찾아왔습니다. 여기는 분명 관광객의 낙원, 시민들의, 도시의 창, 문화의 성지가 되었습니다. 서안의 도시 응접실로 불리다.

（2）游览路线图

图 1-2 位于大雁塔北广场最前端，名为"大唐不夜城游览图"。该旅游景区的范围北起大雁塔南广场，南至唐城墙遗址，东起慈恩东路，西至慈恩西路，整个街区长 2100 米，宽 500 米，建筑面积 65 万平方米，是全国唯一以盛

唐文化为背景的大型仿唐建筑群步行街。该导览图的内容囊括了景区内的所有景点、娱乐设施、购物中心、知名楼盘，如唐大慈恩寺遗址公园、太平洋影城、西安大悦城、曲江源著住宅区等，类型丰富。既呈现了景区内部的真实布局，又突显了景区的人文性、娱悦性、商业性、宜居性。

我们在图1-2中可以清晰地看到本节的研究对象，即"大雁塔北广场""大雁塔南广场"，以及尚未明确标识出的步行街路段。图中不仅以文字示意了具体位置，更以微缩图像勾勒了重要的地理标志，使游客一目了然、便于识别。

2. 道路指示型

具有路线指示功能的标牌多被置于景区入口处、景点交叉重合处，该类指示牌既有展板式，也有标牌式。

（1）展板式指示牌

在大雁塔北、南、西广场的入口处均可以发现景点路线指示标牌。图1-3位于北广场入口处，其上、下两部分的功能各不相同。上半部分承担道路指示功能，以不同方向的箭头指向去往卫生间、旅客咨询处、陕西民俗大观园、陕西戏曲大观园的大致方向。下半部分则承担宣传展示功能，通过滚动播放的视频，从视觉模态展示西安风情、强化景区推广。图中播放的短片主题为"我们的家乡一起热爱"。

（2）标牌式指示牌

在多个路口交叉的位置，一般会竖立景点路线指示标，以"目标景点＋箭头指向"的形式呈现，引导游客找到游览目标的正确抵达方向。路标的指示牌中，可见文字系统包括中文、英文、日文、韩文，可见图标涵盖游客咨询、卫生间、附近旅游景点标志。为避免被其他景观遮盖，标牌的高度接近两米，标牌设计以多种语码呈现，充分考虑了游客的视力范围和语言背景。图1-4位于北广场东侧，指示了六处，其中陕西民俗大观园、陕西戏曲大观园、西安大悦城、慈恩镇四处文娱场所使用长方形标牌，两处服务设施为圆形标牌。

由图1-4可知，该标牌北为毗邻的商业步行街慈恩镇，该仿古建筑以"井"字布局，借助街道、巷子、院落、戏台、连廊等古色古香的环境吸引游客就近餐饮，享受富有地域特色的陕西美食，"慈恩镇美食一条街"中的裤带

图 1–3　　　　　　　　　　　图 1–4

面、（biáng biáng）面、老碗面都是知名度较高的面食品种。东为陕西戏曲大观园，将陕西境内戏曲艺术（秦腔、弦板、木偶、皮影、弦腔）与雕塑艺术融为一体，提供了极具本土特色的文化盛宴。西为陕西民俗大观园，展示了陕西的民俗风情景观，如"陕西八大怪"、凤翔彩塑。南为现代大型休闲娱乐场所西安大悦城，该商业体主要面向新兴中产群体，以年轻、时尚、潮流、品味定义，消费者更具品牌意识与经济能力。南、北广场的两处餐饮面向不同受众、各具特色，慈恩镇多为零散店铺、大排档式的陕西本土风味，大悦城则以全国连锁品牌为主，提供更为舒适、惬意的用餐环境，游客可以根据自身的喜好进行选择。西南侧的洗手间与南向的游客咨询处属于景区设施，以"图画＋文字＋箭头"的形式进行标注，其中占据空间最多的是图画，因为它具备国际通用性，便于识别。汉字字号较大，独占一行，其次为英文，再次为日文、韩文，共占一行，体现了汉语在西安当地语言使用中的优势地位，以及多语种在旅游场景中使用的必要性。

（3）卫生间指示系统

大雁塔广场共有两所卫生间，分别处于两侧步行街的中段位置。"厕所事小、民生事大"，作为国际化旅游景区，干净卫生的如厕环境、便捷舒适的如厕体验，会给中外游客留下良好的印象，有助于提升西安城市形象。2017—2018 年西安市人民政府办公厅分别下发了《西安市旅游厕所革命工作方案》《西安市旅游厕所"所长制"实施方案》《西安市开展"厕所革命"工作实施方案》等文件，改善如厕硬件，凸显人文情怀。文件中还有"以老人、孩子为服务对象的旅游目的地，厕所服务区域最大距离不超过 500 米，从厕所服务区域最不利点沿线到该区域厕所的时间宜不超过 5 分钟"以及"建筑面积、厕所数量及布局根据人流量设定，如厕排队等待宜不超过 5 分钟"[①]等规定。在时间的硬性标准下，卫生间数量多少与指示路径准确与否就显得尤为重要，因此卫生间指示标识的作用不容忽视。

根据语码、图画、箭头、示意图等诸多元素的组合出现情况，大雁塔广场洗手间指示牌可以分为 4 种类型：（1）单一语码 + 图画 + 箭头（见图 1-5）；（2）单一语码 + 箭头 + 所剩距离（见图 1-6）；（3）多语码 + 图画 + 箭头 + 分项功能示意图（见图 1-7）；（4）高峰期导向图（见图 1-8）。

图 1-5

图 1-6

图 1-7

图 1-8

① 见中华人民共和国国家标准《旅游厕所质量等级的划分与评定》（GB/T 18973-2016）。

　　图 1-5 至图 1-8 分别被放置于北广场内部、西广场出口、公共洗手间门前、洗手间外壁墙上。图 1-5 使用了汉字、图画、箭头的符号组合形式，其中"卫生间"三字最为显眼，占据了大幅空间，男性、女性的简易图画承担了提示性功能，箭头则明确了应该前往的方向。与其相比，图 1-6 内容更为明晰，选取了汉字、箭头、阿拉伯数字等符号，并标注出实际的距离。两幅图离卫生间的空间距离是由远及近，分别起到了方位导向、固定位置的作用。

　　图 1-7 中的符号包含了图画、文字、箭头。表示男、女卫生间的图画形象最为突出，因为中、外游客均理解其含义，下面依次排列的是中文、英文、日文、韩文中的"卫生间"单词，其中中文书写使用字号最大、最为醒目，其余三种语码大小相同。标牌中为了具体说明卫生间的不同功能分区，以 6 幅图片进行了详细的刻画，如可供老弱病残孕使用，母婴室能够给婴儿换尿布、哺乳，女性更衣室可以在固定区域换衣服，这些功能分区为有不同需求的游客提供了切实的便利，使生活中的尴尬之处与难言之隐被体恤，展现了"以人为本"的情怀，以及西安国际化大都市的旅游服务水平。

　　图 1-8 被置于广场两侧公共卫生间门口的墙面上，分为三个部分，从左向右依次为：图标说明、位置指示、所处范围。"图标说明"首先以醒目的中文和英文提示游客，在人流高峰期可以选择邻近的洗手间，其内容主要包括游客目前所在位置、指引路线示意图、洗手间示意图。"位置指示"部分以黄色长方形代表实物景点、绿色圆形代表周围植物，划分出大唐博相府、民俗大观园、大悦城、南北广场及大雁塔五个区域，重点标注了洗手间的所在区位及去往路线。"所处范围"则以红色显示了游客所在的游览区块，更方便自我定位。将左、中、右三个部分结合起来，辅以图中指南针的引导，便能够轻松找到附近的洗手间，节约等候的时间。

　　大雁塔广场的卫生间指示系统体现了景区管理者、设计者的精心规划、周到考虑、无微不至，既有远距离的方向指示标牌，也有近距离的具体位置标识标牌，既有面向国人的单语标牌，也有面向国际友人的多语标牌。"高峰期导向图"则为特定时段卫生间使用者提供了更多的选择。

3. 警示关怀型

景区内常常可以见到提醒游客注意安全、保护环境的公告牌，用以引导正确的动作行为，以免人身安全遭受伤害。这类标牌分为两种形式：一是警示性标牌，二是提示性标牌。

（1）警示性标牌

据统计，景区中该类标牌出现的位置较为广泛，如喷泉水池、草丛草坪、入口处、地下车库（或地铁口）出入口，北广场则在喷泉两侧的石雕塑、长椅、高压电箱，南广场的玄奘像前、石桥边、消防车道等均可见到。

图 1-9 位于北广场中央喷泉水池之内，以"图画＋文字"的形式警示游客在此地玩耍时应时刻留意安全隐患，不能跃入池内，以免触电。喷泉供电电压一般为 220V，一旦线路或零件老化破损、接头脱落、设施不全，就容易发生漏电情况，携带小孩者尤其应引起重视。图 1-10 位于草坪中，警示游览者在享受美好环境的同时应该爱护美、维护美、传递美，做到文明旅游。

图 1-9

图 1-10

诸如上方两图的警示性标牌在广场随处可见，根据标语内容可以分为"禁止类"与"请勿类"，前者语气更为强烈，后者稍微柔和。我们以表格的形式呈现此类标牌（见表 1-3），可知"请勿类"使用的空间远大于"禁止类"，指示、命令的口吻仅用于严重威胁生命安全、占道停放、违反景区游览规则这三种情况，其他的则多以较为婉转的建议性口吻表述，仍保留一定的选择余地。部分"请勿类"标牌除了指出不提倡的动作行为之外，还为游客树立了良好的道德风尚，如"尊德守礼""文明出行""文明旅游""文明游览"等词语。

表 1-3　警示性标牌具体分类

禁止类	请勿类
喷泉水池，禁止入内	尊德守礼、文明出行 请勿踩踏草坪
禁止攀登	请勿踩踏草坪
禁止攀爬，小心触电	消防器材请勿乱动
严禁车辆及宠物进入景区	请勿逆行、注意安全 测温扫码戴口罩、有序通行勿拥挤
禁止停放电动车、自行车	请勿乱扔废弃物
消防车道，禁止占用	请勿倚靠
	请勿躺卧、文明旅游 尊德守礼
	文明游览 请勿入内摄影、攀爬、触摸
	请勿嬉水
	有电危险、请勿触摸

（2）提示性标牌

与警示性标牌制止错误行为相对，提示性标牌的作用在于引导游客规范自己的行为，以保障人身安全与生态环境。该类标牌一般多见于排队等候处、楼梯台阶处、卫生间门口、景区入口处，标牌上除具体内容之外，还可见到写有"温馨提示"的字样，能够引起游客的充分关注。

图 1-11 为北广场西侧卫生间门口的标牌，其内容说明了开放及使用时间、消杀作业、清洁作业的不同时段"07：00—凌晨02：00"和"凌晨24：00—早07：00"两小时一次，以及求助、监督电话，为游客在疫情期间的游览提供了卫生层面及心理层面的保障。图 1-12 位于南广场大雁塔售票处门前，由于旅游业中长期存在地陪导游、散客成团、非法营运、强制购物等黑幕，游客应时刻提防，谨防自己被骗，造成大额财务损失。表 1-4 是景区内其他提示性标牌的内容，多要求游客在排队等候、停放车辆的环节遵守规范，形成良好的游览秩序。

图 1-11　　　　　　　　　　　　图 1-12

表 1-4　提示性标牌

温馨提示：已喷农药、请勿触摸
注意台阶
请在一米线外排队等候
温馨提示：请依次排队观看
温馨提示：禁止停放电动车、自行车

4. 设施名称型

景区中的公共设施是景观规划中不可忽视的部分，合理且富含美感的设计不仅能有效提高使用率，同时还能使游客提升归属感、认同感，形成宾至如归的体验感受。大雁塔广场可见的公共设施标牌包括：公共卫生间、吸烟区、灭烟处、工作间、应急避难场所、垃圾投放系统、无障碍坡道、应急呼叫牌、求助服务电话牌、西安市民游客服务中心、游客咨询处等。下面以"垃圾投放系统"所包含的三种不同形式的垃圾桶为例进行详细说明。

大雁塔广场的垃圾箱分为圆筒式、方桶式和连锁式。"圆筒式"（图 1-13）多见于西广场以石头铺设的路径上，标有"垃圾不落地，景区更美丽"的标语，分设"可回收物"（Recyclable）与"其他垃圾"（Residual Waste）两个桶，并以横形的贴纸提示两类垃圾包含的具体分类情况，形状圆润小巧。与其相比，"方桶式"（图 1-14）位于南、北广场主干道上，形状变化后容积扩大，去除标语，仅保留了贴纸用于引导游客正确投放。在两类垃圾桶的正面均设有图形提示，其中"可回收物"包括玻璃、塑料、牛奶盒、金属、纸张、纸手提袋，"其他垃圾"具体指保鲜袋膜、污染纸张、破旧陶瓷、烟头、一次性餐筷、灰土。

图 1-13

图 1-14

图 1-15

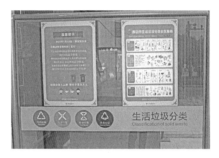

图 1-16

图 1-15 和图 1-16 所示垃圾箱被放置在北广场西侧的卫生间侧面，图 1-15 中以蓝、红、绿、黑四种背景色分别提示了可回收物、有害垃圾、厨余垃圾、其他垃圾，并在方桶上具体说明了不同类型垃圾所包含的内容：（1）纸张、塑料、金属、玻璃、织物属于可回收物；（2）灯管、家用化学品、电池属于有害垃圾；（3）家庭厨余垃圾、餐厨垃圾、其他厨余垃圾列为厨余垃圾；（4）剩余类型的垃圾均属于其他垃圾。显然，该图对垃圾类型的划分相较于图 1-13 与 1-14 更加精细。图 1-16 详细介绍了生活垃圾分类投放指南，以"温馨提示"的形式强调了若违反《西安市生活垃圾分类管理条例》[①]，个人、单位、生活垃

---

① 该条例于 2020 年 7 月 30 日经陕西省十三届人大常委会第十九次会议批准，2021 年 1 月 1 日起正式实施。

圾分类管理人员需要承担的罚款金额，如"单位未在规定的地点分类投放生活垃圾，处5万元以上50万元以下罚款"。并以"垃圾分类人人做，做好分类为人人"的口号呼吁全体市民严格执行垃圾分类标准。与前两种垃圾桶相比，连锁式不仅详细说明了不同垃圾种类包含的具体类型，也让游客深入了解到旅游地区对乱投放垃圾的惩罚措施，无形中提升了他们对文明旅游、遵守规范的重视程度。每个人都应该在日常生活中养成良好的习惯，提高垃圾的资源价值与经济价值，做到物尽其用。

5. 景物说明型

景区的标牌除了具备指示功能，很多也能够介绍当地的历史名人、民俗风情、传统故事。大雁塔景区的这类标牌主要集中于北广场喷泉两侧、北广场东侧步行街和西广场绿化带之中。

北广场的唐朝著名历史人物雕塑群中包括"茶圣"陆羽、"药王"孙思邈、怀素、僧一行、"诗佛"王维、"唐宋八大家之首"的韩愈、"诗仙"李白、"诗圣"杜甫等，铜塑景观包括"人和、雁塔题名、佛珠、黄河水、日月同辉、印石、飞虹、疑是银河落九天"。

北广场东步行街中铜雕塑涉及的传统故事有"百姓祝寿、皮影大戏、悬壶济世、角力争雄、街头胡乐、上元花灯、阴阳卜卦、公孙飞剑、胡舞长安、雁塔题名"。南广场则有位于大雁塔前的玄奘雕塑及人物介绍。

西广场绿化带中的雕塑主要为"陕西八大怪"，即"面条像裤带、姑娘不对外、锅盔像锅盖、秦腔吼起来、油泼辣子一道菜、房子半边盖、凳子不坐蹲起来、帕帕头上盖"，其余雕塑内容则涉及学童、娶亲路上、母子抬水等日常生活。

图1-17的雕塑作品名为"街头胡乐"。"胡"是古代对我国北方少数民族、域外民族的通称，而"胡乐"则指西北方及北方民族、西域各地的音乐，在唐代十分流行。唐朝建立之初沿袭隋朝的"九部乐"[①]，至唐太宗"平高昌，尽收其乐，又造燕乐"，确立"十部乐"，在统治者们宴请外国使节、举行朝会大典、举办宫廷宴会等高端场合，经过皇帝允许，这些音乐形式方可演出。《资

---

① 隋炀帝定清乐、西凉、龟兹、天竺、康国、疏勒、安国、高丽、礼毕为"九部乐"。

治通鉴·唐肃宗至德元载》："上皇每酺宴，先设太常雅乐坐部、立部，继以鼓吹、胡乐、教坊、府县散乐，杂戏。"胡三省注："胡乐者，龟兹、疏勒、高昌、天竺诸部乐也。"[1]可见，随着西域各国成为大唐的统治疆域，其音乐形式也逐步深入唐朝社会，甚至升格为宫廷音乐的一种常见形式，与中原雅乐产生碰撞与互动，构成了"雅俗互渗、胡汉交融"的音乐体系。胡乐以琵琶为主要的伴奏乐器，还包括箜篌、五弦筝、觱篥、笛子等，与"胡舞"相配合，不仅受到达官贵人的欢迎，在民间市肆也广泛流传。图1-18介绍了雕塑的名称、胡乐使用的主要乐器、胡乐的盛行时期，右下方的莲花中有二维码图案，游客只需拿出手机扫描，即可进一步阅读中文、英文相关说明文字（图1-19），如雕塑的地理位置、"胡乐"的延伸介绍。

图 1-17

图 1-18

图 1-19

---

[1]　《汉语大词典》第六卷"胡乐"条，第 1220 页。

三、语码使用

语码的使用具体包括不同语码的选择，语码组合情况，与其他符号（图画，箭头）组合情况，语码顺序，语码位置5个方面。

（一）语码选择

作为国际化旅游景区，大雁塔景区的标牌具有多语化的明显趋势，文字种类包括中文、英文、日文、韩文。从语码使用的频率看，中文出现最多，所占比例为98.8%，几乎所有的标牌中都以中文书写为主要内容。英语次之，所占比例为78.8%，在外国语言文字使用中具有明显优势，得益于其全球化传播的广度以及英语在我国教育体系中的重要地位。2010年西安市文明办、市社科院便联合发布标题为《关于加快西安国际化大都市市民人文素养培育对策研究》的文件，提出"实施外语口语培训、再教育经费补偿制度"，力求达到80%的普通市民能对外国游客进行简单的景点介绍，并且开展"能认500个繁体字、900句英语"活动，提升西安的知名度和美誉度，从"西安人"迈向"国际人"。2010年西安市人民政府办公厅发布《加强西安国际语言环境建设工作的实施意见》，在工作任务中强调"以涉外部门和窗口服务行业为重点，提高外语服务水平"，并明确要求政府涉外部门，公安、卫生部门，以及公交、地铁、出租车、酒店、商场、银行、医院、旅游景区、邮政等行业组织编写实用教材或读物，举办外语培训班，提高一线员工外语水平。2011年西安成功举办世界园艺博览会，以此为契机带动了市民学习外语的热潮。在语码使用中，以日文和韩文书写的标识标牌数量较少，且以官方标牌为主，这是因为标牌语码的选择应与来陕的外籍游客人数成正比。2006年北京市旅游局为迎接"2008年北京奥运会"，就规定北京市道路指示牌和各大景区旅游指示牌至少使用4种语言，除中文和英文外，"新增的语种将由各旅游目的地国家的来京旅游人数决定"，将锁定日、韩两种语言。[①] 与此规定对标，大雁塔广场标识牌"中文-英文-日文-韩文"的语码选择与排列顺序符合中央规范。

---

① 《2008年北京市道路和景区旅游指示牌将标识4种语言》，新华网，2006年12月2日。

（二）语码组合

在大雁塔广场景区的标牌中，可见的语码组合情况分为单语、双语、三语、四语4种类型，其中单语标牌全部以中文书写，双语标牌由中文-英文组合呈现，三语标牌具体包括中文-英文-韩文、中文-日文-韩文、中文-英文-日文3种形式，而四语标牌则包括广场中可以见到的所有语种，即中文-英文-日文-韩文组合。表1-5统计了语料中不同类型语码组合的数量及比例。

1. 不同类型语码组合统计

表 1-5 不同类型语码组合分布情况

语码	数量（个）	比例（%）
中文	40	20.7
中文-英文	49	25.4
中文-英文-日文	16	8.3
中文-日文-韩文	1	0.5
中文-英文-韩文	1	0.5
中文-英文-日文-韩文	86	44.6
合计	193	100

由上表可知，包含中文-英文-日文-韩文四种语码的标牌数量最多，为86个，占比达到44.6%。其次是中文-英文组合而成的标牌，数量为49个，占比为25.4%。再次是仅出现中文的单语标牌，有40个，占比20.7%。而在三语标牌中，中文-英文-日文构成的标牌有16个，占比8.3%，中文-日文-韩文、中文-英文-韩文的标牌都仅有1个，占比0.5%。

2. 不同类型语码组合示例

上述各种类型的语码组合情况以下列图示为例具体说明。

图 1-20

图 1-21

图 1-22

图 1-23

图 1-24

图 1-20 的语码组合形式为"中文-英文-日文-韩文",属于四语共现的情况,其中中文的字体最大,独占一列,而英文、日文、韩文字体大小仅为中文的四分之一,且共占一列。图 1-21 的公共卫生间属于景区设施,该标牌由"中文-英文"组合而成,上方中文以楷体书写,端正且醒目,下方英文单词的字母均以大写形式呈现,较为正式严肃。

图 1-22 属于单语标牌,仅使用了汉字,其内容是对左侧铜雕塑的解读,主要讲述了唐中期进士及第仪式中"雁塔题名"的风俗。《唐摭言·慈恩寺题名游赏赋咏杂纪》(五代·王定保)记载:"神龙以来,杏园宴后,皆于慈恩寺塔下题名,同年中推一善书者纪之。"该风俗源起于唐代的张莒。唐中宗神龙年间,进士张莒游慈恩寺,将自己的名字题在大雁塔下,自此文人纷纷效仿,尤其是新科进士将雁塔题名视为终生荣耀,曲江宴饮之后集体来到大雁塔下,将姓名、籍贯、及第时间用墨笔书写在塔壁上,日后其中若有人拜为卿相,则将条目改为红色。图 1-22 中的文字较为完整地说明了这一风俗的具体内容。

图 1-23、图 1-24 的标牌中都使用了三种语码。图 1-23 的标牌左侧圆形内以"中文－日文－韩文"依次书写了大型仪器的名称"室外箱式变电站"，而并未出现英文，右侧圆形内以"DANGER"提示此地有危险，但并未明确表示可能存在的情况，与中文"小心触电"、日文"感電注意"、韩文"감전조심"相比较，并未说明造成危险的具体原因，因而此处标牌的翻译存在不对等现象，信息不能完全传达至英语背景的游客脑中。图 1-24 的标牌摆放于南广场步行街入口处，以"中文－英文－韩文"说明了景区不允许车辆及宠物入内的规定，但并未发现日文标识。以上三种情况语码组合形式究竟是制作疏漏还是有意为之，我们并不知晓，但可以肯定的是，景区语码选择仍需要统一与规划。

（三）与图画组合类型

符号的形式非常丰富，除了不同语言符号（语言与文字）之外，在标牌中还存在其他类型的符号系统，如图画、箭头，我们也对这两种符号存在的情况进行了详细统计。

图画自身承载着一定的含义，有的可以独立传达意义，有的则需要配合文字强化说明。表 1-6 是针对图画与不同语码组合情况的统计。

表 1-6　图画与语码组合情况

搭配形式	数量（个）	比例（%）
纯文字	16	19.5
纯图画	1	1.2
单语＋图画	14	17.1
双语＋图画	22	26.8
三语＋图画	1	1.2
四语＋图画	28	34.2
合计	82	100

经过观察可以发现，大雁塔景区绝大多数标牌都以"文字＋图画"的形

式呈现，纯文字（中文）标牌仅有 16 个，占到 19.5%。在图画类标牌中，"四语（中文-英文-日文-韩文）+图画"的情况分布最广，有 28 个标牌，占到 34.2%，其次是"双语（中文-英文）+图画"的有 22 个标牌，占到 26.8%，再次是"单语（中文）+图画"的形式，有 14 个，占到 17.1%。纯图画类标牌与"三语（中文-英文-韩文）+图画"标牌都仅有 1 个，占到 1.2%。

图 1-25

图 1-26

图 1-27

图 1-25 位于大雁塔北广场的排水井盖，以纯文字（中文）标明了景区的名称为"大雁塔文化休闲景区"。图 1-26 未见文字，属于纯图画，它是室外箱式变电站外框上的警示图案，提醒游客请勿靠近、当心触电。图 1-27 在南广场大慈恩寺门口，为"单语（汉语）+图画"的组合方式，上方的图画莲花以其洁白高雅象征着佛教的教义纯洁高尚。《华严经》认为大莲花有四义：（1）在淤泥不染，如法界真如在世而不为世污；（2）良性开发，如真如良性开悟，众生若证，则自性开发；（3）为群蜂所采，如真如为圣众所用；（4）有香、净、柔软、可爱四性，如常、乐、我、净四德。① 下方的中文"大慈恩寺"则说明了所处景点的名称。图 1-28 是"双语（中文-英文）+图画"的类型，左侧为图画、右侧为文字，右侧上方以黑体大字书写中文"无障碍通道"，下方翻译出英文"Wheelchair Accessible"。以人坐在轮椅上的图画加以辅助说明，即使游客不懂得中文、英文，仅仅看到图画也能够领会此为方便残疾人出行的专用通道。上文图 1-24 为"三语+图画"，其中中文、英文、韩文标识了车辆、宠物不得入内，而图画则具体说明了"车辆"包含机动车、电动车、自行车，

---

① 《莲花在佛教中的意义》，藏地时光，2015 年 12 月 9 日。

"宠物"则以狗为代表且不限于此。图 1-29 位于南广场石桥之上，以"四语（中文-英文-日文-韩文）+ 图画"的形式说明了此处禁止玩水嬉闹，尤其不能用手接触水面。

图 1-28　　　　　　图 1-29

（四）语码顺序

大雁塔景区的标牌中语码顺序呈现出"中文→英文→日文→韩文"的规律，这并非随意为之，而是管理者从语言优势、使用需求、游客数量等多个角度综合考虑最终确定下来的。

景区使用频率最高的是中文。它作为汉语的书写符号体系，是西安人以及国内各省游客从小便接触与学习的内容，使用人数最多、读者受众最多，体现了本国语言文字不可动摇的地位。景区中的标牌除有一例未使用文字（中文）标注外，其他 192 例均出现中文，占到总量（193 例）的 99.5%，说明汉语是最为强势的语言。这一现象在法律法规中也得到维护和肯定，如《中华人民共和国国家通用语言文字法》[①] 第三条规定："国家推广普通话，推行规范汉字。"第五条则明确指出使用通用语言文字的历史使命："有利于维护国家主权和民族尊严，有利于国家统一和民族团结，有利于社会物质文明和精神文明建设。"

在三种外语语码中，英文出现的次数最多、频率最高，源于它是国际通

————————————

① 该法规由中华人民共和国第九届全国人民代表大会常务委员会第十八次会议于 2000 年 10 月 31 日通过，自 2001 年 1 月 1 日起施行。

用语言，且为全球使用人数最多的语言，网传据统计高达 50 亿人正在使用。[①]
英语是英国、美国、加拿大、澳大利亚、新西兰等国家的母语，是印度、新加坡、巴基斯坦、菲律宾、文莱等国的官方语言，是马来西亚、斯里兰卡、孟加拉国等国的第二语言，同时也是联合国、欧盟以及众多其他世界和区域国际组织的官方语言之一。选择英语作为大雁塔景区使用的第一外语，体现了国际化的定位。当然，英语水平目前已经与多重考核挂钩，渗透于人们生活的方方面面。2018 年教育部和国家语言文字工作委员会颁布的《中国英语能力等级量表》直接体现了英语使用广泛性下规范化的需求，既是衡量我国公民英语水平的标尺，也对教学起到了引领导向作用。

由于地理位置一衣带水、文化通融，西安吸引了众多的日本游客及留学生。盛唐时期，日本僧侣作为遣唐使在西安的青龙寺学习，如空海、圆行、圆仁、惠远、圆珍、宗睿等都留下了珍贵的遗迹，很多日本游客慕名而来，希望目睹这座对日本文化产生深远影响的寺庙。据统计，目前我国的上海、北京、西安是日本人居住最多的三座城市。[②] 北京、上海以其良好的国际形象作为名片，而西安则以其文化渊源成为众多日本民众仰望的精神故乡。西安的日企有 NTS 公司、NEC 无线通信、富士通、三星株式会社等，日式餐饮有日本料理、居酒屋、寿司、拉面、烧肉饭等，都说明在西安生活的日本人已经逐步融入当地。

常住西安的韩国人主要生活在高新区、曲江新区，以经营韩式餐饮及进口服装为主要工作。同时，以三星电子为代表的一批韩国企业也入驻西安，技术人员以及随迁家属都为本市的旅游业提供了潜在服务对象。据统计，新冠肺炎疫情暴发之前，在西安常住的韩国侨民约有 5000 人，现在约有 3500 人（顾荣，2022），他们已慢慢成为中韩文化交流的纽带。韩国的饮食文化也为西安注入了新的元素，尤其是韩国料理、韩式烧烤、炸鸡、冷面、部队火锅、参鸡汤、石锅拌饭、炒年糕等均受到广大青年群体的追捧。

[①] 《世界使用率最高 10 大语言》，搜狐网"小明说城市"微博。
[②] 《我国日本人最多的三座城市，人数超过 20 万！》，快资讯，2021 年 9 月 17 日。

西安的外籍人士以韩国人、日本人、美国人占较大比例，部分人除了学习、工作和居住外，还申请了永久居留证，他们的工作领域集中于软件业和种植业。[①]据陕西省文化和旅游厅发布的《2019 年陕西省旅游经济发展统计公报》[②]显示，全省接待入境游客 266.3 万人次，接待外国人 185.8 万人次。作为入境旅游市场主体的外国人群排列在前十位的依次为韩国人、美国人、日本人、马来西亚人、英国人、德国人、法国人、澳大利亚人、加拿大人、新加坡人。在界面新闻网发布的"2021 中国大陆旅游业最发达城市榜"中，西安以"旅客总人数"排名第 7、"旅游总收入"排名第 12、"旅游业收入占 GDP 比例"排名第 21、"交通便利程度"排名第 12、"旅游基础设施"排名第 10，总排名第 8 入选该榜单。西安对外国游客充满了吸引力，是他们最感兴趣的旅游目的地之一。

（五）语码位置

标牌中某一种语言出现的位置显示了其在当地使用的活跃程度，视觉上最醒目、内容上最突出、篇幅上最显著的语码为优势语码。优势语码与其他语码的位置可以分为上下式、左右式、（半）包围式。"上下式"表现为不同语码上下排列时，优势语码位于上方，其他语码依次出现在其下方。"左右式"是指按照从左到右的顺序，优势语码排于左侧，其他语码置于右侧。"（半）包围式"指优势语码位于中间，其他语码环绕在其周围。

图 1-30

图 1-31

---

① 张珂凤音：《西安外籍常住人口增多日韩人士占较大比例》，中国新闻网，2004 年 9 月 25 日。

② 该公报由陕西省旅游局于 2020 年 3 月 11 日发布。

图 1–30、前文图 1–20、图 1–31 分别为上下式、左右式、半包围式标牌。在具有"上下式"分布特征的 104 个标牌中，汉语均为优势语言。在官方标牌中，96.3% 使用汉语作为优势语言，仅有极少数竖行排列的双语标牌选择英语作为优势语言。大雁塔景区标牌的设计严格遵循了《中华人民共和国国家通用语言文字法》中的相关规定，即："因公共服务需要，招牌、广告、告示、标志牌等使用外语同时使用中文的，应当使用规范汉字。"并且履行了"广告牌和面向公众的指示牌、标志牌、名称牌、招牌、公告牌等使用中文并同时使用外文的，上为中文，下为外文，竖行排列右为中文，左为外文"的规定。[①] 此外，多块官方多语标牌，按照自上而下、自左而右的阅读次序，语码依次为汉语、英语、日语、韩语，其中汉语在上，字体最大，处于突出位置，英语、日语和韩语在下，字体略小，从左到右，横向排列。同时，也积极落实了《陕西省实施〈中华人民共和国国家通用语言文字法〉办法》[②] 第十八条："公共场所、建筑物及其他设施面向公众的用字，使用外国文字的，应当与规范汉字同时使用，采用以规范汉字为主、外国文字为辅的形式，规范汉字的字体应当大于外国文字。"这两段充分说明且再次印证了中文在我国不可撼动的地位，显示了官方标牌中的语码取向，是政府制定语言政策、开展语言规划、实施语言治理过程中应当遵守的准则。

四、标牌与作者、读者的互动

斯科隆（2003）指出标牌与设计者、观赏者之间的三方互动是语言景观研究的重要内容。因此 SPEAKING 交际模型关注标牌作者、读者和文本之间的互动关系，具体为：（1）作者希望传递什么信息、达成何种目的；（2）标牌不同语言的结合在特定场所能否合理传递信息；（3）读者能否准确地接收信息，进而解释语言景观互动中存在的问题及动因。

---

① 见《江苏省实施〈中华人民共和国国家通用语言文字法〉办法》（2006）第十四条第三款。

② 该办法于 2007 年 7 月 28 日由陕西省第十届人民代表大会常务委员会第三十二次会议通过，2007 年 10 月 1 日起施行。

（一）标牌与作者互动

语言标牌的设立是作者通过语言资源的选择与配置，构建友好的语言环境，实现经济效益的过程。大雁塔景区标牌作者包括四类人群：景区管理部门人员、省市级语言文字工作委员会相关政策制定专家、标牌书写者与翻译者。标牌的"作者"充分考虑了景区目标人群的语言需求，选择"中文－英语"或"中文－英文－日文－韩文"的语码组合类型，贴近于游客的母语背景，为"读者"降低了阅读及理解的困难程度。另外，在 logo 制作上一些个性化、品牌化的图案也别具特色，使"读者"容易记忆，能够深入感受到区域特色与景区人文底蕴，并知晓相关管理部门。如图 1-32 中的"飞天"是佛教壁画与石刻中常见的素材，图 1-33 中的莲花象征高洁、神圣，是佛教的教花，两个图案都清楚地说明了大唐不夜城以及大雁塔·大唐芙蓉园景区是佛教圣地。图1-34 则说明了大雁塔景区在行政规划上隶属于西安曲江新区，是曲江旅游度假区的有机组成部分。以上信息若走马观花式游览则无法领会其意蕴，细思却能理解设计者的独具匠心。这种规划从景点到景区，再到旅游区，介绍中并未使用大量文字，却能让游客清楚不同空间的独立性及彼此的联系。

图 1-32

图 1-33

图 1-34

（二）标牌与读者互动

为了掌握标牌信息传递情况，我们在景区中随机采访了五位外国游客和五位中国游客，了解他们对于大雁塔景区标牌的阅读感受与改进建议。中国游客均表示官方标牌信息内容便于理解。外籍游客中，三位游客表示能正确理解标牌含义，比如陕西戏曲大观园（Shananxi Opera Theme Park）、大唐不夜城（Grand Tang Mall）都较容易掌握，其余两位游客则表示语言景观翻译中存在的中式英语现象会误导游客，如对大雁塔名称的英语翻译有"Yan Ta Pagoda""The Big Wild Goose Pagoda""Great Wild Pagoda"等[①]，容易使信息搭配错乱，认为指称多个对象，甚至被曲意解读而丧失了文化意蕴。此外，大雁塔北广场有一处指示牌标注"设备检修"，但英文标识为"Checking Time"，并不准确，建议改为"Equipment Maintenance Time"才能让外国游客了解其含义。官方标牌译写的统一性、准确性、规范性质量直接影响旅游城市形象的塑造与提升，为保证"读者"与标牌的充分互动，"作者"在翻译相关文化负载词及专业术语时需要多处考证，力求准确无误。杨荣华、孙鑫（2018）对南京的历史文化街区进行调查，也发现了类似的问题，官方标牌与读者的互动明显不足，而私人标牌则展现了商家的经营特点、迎合了消费者的实际需求。今后公共空间标牌应在文本译写质量上深入下功夫，这是提升城市语言管理水平、营造城市外语环境的关键环节。

第二节　大唐不夜城店铺牌匾景观

　　大唐不夜城于 2020 年 7 月入选首批全国示范步行街名单，该景点由文化交流广场、庆典广场、商业步行街及唐城墙遗址公园组成，总体景观设计追求城市要素之间的协调，强调城市文化与历史文化的关系，因其充满了盛唐文化元素而吸引了大量的国内外游客。该景点定位为商业步行街，以店铺牌匾数量居多，基本为"自下而上"式的语言景观，具有丰富性、多样性，了解牌匾中的语码使用情况、字刻状况有助于剖析地域文化元素在构建城市形象过程中的作用与功能。在该景点以物理边界为划分标准，共采集有效语料 493 例，其中店铺牌匾 239 例，约占总数的 48.3%，完全符合其商业性的规划定位。

---

① 敬泽昊：《大雁塔英文翻译是什么？扎克伯格译成"野鸭塔"》，闽南网，2015 年 10 月 28 日。

一、语码使用

本节使用定量和定性相结合的方式从语码数量、语码组合、语码位置和字刻 4 个方面分析大唐不夜城步行街店铺牌匾景观的特点。

（一）语码数量

步行街店铺牌匾中出现的语种有汉语、英语和日语。使用一种语言为单语语料，使用两种语言为双语语料，使用三种及以上语言为多语语料。经统计（见表 1-7），单语语料共计 147 例，所占比例最高，达到 61.5%；其次是双语语料，共 92 例，占比 38.5%；未见多语语料。

表 1-7　店铺牌匾语码数量统计

语码	单语	双语	总计
数量（例）	147	92	239
比例（%）	61.5	38.5	100

（二）语码组合

步行街语言景观中主要有 6 种语码组合情况，分别是中文、英文、中文 + 英文、中文 + 日文、中文 + 拼音、中文 + 英文 + 拼音（见表 1-8）。

表 1-8　店铺牌匾语码组合统计

语码组合	中文	英文	中文 + 英文	中文 + 拼音	中文 + 英文 + 拼音	总计
数量（例）	125	19	85	4	5	238
占比（%）	52.5	8.0	35.7	1.7	2.1	100

其中，"中文 + 日文"组合的数量仅有 1 例，为"大白兔の店"，以售卖品牌奶糖"大白兔"及其周边产品护手霜、香水为主，日文"の"与汉语中的结构助词"的"相对应，该品牌于 20 世纪 50 年代诞生于中国上海，由冠生园食品厂研制开发而成，是传统意义上的"国字号"。此牌匾使用日文的原因无法考证，但其语码选择为博取眼球的动机昭然若揭，我们强烈建议对此类双语

标牌进行治理，将其规划为以中文书写的单语标牌，不能混淆视听。

单语码牌匾共 144 例。其中，纯中文牌匾有 125 例，占店铺牌匾总量的 52.5%，该数据足以证明中文在大唐不夜城步行街的主导地位，由于绝大部分游客来自国内各个省份，仅使用中文便能够满足他们的阅读需求。纯英文牌匾共 19 例，占店铺牌匾总量的 8%，以家喻户晓的国外连锁品牌为主，如 Casio（卡西欧），KFC（肯德基），Converse（匡威）等。双语码牌匾共 90 例。"中文＋英文"式的组合为 85 例，占店铺牌匾总量的 35.7%，使用比例仅次于纯中文牌匾。此类牌匾的语码选择既兼顾了中外游客的需求，也能体现出店主自身已经具备了强烈的国际化意识。

含有拼音的牌匾共 9 例。其中，"中文＋拼音"的组合共 4 例，理应算作单语形式，如店铺"一串一味"的左下方以拼音标注"chuan chuan"，其售卖产品为用签子把新鲜的食物串起来，再放入有秘制汤料的锅里煮的特色小吃，"串串、串儿"是这种小吃的口语说法，"一串一味"的名称对仗、典雅，富有意蕴，而"chuan chuan"则更为通俗、浅近、寻常。"中文＋英文＋拼音"的组合共有 5 例，一般店名专名以拼音标注，而售卖产品类型以英文说明，如"放哈"是一家奶茶店铺，其专有名称"放哈"源自词语"放下"的陕西方言读音，倡导人们将功名利禄放下、悲欢离合放下、是非善恶放下、嗔恨嫉妒放下，唯有"放下"才能得到内心的安宁。牌匾设计中，专名"放哈"使用中文书写，字号大且显眼，其上方以拼音标注方言读音"Fang Ha"，其两侧则有"Milk Tea"的字样，告知往来游客该店铺主要销售品类为奶茶。

（三）语码位置

语码的出现位置体现了牌匾设计者、语言规划治理者对不同语种的私人及官方态度。大唐不夜城步行街中，商业店铺牌匾语码分布形式包括"中上英下、英上中下、中左英右、英左中右、中外英里、中里英外、拼左汉右、拼上汉下、拼上汉中英侧"9 种类型。按照语码组合来看，"中文＋英文""中文＋拼音""中文＋英文＋拼音"共 94 例，分别为 85 例、4 例、5 例。

表 1-9　店铺牌匾语码位置统计

语码位置	中上英下	英上中下	中左英右	英左中右	中外英里	中里英外	拼左汉右	拼上汉下	拼上汉中英侧	总计
数量（例）	42	16	11	9	4	3	5	2	2	94
比例（%）	44.7	17.0	11.7	9.6	4.3	3.2	5.3	2.1	2.1	100

语码以上、下位置分布的商业牌匾共 58 例。"中上英下"形式 42 例，占比 44.7%，中文位置在上且突出显示，英文位置在下，体现了中文在我国的主导地位。例如，售卖文创产品的店铺"遇见·唐"（图 1-35），中文在上且字号明显大于英文。"英上中下"的形式 16 例，占比 17.0%，英文被置于中文之上，起到了审美性的作用，店铺"鲜果乐园"（图 1-36）英文名译为"FRUIT PARADISE"，呈拱形放在中文之上，非常美观。

语码以左、右位置分布的商业牌匾共 20 例。"中左英右"形式 11 例，占比 11.7%，中文在左，英文在右也体现了中文的重要性，如图 1-37，中文店铺名称"菌汤豆腐"置于牌匾左侧，符合游客的阅读习惯，英文"MUSHROOM SOUP TOFU"则位于中文右侧。"英左中右"形式 9 例，占比 9.6%，英文被置于左侧，主要表示售卖产品的性质和功能，比如"SPORTS 潮街"（图 1-38）中的"SPORTS"表示这条街售卖的是与运动相关的产品。

语码以里、外位置分布的商业牌匾共 7 例。"中外英里"形式 4 例，占比 4.3%，中文置于外侧、英文在里时，英文并不被突出显示，但能够给会英语的游客传递产品信息，如店铺"鱿鱼游戏"（图 1-39）中，英文"sizzling squid"在牌匾中间位置，表示的是"铁板鱿鱼"的意思。中国游客在看到"鱿鱼游戏"中的"鱿鱼"时便可得知店铺售卖的主要产品，但不懂中文的游客就需看牌匾中的英文以获取信息。"中里英外"形式 3 例，占比 3.2%，直接将中文放在中心位置，按照当代中国人从左到右的书写顺序（图 1-40）。

以上图 1-36 与图 1-37 标牌中、英文排列的顺序并未完全遵从"横行排列的应当上为中文、下为外文，竖行排列的左为中文、右为外文"的要求，破坏了规范性。图1-40将中文夹于两行英文中间，使中文的主体地位悄无声息地被偷换为附属地位，严重降低了中文的优势地位。以上的错误用例说明应进一步增强商业经营者自主维护《国家通用语言文字法》的意识。

含有汉语拼音的商业牌匾共9例，"拼左汉右""拼上汉下""拼上汉中英侧"三种形式分别为5例、2例、2例。

图1-35

图1-36

图1-37

图1-38

图1-39

图1-40

二、字刻特点

字刻指的是有关牌匾语言呈现方式的意义系统，涵盖字体、材料、状态变化等。

字体包含文字的书写方式、大小、形状、颜色等，不同的选择都会产生不同的意义。大唐不夜城步行街内牌匾上的文字多使用楷书字体和艺术字体。主街区和副街区"唐食坊"等区域的牌匾都使用规范的楷书字体，字体的大小具有高度的统一性，颜色则以黄、红为主。部分牌匾使用了艺术字体，大小不统一，色彩丰富。部分老字号店铺则选择繁体字书写店名，体现出其历史传承性。

材质指的是字刻的物质载体。大唐不夜城步行街店铺牌匾使用的材质包括木质、塑料、喷绘布和金属等。木质牌匾与街区的历史文化氛围相融合，给人一种年代感，如"原生咖啡""陕西大剧院"等规模完善、影响力较大的商家。塑料字主要是在小型摊位的顶部使用，到了晚上，这些塑料字可以亮灯，使整个街区色彩斑斓。主街区和副街区等统一规划的区域则使用的是喷绘布，在主街区规划较为齐整的牌匾使用喷绘布，以红色为底色，黄色楷书字体置于中间，牌匾四周有黄色纹理装饰；副街区"唐食坊"的牌匾则使用深蓝色的喷绘布，用红色楷书字体书写，字的周围有黄色圆圈装饰，且左下角和右下角有祥云图案。使用塑料字、喷绘布的店铺商铺多为小型摊位，流动性较大、缺乏稳定性，使用价格便宜、具有较高性价比的材质，也是想方设法减少经济压力的有益之举。金属材质的牌匾质量好、持久性强，如"王妈凉皮"。

状态变化主要是指以背景灯光的亮灭来指示营业状态。以塑料字为例，晚上亮起表示店铺处于营业状态，灯灭则表示不再营业。部分店铺不仅有牌匾，还会在较高的位置使用灯箱再制作一个小型招牌，灯亮灯灭代表营业状态，其作用与塑料字等同。

三、功能作用

本·拉斐尔（2006）认为语言景观具有象征功能。公共空间中标牌上的颜色、语言显著度、出现位置、书面文字都承载了一定的社会意义。大唐不夜城步行街的商业牌匾属于私人领域语言景观，其象征功能需要透过表面的外在形式去洞察牌匾设计者与景观管理者的别出心裁。通过观察，我们发现大唐不夜城步行街的商业牌匾具体象征并反映了牌匾受众的身份，凸显了社会文化心理，体现了英语的国际地位。

（一）反映受众身份

语言景观中语码的选择、组合的类型等都能反映出受众的身份。单语或双语是为了适应不同受众的需求，同时也从侧面反映了受众的广泛程度。不同语码面向相异语言背景的受众，经营者的语码选用体现出对消费者国别、受众文化水平、收入状况的心理预期。

使用单一语码的牌匾中，纯中文牌匾一方面满足了国内游客的需求，另一方面弥补了部分品牌没有英文翻译的现状，如服饰品牌"古阿新"未规定外文翻译，则使用中文更加合适。使用纯英文牌匾的店铺则都是游客熟知的国外品牌，如 Converse（匡威）。

使用"中文＋英文"组合的牌匾中，语言文字和各类装饰元素也能够体现受众的身份。例如，景区内"SPORTS 潮街"，英文体现了产品性质，中文则表示受众进入的是一条商品琳琅满目的街区，以齿轮的图形加以装饰符合年轻人审美观念中的"潮"，即新潮、潮流、时尚、前沿，此类造型暗示了目标受众群体为年轻人。

（二）凸显社会文化心理

社会文化心理是由人、社会与文化之间相互作用而建构的。大唐不夜城步行街拥有丰富的地域文化元素，迎合了游客沉浸式体验盛唐文化的旅游诉求和审美需求。景区内商业牌匾的设计也考虑了不同收入水平游客的消费需求，既有如银泰百货、大悦城等大型购物广场达到中、高收入水平人群的饮食标准，又有街道两旁设置的小型摊位，面向夜市爱好者及低收入群体。店铺名称则体现了地域特色、时代特色，如"潼关肉夹馍""西京醉""长安小铺""胡麻肉饼""烧尾宴""太宗六骏"等。

（三）英语属于优势外语

大唐不夜城步行街内共有店铺牌匾 239 例，其中 109 例上出现英文，约占所有牌匾数量的 46%，足以说明在私人语言景观中牌匾设计者对英文的态度和全球化趋势下英文发挥的重要作用。英语作为全球通用语言在交流交往中占据重要地位，商业牌匾上的英文既是语言符号，也是文化符号，发挥了信息传递、象征功能双重作用。一方面能够通过英文将售卖产品介绍给游客，另一方面体现了景点较高的国际化程度。

四、蕴含文化

（一）地域文化

陕西历史源远流长，地域文化遗产丰厚，秦始皇陵及兵马俑坑、明城墙、大雁塔、钟鼓楼等名胜古迹被越来越多的中外游客熟知。众多非物质文化遗产，如秦腔、陕北民歌、凤翔泥塑等也逐渐走进了大众的视野。地域文化元素成为大唐不夜城步行街店铺招牌及牌匾规划设计中的重要内容，呈现出独特的地域化语言文字风格、饮食文化元素、民族服饰传统。

1. 语言文字风格

店铺牌匾用字多出现"陕""陕西""西安"等体现地域元素的字眼，也包括"唐""长安"等蕴含盛唐文化的标志性词语，经统计，此类标牌共72例（见表1-10），约占全部牌匾的30.3%。

表1-10　景区用字情况统计

	唐	长安	西安	陕西	陕	唐文化	地域文化	总计
数量（例）	38	8	9	3	2	9	3	72
比例（%）	52.8	11.1	12.5	4.2	2.7	12.5	4.2	100

店铺牌匾中直接使用"唐"字的频率最高，共38例，占比52.8%，已达具有历史地域文化特色牌匾总量的一半之多。牌匾设计者为了最直观地体现出摊位和大唐不夜城步行街的匹配程度，通常在店名中加入"唐"字，如"遇见唐""唐食坊""唐媚娘（图1-41）""唐潮礼物"。其中有10例使用了"大唐"（如"大唐邮驿"），有2例使用了"盛唐"（如"盛唐霓裳"），双音节词韵律上给人一种押韵、和谐、悦耳的感受，同时也体现了唐朝时国家繁荣昌盛的景象。

能够体现唐文化的店铺牌匾共计9例，占比12.5%，包括"武皇牡丹馆""兰亭觅茶""贵妃稠酒""三彩福禄""烧尾宴（图1-42）""太宗六骏"等，反映了唐代知名的历史人物、文人雅士集会、常见陶器题材、科举宴饮名菜、太宗征战坐骑，富有传奇色彩。

图1-41 图1-42

融合陕西地域文化的店铺则习惯将"长安""陕""陕西""西安"等字眼直接置于牌匾中。带有"陕""陕西"的牌匾共5例，经营范围与陕西菜或陕西非物质文化遗产相关，如"陕拾叁（图1-43）""古法面新陕菜""陕西皮影礼物"。带有"长安"二字的店名有"长安十八味（图1-44）""长安小铺""长安一绝"等，更给人一种复古的感觉，与古色古香的周围环境完美融合。带有"西安"二字的店铺大多售卖现代商品，如"西安扶贫超市"是响应国家"脱贫攻坚战"战略设立的助农商铺。

图1-43 图1-44

2. 饮食文化元素

盛唐是文明、开放、包容的"大一统"时代。陈寅恪先生（1933）曾说："李唐一族之所以崛兴，盖取塞外野蛮精悍之血，注入中原文化颓废之躯，旧染既除，新机重启，扩大恢张，遂能别创空前之世局。"唐代的饮食自然而然地受到了胡人的影响，唐代慧琳和尚著《一切经音义》中记载："胡食者，即饦饠、烧饼、胡饼、搭纳等是也。"其中胡麻、胡饼尤受欢迎，唐代著名诗人王昌龄所著《题朱炼师山房》中有"百花仙酝能留客，一饭胡麻度几春"的诗句。大唐不夜城步行街的店铺招牌中便有"青精胡麻饭（图1-45）""胡麻肉饼（图1-46）""胡人烤肉"等，说明景区管理者和店铺经营者不仅关注了陕西地方主流餐饮，更充分认识到了唐代饮食文化中的异域元素。《旧唐书·舆服志》中记载："太常乐尚胡曲，贵人御馔，尽供胡食，士女竞皆衣胡服。"

图 1-45　　　　　　　　　　　　　　图 1-46

3.民族传统服饰

近年来"汉服热"在青少年、青年等群体中越发流行，这也是国家所强调的增强文化自信的体现，越来越多的人减少对日韩潮流的追随，转而多加关注中华传统文化服饰。大唐不夜城步行街共有 3 家租售汉服的店铺，分别为"美人梦·唐朝汉服馆""大唐芳华（汉服馆）""鹿鸣集汉服体验馆"，店名直接说明了销售对象的种类。另有 1 家名为"皇锦"的售卖丝绸制衣店铺，从名称中便能推断出其价格不菲。

（二）时代文化

1.品牌文化

品牌文化（Brand Culture）通过赋予品牌深刻而丰富的内涵，确立鲜明的产品定位，充分利用各类传播途径形成消费者的高度认同，产生品牌效应、形成品牌信仰、实现品牌忠诚。通过对大唐不夜城步行街店铺牌匾进行考察，我们共发现 27 个连锁品牌。国内品牌总部位于上海、北京、浙江、陕西、湖南、重庆等省份，国外品牌总部位于美国、日本、德国、意大利等国家。

表 1-11　连锁品牌所在地及数量、占比统计

总部	品牌	数量（个）	比例（%）
上海	阿甘锅盔、快乐柠檬、茶郡主、樊登书店、胜道体育	5	18.6
北京	皇锦	1	3.7
浙江	虾佬圣汤、Balabala（巴拉巴拉）、ELEGANT PROSPER（雅莹）、盒马鲜生	4	14.8

总部	品牌	数量（个）	比例（%）
陕西	梨小生烤梨、米旗	2	7.4
湖南	Arteasg	1	3.7
重庆	一只酸奶牛	1	3.7
香港	太平洋咖啡、周大福、周生生	3	11.1
美国	Dairy Queen（冰雪皇后）、Tommy Hilfiger（汤米·希尔费格）、必胜客、Häagen-Dazs（哈根达斯）、Pepsi（百事）、肯德基、Converse（匡威）	7	25.9
德国	大众汽车	1	3.7
日本	Casio（卡西欧）	1	3.7
意大利	Lukadilong（路卡迪龙）	1	3.7
总计		27	100

国内饮食品牌更多来自上海，而服装品牌则多来自浙江。"阿甘锅盔""快乐柠檬""茶郡主"等品牌的总部在上海，"Balabala（巴拉巴拉）""ELEGANT PROSPER（雅莹）"等品牌的总部在浙江。香港知名珠宝品牌"周生生""周大福"也出现在步行街中，陕西本土品牌"米旗""梨小生烤梨"受到本地人的广泛追捧。

国外连锁品牌中，总部位于美国的数量最多，占比高达 25.9%，如食品类的"Dairy Queen（冰雪皇后）""必胜客""Häagen-Dazs（哈根达斯）""Pepsi（百事）""肯德基"等，服装类的"Tommy Hilfiger（汤米·希尔费格）"和"Converse（匡威）"。德国大众汽车、日本手表品牌 Casio、意大利男装品牌Lukadilong 等也在景区内出现，这些都充分体现了经济一体化对世界各地的影响，陕西旅游景点的经济业态也呈现出国际化、多元化、全球化的特点。

2. 流行文化

谐音是语言运用过程中借助于音同或音近的语音特点来表达意思，从而造成一种特殊效果的语言现象。这种喜闻乐见的语言表达方式能够加强语言表达效果，展现出汉语的魅力。大唐不夜城步行街店铺牌匾共有 7 处使用谐音，包括"鱿鱼鱿戏""地瓜食研室""糖妃""唐潮汉服馆""唐潮玩家""唐潮小铺""唐潮礼物"。"鱿鱼鱿戏"谐音2021年一部暗黑题材的惊悚悬疑韩剧《鱿鱼游戏》，体现了"韩流"对我国青年人的影响，店铺名称与售卖产品相呼应，便于消费者理解并接受。"地瓜食研室"中的"食研"谐音"实验"，意为将饮食作为实验不断探索研究，表现了销售者认真钻研的态度，"食研室""食研所""食研社"是近年来的新词语，如"健乐享食研究室""轻欢控卡食研所""甜问·甜品食研社"都是倡导新型饮食理念的工作室。"糖妃"谐音"唐妃"二字，唐妃指皇帝的妾以及皇太子、亲王、世子、群王的妻妾，该店铺售卖的商品是糖人，取名为"糖妃"更加具有吸引力。"唐潮汉服馆""唐潮玩家""唐潮小铺""唐潮礼物"中"唐潮"均谐音"唐朝"，包含展盛唐文化，弄时代潮流的意蕴。

第二章
城市商业步行街语言景观

由于轨道交通串联的地下空间客流量巨大，在此开辟商业街不但能够高效利用已经趋于饱和的城市空间繁华地段，同时也可以吸引新兴消费人群，进一步提升商业价值。2014年的政府文件《国务院关于推进文化创意和设计服务与相关产业融合发展的若干意见》重点任务中包含"提升旅游发展文化内涵"，"支持开发康体、养生、运动、娱乐、体验等多样化、综合性旅游休闲产品，建设一批休闲街区、特色村镇、旅游度假区，打造便捷、舒适、健康的休闲空间，提升旅游产品开发和旅游服务设计的人性化、科学化水平，满足广大群众个性化旅游需求"。在休闲街区的创建方面，众多城市有所实践，如深圳"华强北MEGO地下商业街"、北京"中关村广场地下购物中心"、成都"世纪城·上闲里TOD主题商业街"、宁波"鼓东区间地下商业街"、东莞"鸿福里地铁商业街"等，它们的出现不仅满足了广大消费者个性化旅游的需求，更推进了文化资源向旅游产品转化的速率。本章选取具有"国家中心城市"之称的西安新兴网红景点"易俗社文化街区"与具有国际化大都市风貌的上海世纪汇广场"1192弄老上海风情街"作为研究对象，在深入分析店铺名称、特色海报、标识语、文化墙等不同类型语言景观的基础上，将两处进行对比，展现内陆城市与沿海城市在建设商业步行街方面的异同。

第一节　易俗社文化街区语言景观

2022年7月18日文化和旅游部网站发布《关于第二批国家级夜间文化和

旅游消费集聚区名单的公示》，西安市有两处入围，其中包括易俗社文化街区。该街区位于西安市钟楼附近，是以"百年易俗社"为核心，将艺术演出、文史介绍、戏曲创意、休闲娱乐融为一体的特色文化景区，是古都西安弘扬秦腔艺术、展示城市魅力的重要窗口和城市新名片。易俗社位于西一路 258 号，原名"陕西伶学社"，属于全国重点文物保护单位，是著名的秦腔科班，与莫斯科大剧院、英国皇家剧院并称为世界艺坛三大古老剧社。民国时期，陕西同盟会的爱国人士李桐轩、孙仁玉等以"辅助社会教育，启迪民智，移风易俗"为宗旨，创办了这一新型艺术团体，百年来多次斩获国际大奖，优秀保留剧目《三滴血》《柜中缘》《火焰驹》等已享誉全国。易俗社文化街区是全国首个以戏曲为主题的文化街区，于 2021 年 9 月 14 日正式开放，其空间范围大致为东起案板街、南至东大街、西至北大街、北至西一路，主要包括钟楼书店与邮局、美食街、方言广场、秦腔文化展示区、老字号一条街以及其他商业体。

值得一提的是，"东邦哥（东大街）情景式文化街区"位于易俗社文化街区的负一楼，占地面积 7300 平方米，以 1：1 的比例复原了 20 世纪 80 年代老西安的特色景观，各类餐饮、娱乐、百货，如音像店、小卖部、供销社均原景再现，使游客回忆激荡，有了穿越时空的感觉。

本章的调查范围涵盖了地上与地下双重空间。

易俗社文化街区的语言景观类型包括店铺名称、特色海报、标识语、文化宣传墙 4 种类型，它们都是"自下而上"式的私人标牌，以传播商业信息或特色文化为目的而设立。

一、店铺牌匾

（一）店铺类型

该街区的店铺分为老字号与一般商业性店铺，在我们收集到的 58 个店铺名称中，前者有 10 个，包括西安烤鸭店（1916 年）、西安饭庄（1929 年）、聚丰园饭店、秦椒炒肉、五一鲜包、西安五一饭店、新中华元宵甜点（1937 年）、白云章饺子馆（1938 年）、同盛祥牛羊肉泡馍（1920 年）、大香港酒楼。其中外来品牌沪菜馆"聚丰园饭店"20 世纪 30 年代创建于上海，1956 年跟随支援大西北队伍迁至西安，粤菜馆"大香港酒楼"2000 年进驻西安，以虾饺、干蒸烧卖、叉烧包、蛋挞为代表的港式茶点随之走进街头里巷。其余均为西安本土品牌。

一般性商业店铺标牌共有 48 个，以地方特色饮食为主，还包括极具时代感的猫拉夫跳舞俱乐部、男仕理发馆、大头贴、特产供销社、拾光杂货铺等。根据史有为先生（2019：535）考证，"俱乐部"一词源自英国上层社会的民间社交场所"Club"，集社交、娱乐、餐饮、会议为一体，带有浓厚的贵族气息，后以日语词"俱楽部"（kurabu）的形式引介进入汉语，名称最早见于 1900 年《清议报》。20 世纪 80 年代很多国营单位里都设置了俱乐部，供职工休闲娱乐，而当下的俱乐部多以会员制为主，集中于体育领域，如足球俱乐部、户外俱乐部、健身俱乐部等。与之相同，杂货铺、理发馆、供销社也是特定时代背景下的产物，现在已经被便利店、理发店、服务社等多种不同的新名词取代。在乡村振兴的战略指导下，"供销社"重新回到人们的视野中，承担着保障粮食安全、稳定生活物资价格的重要角色，是解决新时代"三农"问题、应对全球经济格局的超前决策部署。

（二）店铺类名

店铺的名称往往以"店名＋类名"而构成，如"聚丰园饭店"这一牌匾中，"聚丰园"为店铺的具体名称，"饭店"是其类属，用以区别酒店、餐厅、饭庄等不同类型的餐饮场所。常见的店铺类名包括"店、庄、楼、馆、室、铺"等，用来提示其商业经营范围或属性，根据《现代汉语词典》（第 6 版）中的解释可知："店"指"商店"，主要分担百货、副食或零售业务；"庄"是规模较大或做批发生意的商店；"楼"适用于多层店铺的名称；"馆"特指招待宾客居住的房屋；"室"仅为"屋子"；"铺"为铺子、店铺等面积较小的销售空间。[①]

易俗社文化街区的 58 个店铺名称中，老字号有 3 家使用了"店"，1 家使用"庄"，1 家使用"楼"，一般店铺情况则稍为复杂，有 8 家使用了类名，其

---

① 以上类名的释义分别见于《现代汉语词典》（第 6 版）第 296、1712、839、480、1191、1012 页。

中用"馆"的有 4 家、用"店"的有 2 家、用"室"与"铺"的各 1 家。

表 2-1　店铺类名分布及列举

类别	类名	列举	数量（家）	比例（%）
老字号	店	西安烤鸭店、西安五一饭店、聚丰园饭店	3	23.1
	庄	西安饭庄	1	7.7
	楼	大香港酒楼	1	7.7
一般店铺	馆	秦小酌黄酒馆、男仕理发馆、一品香锅贴馆、秦凹饸饹馆	4	30.8
	室	西影放映室	1	7.7
	铺	拾光杂货铺	1	7.7
	店	樊登书店、音像店	2	15.3
总计		13		100

由上表可知，一般店铺选择类名时倾向于使用面积较小的名词，而老字号则重点突出了其高大、宏伟的气势，使游客一看便知历史久、档次高，代表了西安饮食的传统形象。西安烤鸭店始创于 1916 年，最初是东亚饭店的酱卤部，1979 年成为西北地区首家烤鸭专营店，营业面积不足 300 平方米，门头低调[1]，使用"店"的类名与其历史传承有关。"五一饭店"的命名则随着时代浪潮的推动发生了一系列更迭：豫顺楼饭庄（1938 年）—锦江饭店（1946 年）—国营第一食堂（1955 年）—长安餐厅（1964 年）—五一饭店（1969 年）。

（三）语码使用

作为国际化旅游城市，使用多语种标牌无疑可以为外国游客带来阅读便利，因此语码的选择情况尤其值得关注。

易俗社文化街区的老字号店铺标牌中仅有西安五一饭店、五一鲜包、秦椒炒肉、大香港酒楼使用了"中文＋英文"的呈现模式。其中，中文字号较

---

[1] 《烤鸭的故事，还得从唐朝的长安城说起……》，陕西档案信息网，2022 年 4 月 10 日。

大，占据标牌的主体位置，英文字号排列在其下方，字号较小，是对中文内容的翻译。如将"西安五一饭店"（图 2-1）译为"MAY FIRST HOTEL XI'AN"。老字号的英文翻译如表 2-2 所示：

图 2-1

表 2-2　易俗社文化街区老字号中文 - 英文对应情况

中文	英文翻译
西安五一饭店	MAY FIRST HOTEL XI'AN
五一鲜包	Freshness guaranteed
秦椒炒肉	CHILI AND COOKED MEATS
大香港酒楼	GRAND HONGNOKG

一般商业店铺标牌中，中文、英文、拼音出现的模式有 4 种情况：（1）中文与英文对译形式共现 5 例，分别是"男仕理髮館"（barber shop）、"金花涮牛肚"（GOLDEN FLOWER BOILED TRIPE）（图 2-2）、"拾光杂货铺"（MEET THE TIME）、"火凤祥鲜货火锅"（FRESH HOT POT）、"樊登书店"（FANDENG BOOK STORE）；（2）中文与拼音共现，上方文字、下方拼音的 6 例，如"三秦套餐"（san qin tao can）、"茶话弄"（CHA HUA NONG）、"秦凹饸饹馆"（QIN WA HE LUO GUAN）（图 2-3）等；（3）"中文+英文"混合而成的标牌 3 例，依次为"WAN 茶坊""光音全胜 BAR（图 2-4）""RELX 悦刻"；（4）"拼音 - 中文 - 英文"顺序出现 1 例，即"大头贴"（DA TOU TIE- 大头贴 -Photo Sticker）（图 2-5）。

图 2-2

图 2-3

图 2-4

图 2-5

（四）繁体字使用

　　繁体字与简化字是一对互相对待的概念，前者结构复杂、笔画繁难、不易识记与书写。新中国成立之初，人民群众的文化水平普遍较低，为了普及文化知识、降低文盲率，汉字简化是顺应时代潮流的必然选择。"汉字简化"是我国文字改革的重要任务，1955 年文字改革委员会和教育部共同发布《汉字简化方案（草案）》，1956 年国务院通过了《关于公布〈汉字简化方案〉的决议》，废除 1055 个异体字，1964 年文字改革委员会出版《汉字简化总表》，共简化汉字 2238 个，偏旁 14 个，1977 年经国务院批准，《第二次汉字简化方案》开始试行，俗称"二简字"，由于社会上存在用字混乱的问题，该方案 1986 年被废除。后《简化字总表》（1986 年，2235 个字）、《现代汉语通用字表》（1988 年，7000 字）、《现代汉语常用字表》（1988 年，3500 字）、《通用规范汉字表》（2013 年，8105 字）陆续出台。

　　一般情况下，繁体字在正式场合已经不能出现，《国家语言文字规范标准》[1]中规定："旅游景区标识中的中文部分在字体上必须采用简写字体，不能

———————————

① 该《标准》由教育部与国家语委制定，于 2001 年 8 月 27 日发布并实施。

图 2-6

使用繁体以及其他不易区分的字体。"《国家通用语言文字法》则扩大了繁体字的使用范围，允许在一些特殊场合仍然可以使用，如文物古迹、书法篆刻、题词招牌、出版教学等环境。为了突出时代色彩，使游客更好地融入营造出的氛围之中，易俗社街区部分店铺标牌上使用了繁体字，复古的气息体现了固定空间里浓厚的文化底蕴。《恋曲1990》（图2-6）是罗大佑作词、作曲并演唱的流行歌曲，随着港星周润发主演的电影《阿郎的故事》在内地放映而被熟知。此处繁体字的使用尊重了香港地区的书写习惯与传统。

（五）方言词使用

街区中使用方言词的店铺牌匾仅有1家，"关中百姓搅团"（图2-7）的宣传语"咥搅团啦"中使用了陕西方言动词"咥"，形容吃饭非常过瘾。张维慎、王锋（2006）认为"咥"虽然刻画了古人狼吞虎咽式的饮食方式，"终嫌粗俗欠雅"（景尔强，2000：75），然而通过它可以体现秦人豪爽的性格。

图 2-7

图 2-8

"东邦哥"（图2-8）虽然并未直接使用方言字书写，但其发音与陕西话的"东边"近似，属于谐音。"东邦哥情景式文化街区"的主要负责人程果说，街区设定了一个人物——东邦哥，他出生于1980年，整个街区的时间节点设置在1988年，也就是东邦哥8岁时的生活场景。[①] 彼时的东大街有着"西北第

---

① 《Yes夜市》官方公众号文章《复古又潮流！东邦哥80年代街区，老西安的情怀自留地》，2022年7月20日。

一金街"的美誉，钟楼电影院、唐城百货大厦、骡马市服装城、炭市街副食品市场都云集于此。"复古街区＋地方特色传统小吃"的运营模式使老字号重新回归，将区域元素融入新型街区，是传统文化与现代商业的有机结合。

（六）地域色彩词使用

店铺名称中的地域色彩词使游客更容易辨识小吃属于本土特色食品，如使用陕西简称"秦"的"秦小酌黄酒馆""秦凹饸饹面""三秦套餐""秦椒炒肉"，使用简称"陕"的"陕邦𰻝𰻝面"，使用西安旧称"长安"的"喜事长安臊子面""长安食堂"，以及含有地名特色词的店铺名称"陈李记潼关肉夹馍""西安特曲""关中百姓搅团"。

表 2-3　东邦哥情景式文化街区地域色彩店铺名称

地域色彩词	店铺名称举例
秦	秦小酌黄酒馆、秦凹饸饹面、三秦套餐、秦椒炒肉
陕	陕邦 biáng biáng 面
长安	喜事长安臊子面、长安食堂

秦凹饸饹面（图 2-3）中使用了陕西简称"秦"，表现出饸饹这种美食富有地域特色，同时还使用了"凹"字，与陕西作家贾平凹先生的名字相同[①]，"秦凹"即"秦娃"，"×娃"是很多农村家长为了孩子好养而取的朴实、简单的名字，体现了陕北地区特有的人名称谓体系。

二、宣传海报

海报是传达信息的重要手段之一，设计者将图片、文字、色彩、照片、空间等元素整合为一体，以简明扼要的文字形式呈现内容，希望第一时间抓住人们的眼球、获得短时刺激，以达到宣传推广的效应。易俗社文化街区共发现海报语料 37 张，以下将从主题、时代受众、排版、用字等方面展开分析。

---

① 《我的自传》中介绍：姓贾，名平凹。娘号"平娃"，理想于顺利；我写"平凹"，正视于崎岖。一字之改，音同形异，两代人心境可见也。

（一）主题分类

海报的主题集中于 6 个类别（见表 2-4），其中建设祖国类最多，高达 14 张，占到总数的 37.8%，其次为广告类，共 8 张，占比 21.6%，再次是体育类，有 6 张，达到 16.2%。以下仅展示占比较多的三类。

表 2-4　东邦哥情景式文化街区海报主题的分类

主题	数量（张）	比例（%）
建设祖国类	14	37.8
广告类	8	21.6
体育类	6	16.2
学习类	4	10.8
劳动类	3	8.1
健康类	2	5.4
总计	37	100

图 2-9

图 2-9 中的三张海报均属于建设祖国类主题，并且对社会不同群体提出了各自的要求：对全国人民而言，需要彼此之间加强团结，并且与世界人民互相团结（加强同全国各族人民的团结，加强同全世界人民的团结）；对青少年儿童而言，要热爱祖国、人民和党，并且"好好学习、天天向上"（热爱祖国、热爱人民、热爱中国共产党，好好学习、天天向上）；对成年人而言，要"为中华崛起而奋斗"。图 2-10 中的广告涉及了打印用纸（地方国营新华蜡纸厂

打字蜡纸）、眼药水（福民砂眼药水）、小儿清热解毒颗粒（小儿奇应丸）。图2-11 中的口号"发展体育运动、增强人民体质"是 1952 年 6 月 10 日毛泽东同志为中华全国体育总会成立而写的题词，为新中国成立初期社会主义体育事业的发展指明了方向，至今仍作为最常见的校运动会口号被使用。[①]

图 2-10

图 2-11

　　以上三类海报之所以数量较多，均有其历史背景，党的十三大提出社会主义现代化建设"三步走"战略，其中第一步的目标是"实现 1981—1990 年国民生产总值比 1980 年翻一番，解决人民的温饱问题"[②]，因而建设祖国类的宣传语符合时代总旋律。1978 年改革开放后建立并完善了社会主义市场经济体制，国民经济持续快速增长，不同产业走向繁荣，产品广告生动、形象地进行了有效宣传。1981 年 11 月 16 日中国女排夺得世界杯赛冠军，全国上下掀起了学习女排精神的浪潮，自此我国体育事业蒸蒸日上，宣传体育赛事、体育活动的海报随处可见，其受众群体为时年二三十岁的青年，鼓励他们努力学习，锻炼身体，建设社会主义现代化强国。表 2-5 为建设祖国类、体育类海报的详细内容示例，由于广告类较为庞杂，在此不进行细化统计。

---

① 国家体育总局，《毛泽东题词"发展体育运动，增强人民体质"缘起》，中国网·体育中国，2020 年 6 月 10 日。

② 邓小平同志 1987 年 10 月在中国共产党第十三次全国代表大会上提出了中国经济建设分"三步走"的战略部署。

、 表 2–5　海报主题与详细内容示例

海报主题	详细内容
建设祖国	奋发图强　改天换地 随时提高警惕　保卫建设成果 我们用机械代替双手 发扬艰苦奋斗的革命传统 光荣的劳动　幸福的生活 高速度地建设社会主义 为了建设幸福美好的生活　存钱去 锻炼身体·建设祖国 支援农业四化 随时准备把敌人埋葬在海洋
体育	一定赶上世界水平 积极锻炼身体、增强体质、提高劳动效率 顽强锻炼，增强官兵体质 体操可以使身体得到全面发展 游泳的季节到了 学女排　见行动

（二）排版

根据观察及统计，我们发现海报的排版分为竖版（图 2–12）、横版（图 2–13）两种形式，其中前者有 18 张，占比 48.6%，上方图画、下方文字，主题内容醒目；后者为 19 张，达到 51.4%，图画在左、文字在右，符合阅读习惯。

图 2–12

图 2–13

（三）繁简字使用

海报的用字以简体字为主，有 25 张，占总数的 67.57%，如图 2-14 中的"光荣的劳动　幸福的生活"。以繁体字为辅，共 7 张，达到 18.92%，如图 2-15 中的内容"鍛鍊身體·建設祖國"。部分海报中也出现了异体字，而并未使用正体，如图 2-16"体操可以使身体得到全面發展"中的"面"应当为"面"，"面"与"麵"都是"面"的异体字，这说明当时的市民百姓使用规范汉字的意识并不强烈。

图 2-14　　　　　　　　图 2-15　　　　　　　　图 2-16

三、标识语

在调查中，我们共收集到易俗社文化街区标识语类照片 37 张，按照其主题分为 7 类。以下将从主题分布及示例、语言特色解析两个方面展开探讨。

（一）主题分类

标识语[①]可以分为警戒类、倡导类、展览类、指示类、餐饮服务类、宣传类、秦腔词汇类 7 大类别。所占比例最高的为"指示类"标识语（图 2-17），共有 11 张，达到 29.7%，其次为"餐饮服务类"标识语（图 2-18），有 9 张，占比 24.3%，再次是"倡导类"标识语（图 2-19），有 6 张，所占比例为 16.2%。

---

① 凡是在公共空间张贴或印刷的旨在为一般公众或特殊群体提供宣传和服务的语言标牌或标语都可以看作标识语，其功能为指示、宣传、引导。

表 2-6　标识语主题性质分类

主题	数量（张）	比例（%）	举例
指示类	11	29.7	东邦哥　易俗社文化街区
餐饮服务类	9	24.3	曾经沧海难为水　鱼香肉丝配鸡腿
倡导类	6	16.2	理解万岁、友谊万岁
警戒类	2	5.4	高压危险、禁止攀登
宣传类	2	5.4	不听秦腔不知陕，不到易俗不知秦
展览类	1	2.7	文脉秦韵·在长安　美术作品展
秦腔词汇类	6	16.2	趟马
总计	37	100	/

图 2-17

图 2-18

图 2-19

图 2-20

以上 7 类中，值得一提的是"秦腔词汇类"主题标识语，其中的"拉架子""吹火""划手""趟马"均属于专业领域的行业用语，每个词的造型由"秦腔脸谱＋专业术语＋解释说明"三部分共同组成，是秦腔人物形象及术语的一次集中展示。脸谱的设计颇具动漫风格，使游客对日常生活中比较陌生的专业领域词语与卡通画像也产生了浓厚的兴趣。以"吹火"（图 2-20）为例进行说明，这种技艺是把特制的松香含在口中，待戏剧情节需要时将其喷向火把，使之剧烈燃烧的一种舞台表现手段，多用于表演妖怪、鬼魂的阴森可怕，吹火姿势有直吹、斜吹、仰吹，按照火的形状进行分类包括单口火、连火、翻身火、一条龙火、蘑菇云火等，《游西湖·杀生》中李慧娘被斩后变成冤魂的一段吹火最具代表性。秦腔术语走进寻常生活，不仅使市民欣赏戏剧时加深了对内容的理解，更能使陕西本土的艺术与文化得到广泛传播。

（二）语言特色

从词语的来源看，标识语的选词突出了"新潮"的特点，使用了大量的"网源词"与"方言词"，使得宣传、倡导性的话语能够贴近游客年龄特征与言谈习惯。前者如"爷青回""不许不开心""仗剑走天涯""支棱起来"，后者如"浪走""么麻达""额滴神啊""嘹咋咧""骚情"等。网络词语的出现说明古城西安能够紧跟时代步伐，抓住语言发展新动向，并且迅速融入，成为新词语的创造者与使用者，方言词则是地域文化的活化石，是城市历史的印记，有利于本地民俗、文化的传承。

从修辞方法看，标识语中使用了对仗、排比、押韵等修辞手法。"不听秦腔不识陕，不到易俗不知秦"读起来朗朗上口、便于记忆，既提到了"秦腔"是陕西的代表性地方戏曲，又说明了观赏地点是易俗社。"曾经沧海难为水，鱼香肉丝配鸡腿"后半句是对"除却巫山不是云"的改造，不仅两联中"水"与"腿"的押韵十分精妙，具有音韵美、旋律美、和谐美，婉转流畅，也隐喻了后半句的美味让人难以忘却。诸多修辞手法的运用提高了标识语表达的语用效果，使游客在趣味性中自然而然地获得了新知。

标识语的遣词造句讲究整齐、和谐、对称，在数字相等的短句或分句中有规律地交替变换，便于朗读与传诵，富有形式美、音乐美。从音节的数量来看，"不听秦腔不识陕，不到易俗不知秦""曾经沧海难为水，鱼香肉丝配鸡腿""人生难得几回醉，呼朋唤友干一杯"三则标识语均为"4+3式"的七字格对称形式；"文脉源秦人秦声，翰墨咏秦风秦韵"为"2+1+4式"的七字格对称形式；"三餐吃饺子，就来白云章"是"2+3式"的五字格对称形式。

四、文化墙

文化墙是街头公共艺术的样式之一，是传递美感与精神的重要载体。易俗社文化街区所见文化墙语言景观共有 18 个，其中纯文字文化墙 10 个，纯图画文化墙 4 个，"文字 + 图画"文化墙 4 个。通过观察，发现文化墙的语码选择均使用中文，较为单一。主题可以分为秦腔知识普及、陕西方言推广、西安重大历史事件回顾等。以方言广场为依托，易俗社文化街区展示了较多"陕西方言推广"类型的文化墙，书写内容包括部分方言词及短语，如"阿达"（哪里，哪儿）、"biáng"、"麽麻哒！吃撒你言传！"（没问题！吃什么你说！）、"包胡宁次"（身体不要扭来扭去 / 别不情愿做某事）、"得肆高咧"（是不是喝多了）等（图 2–21），将富有地域色彩的言谈用语以直接的形式呈现给游客，引导他们感受城市的文化内蕴。

最值得一提的是易俗社秦腔曲目文化墙，1924 年鲁迅先生在西北大学讲学时曾在易俗社观看了五场秦腔演出，亲笔题赠"古调独弹"匾额（图 2–22），并捐赠了讲学所得的五十大洋。文化墙记载了先生为易俗社善捐的事迹，同时也展示了一些秦腔经典剧目的名称以及代表人物形象的铜雕，如《湘北大捷》《长江会战》《血战永济》等。

图 2–21

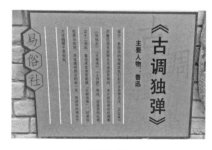

图 2–22

第二节　西安、上海步行街语言景观对比

老上海风情街位于浦东新区世纪大道旁的世纪汇广场地下 2 层，原名"1192 弄老上海风情街"，因其坐落于世纪大道 1192 号，故而得名。该街区于

2018 年 8 月正式对外开放，占地 6000 平方米，作为沉浸式主题街区的代表，以石库门建筑、有轨电车、老式黄包车、船坞码头、店铺市肆等复古元素，融合场景、风格、灯光、景观、音乐等现代技术重现了 20 世纪 30 年代"东方巴黎"的胜景。

风情街的入口处以"平安里"作为街区名称，作家王安忆曾写道："上海这城市最少也有一百条平安里。一说起平安里，眼前就会出现那曲折深长、藏污纳垢的弄堂……"此处原型是虹口区九龙路 2-8 号以及 10-16 号的真实街景，经过拆迁改造现已成为北外滩滨江步道。[①]"弄堂"是上海独特的民居形式，它构成了近代上海重要的建筑景观，更是地域文化不可或缺的组成部分。该词古时写为"弄唐"，《汉语大词典》中对构词语素"唐"的解释包括："④庭堂前或宗庙内的大路。"《诗经·陈风·防有鹊巢》有："中唐有甓，邛有旨鹝。"毛传："中，中庭也；唐，堂塗也。"《汉语大词典》收录了"弄堂""弄$_2$唐"两词，并均解释为"巷"。清朝梁绍壬在《两般秋雨庵随笔》中阐释："今堂屋边小径，俗呼衖堂，应是弄唐之讹。宫中路曰弄，庙中路曰唐，字盖本此。"可见，据此说法"弄堂"实为"弄唐"的讹误。里弄式住宅建筑中最为知名的已经开发成为网红旅游景点，即泰康路 210 弄的田子坊，是文创从业者们的聚集地，其余的还有步高里、尚贤坊、西成里等。

风情街以最具代表性的"平安里"弄堂为背景拟构了寻常百姓的生活场景，展现了弄堂文化下孕育的独特韵味，折射出民国时期老上海的摩登风尚。以下主要针对街区中店铺名称、海报广告展开详细分析，探求它们在语码、用字、排版、色彩方面的特色。

一、店铺名称

在 1192 弄上海风情街中，首先展现在人们眼前的是一幅整体布局图，它依据老上海独具特色的建筑类型将步行街中所有的商铺划分为 6 类，分别是民居小巷、申城仓库、百味大街、老赞大街、沪上市集、船坞码头，每一类中又

具体包含了不同的店铺名称。"老赞大街"系列中的小绍兴、小金陵、沈大成、双燕楼等品牌均为江浙一带颇有影响的老字号餐饮商标,"赞"表示很棒,"老"则是沪语中常见的程度副词,"老赞"说明这些老字号的美食在上海人民心中形成了品牌效应,是家乡的味道、童年的记忆,是沪上文化的一张名片。分类呈现的形式既方便了管理者,也为游客提供了明确的指向,使人一目了然、易于筛选。以下针对店铺语言景观展开具体分析,由于风情街内的店铺标牌并非均为实体空间,部分为旧品牌的遗迹,仅有标牌不见商铺,因此我们将店铺划分为实体店铺、虚拟店铺两种类型,分别探讨。

（一）实体店铺

在 52 个实体店铺名称中,参与组合的符号包含文字（中文、英文、字母）,拼音,logo 标志[①],数字和图画 5 种类型。其中,以中文书写的标牌占据绝对的主导性优势,且绝大多数以简体字为主,字号较大,位居招牌正中;在双语标牌中,英文作为国际通用语参与了组合,共发现 6 个样本,主要是针对中文内容的解释,翻译一般位于其上下或旁侧,且字体较小,不能冲击中文的主体地位,如"文通冰室"的右侧以英文"MANTUNG ICE ROOM"进行注解,"夸父炸串公司"的英文翻译则以"KWA FOOD FRIED CHUAN GROUP CO., LTD."的形式出现在汉字下方。除了以上两种较为常见的语码组合形式之外,一些仅有个例呈现的符号组合模式如"简体字 + 繁体字 + 英文"、"中文+ 拼音",以及图画、标志、商标在店铺名称中的呈现、参与符号组配,都暗示了私人标牌中经营商家作为设计者的品牌意识,以及满足不同语言背景游览者餐饮需求的主动心态。表 2-7 为实体店铺中可见符号组合类型的具体情况:

表 2-7　实体店铺符号组合类型

语码类型	数量（个）	例子
中文简体	25	申井冰店
中文繁体	2	台北西門町

① 下表中的"标记"均指商品的品牌 logo,有文字、图画两种形式。

续表

语码类型	数量（个）	例子
简体字＋繁体字＋英文	1	我爱我汤（把湯喝光的海派麻辣烫）Love my soup
中文＋拼音	1	研卤堂 YANLUTANG
中文＋英文	2	文通冰室 MANTUNG ICE ROOM
中文＋图画	5	川味小吃铺现磨豆花（豆花图像）
中文＋标志	7	老上海葱油饼（禧事多标识）
中文＋拼音＋图画	3	Diǎn jiàng tái 点匠台（豆腐图像）
中文＋英文＋图画	2	BE FINE TEA 百分茶　水果茶专门店（猫图像）
中文＋英文＋标点	2	雙燕樓　湖南老字号 Hunan Time-honored Brand（老字号标识）、夸父炸串公司 KWA FOOD FRIED CHUAN GROUP CO., LTD.
注册商标（出现次数）	2	唏嘛香 ®
总计		52

可见，以"中文简体"书写的店铺牌匾有 25 例之多，占到了总量的 48%，其次为"中文＋标志"型，有 7 例，占到了 13%，如"阿甘锅盔"（阿甘艺术字标记）、"郑阿姨特色馄饨"（女性头像标记）、"大壶春生煎"（茶壶画像标记）。

实体店铺又可以进一步划分为历史悠久的老字号店铺与当下时兴的一般商业店铺，不同性质、不同时代、面向不同客户群体的店铺名称也各具特色，前者更具标准化、规范化，沿袭了传统特色，凸显产品地域或老字号品牌特点，如"小绍兴白斩鸡""七宝老街汤团店""大壶春（生煎）""老大房"，它们的牌匾包含了店铺名称、创始年代、老字号标识等信息，而一般商业店铺受到当下消费浪潮的推动，店铺牌匾中既有面向绝大多数消费者的中文名称信息，又有针对外国游客的英文书写，还有直接示意的美食图片，多元化的形式能激发游客的猎奇心理，以供选择食用，如"斯润普"是一家以虾滑为主要产品的餐饮企业，仅从这一生僻的名称中人们无法判定销售的内容，必须参照牌匾右侧英文单词"SHRIMP"以及中文解释"手打虾滑"才能了解其商品品类，以音译形式作为店铺名称是一种十分独特的表现方式，其"中文＋英文＋图画"的符号组合形式也并不多见。

1. 老字号店铺

如上所述，老字号店铺牌匾通常具备的要素包括店名、品牌 logo、创始年代、出产地点，为了突显其深厚的文化底蕴与悠久的历史传统，个别标牌还倾向于选用繁体字书写，如"七寶老街湯團店""雙燕樓"，《国家通用语言文字法》中也明确规定"题词和标牌的手书字可以保留或使用繁体字、异体字"。因此，虽然从形式上看，繁体字与周围的环境显得格格不入，但在此处使用也合法合理。

"上海金牌小吃""小绍兴白斩鸡""老上海葱油饼""七宝老街汤团店""老上海排骨年糕"的命名方式基本一致，采用"出产地点＋食物名称"的方法，以"七宝老街汤团店"（图 2-23）为例，"七宝老街"位于上海市闵行区七宝古镇，是古色古香的建筑群落，2010 年入选"上海魅力新十景"。"七宝镇"得名于历史建筑"七宝寺"，始建于五代十国后晋天福年间，原名"陆宝庵"，谐音"六宝"，与佛教七宝[①]相差一宝，于是吴越王命王妃用金字手书《妙法莲华经》，并称"此亦一宝也"。（张乃清，2023：4）这家知名的汤圆店作为海派传统美食的代表之一，最早能够追溯至清朝咸丰年间的"叶聚兴糕团店"，目前开发了芝麻、鲜肉、豆沙、荠菜、枣泥、紫薯、板栗、花生、蟹粉等十几种口味，以其馅料配方独特、口感软糯柔滑享誉沪上。

"上海哈尔滨食品厂"（图 2-24）的命名则有所不同，由"经营区域＋创建地点＋功能分类"组合而成，创始人杨冠林将俄罗斯点心与上海文化相结合，创建了"福利面包房"，因其曾长期在哈尔滨打工，且食品厂后期搬迁至上海谋求发展，因此这两个地域名词共同出现于名称中。该品牌的创始时间为1936 年，作为上海老字号以"哈式 HASHI"为其标志，蝴蝶酥、哈斗、杏仁排都属于进店必买小食。

[①] 佛教七宝为金、银、琥珀、珊瑚、砗磲、琉璃、玛瑙，均为珠宝灵物。

部分店铺名称与创始人名字、佐餐汤食有关，如"沈大成"（图2-25）意为创始人"沈阿金是集点心与风味小吃之大成者"，该品牌创建于清光绪元年（1875），总部位于南京东路636号，青团、糕团、蟹粉小笼、桂花条头糕都是久负盛名的产品。"大壶春"是老牌上海生煎，其品牌名称则来源于吃生煎馒头时店家会把茶水冲泡在大茶壶中供给食客，以便吞咽。老字号的店铺名称背后往往蕴含着历史故事与典故传说，值得深入探究。

图2-23　　　　　　　图2-24　　　　　　　图2-25

2. 一般商业店铺

在一般商业店铺名称中，店名中的方言特色词，造词法中的谐音法都被使用，分别突出了美食的地域特色与时代气息。

首先来看方言词的使用。"唏嘛香"（图2-26）是一个兰州牛肉面品牌，在全国有很多的加盟店、连锁店。"唏嘛"是程度副词，在兰州话里表示"很、非常"的意思，"唏嘛香"就是非常香，指面特别好吃。极具形象色彩的店名勾勒出了人们享用兰州拉面时十分享受的画面。使用方言词作为店铺名称，近些年已经成为极为有趣的文化现象，2021年陕西西安市城管局对时亿广场的"碎怂烤肉"进行了现场执法，要求其与6家连锁店拆除门头，认为店名不雅，有碍观瞻，作为饮食店名称尤为不妥当。"碎怂"是陕西方言中长辈对晚辈的詈骂之词，虽然是极具地域特色的方言词，但该词的辱骂之义十分明显，使用这样的形式作为店铺名称难免有刻意为之、哗众取宠之嫌。有些方言词虽然体现了地域文化，但粗俗鄙陋的意义绝对不适于在公共空间使用，只会给城市形象的塑造带来负面影响，应该严加管控治理。

除了直接出现在店铺名称中，方言词也作为宣传标语在海报中使用，一方面形容食品的味道极美，另一方面拉近与销售地域的人文距离。臭豆腐小吃铺"点匠台"（图2-27）的名称中虽然不包含方言词，但其宣传标语"几好呷"在以长沙话为代表的新湘语中是"很好吃"的意思。国内本土连锁炸串品牌"夸父炸串"的门外，为了与本地区域特色相融合，也用宣传海报解释了"小宁"（图2-28）在上海话中为小孩子、小朋友的意思。

图2-26　　　　　　　　　　图2-27　　　　　　　　图2-28

　　其次来看谐音法的运用。店铺名称中的谐音类型主要包括"汉谐汉音"与"英谐汉音"两类情况。如"吃盔是福"（图2-29）是一家锅盔店，由于"亏"与"盔"读音相同，因而以售卖的食物"（锅）盔"替代了"亏（欠）"，提示食客一个人能吃亏、懂得忍让，受到不公平的待遇坦然接受，是增加自己的福气。大盘鸡拌饭店铺"餐见娘娘"（图2-30）中，以"餐"代替了"参（见）"，提示此处为用餐地点，且见的对象为"娘娘"，对消费者至高的尊称，表现了该店家的服务意识与理念。手打虾滑店"斯润普"（图2-31）是直接由英语单词shrimp音译而来的，标牌左侧为汉译名称，右侧为英文原词与中文解释，中间则放置了一个圆形的虾丸，可谓匠心独特，然而这种直接音译的方法虽然迎合了一线城市年轻人的品位，但不懂英文的老年人无法分析理据，只会觉得莫名其妙，完全摸不着头脑。以音译词作为品牌名称的不在少数，北京市学院路成府路口的一家餐饮企业名为"旺德福"，也是英文单词wonderful的音译，"旺"预示着兴旺发达，"德"是指美好品质，"福"为好运满满，这样的店名不仅符合中国人的审美心理，读起来也朗朗上口。而有些理发店、发廊的名称，单纯为了追求谐音效应，刻意营造新奇、时尚、新潮的氛围，反而使人觉得不伦不类，如"顶头尚丝"（顶头上司）、"发癫"（发癫）、"丝人订制"（私人订制）、"飞发走丝"（非法走私）、"中级发院"（中级法院）、"今日说发"（今日说法）、"胡丝乱享"（胡思乱想）等，早已破坏了行业的形象，根本无法起到良好的广告作用。在成语、词语中滥用谐音字，影响表达效果的商户，城管、工商等部门应严令禁止，保证传统语言文字意义的完整性与凝固性。

图 2-29

图 2-30

图 2-31

（二）虚拟店铺

区别于实体店铺，虚拟店铺只有店名标牌，没有真实的营业空间。这些店铺名称往往被悬挂于半空中，或是书写于墙面上。这类标牌基本为 20 世纪 30 年代上海商业品牌的再现，无法同实体店铺一样营业、售卖商品，它们的作用在于重现繁荣景象、勾起怀旧心绪、营造民国风潮，体现了语言景观的象征功能。从语码选择的规律看，在 88 个虚拟店铺名称样本中，包含 3 种文字体系（中文、英文、俄文）。

表 2-8　虚拟店铺名称语码选用

语码类型	数量（个）	例子
中文繁体	76	新中聲電業行
纯英文	1	Alice Jewelry（唯一名称中有图像的店铺）
纯俄文	1	ЗАПЧАСТИ иил Грузовых автомобиль
中文＋英文	10	廣興洋服 KWONG HING TAILOR
总计	88	

世纪汇风情街中虚拟店铺名称的书写以中文繁体字为主，涵盖横向、纵向两种形式，其中横向牌匾的书写顺序为从右到左，纵向为从上到下。常用的类名如"记""行""号"，均为传统店铺商号的通称。广东的餐饮店经常以"姓氏＋记"作为命名方法，如"陈添记""伍湛记""李锦记""徐福记"

等,《现代汉语词典》中对"记"的释义包括"标志、符号","姓氏"则起到了区别特征的作用,一方面表示该样品与同类产品相较具有独特的样式、味道、功能或风格、质量及服务,另一方面也体现了这门生意是世代相传、子承父业的老字号,是信誉和品牌的代名词。图 2-32 所示的"灿记"是香港知名饮食连锁品牌,在香港话中"阿灿"带有贬义,是指 20 世纪七八十年代的内地移居人口,这个称呼与电视剧《网中人》有关,主人公程灿被塑造为一个土里土气、愚蠢无知、急于求成的"乡巴佬"形象。"灿记"位于九龙城南角道,其招牌菜式为金牌路边鸡,而上海的"灿记"由香港迁徙至此,迎合本地人喜欢喝粥的生活习惯,主要经营生滚粥、鱼片粥。"行"则作为常用语素固定出现在某些营业机构中,如"商行""银行""车行",在"×行"中,前面的"×"多为经营内容,其长度可以进一步延伸为"专有名称+经营内容+语义类别(行)",如"纪安药行""祥兴茶行"。"号"则是专门用于指代商店,"商号""宝号""银号"均为店铺的雅称,图 2-33 中的"胜隆号"是经营大米生意的商店,其名称形象地刻画了旧时生意兴隆、顾客来往络绎不绝的图景。

图 2-32   图 2-33

表 2-9　使用"记""行""号"类通名的店铺数据统计

类别	举例	数量
"记"类	麦文记、乐记五金油漆、王星记扇庄、灿记、正泰信记橡胶、光记粮食、冯满记绸庄	7
"行"类	美孚行、世光酒药行、新中声电业行、祥兴茶行、王新记车行、纪安药行	6
"号"类	永胜号纸料、允春号、胜隆号、成昌号	4

商铺标牌中使用的西式名称包括公司、商店、商场、百货商店、有限公司5种类型。"公司"类品牌有5家，分别为"安乐园雪糕公司""盛德公司（图2-34）""普孟地产公司""先施化妆品发行公司""翠信茶叶公司"，"百货商店（公司）"涵盖"震华百货商店（图2-35）""新新百货公司（1923）""永安百货公司"，"有限公司""商场""商店"类均只有一家，为"高风冷气雪柜有限公司""先施万货商场""南华商店（图2-36）"。这些西式命名的出现从侧面说明了民国时期的上海经济组织形式就已经表现出多元化发展态势，既有传统的中式店铺，又有新兴的西化商场，给不同阶层、不同消费能力、不同需求的消费者提供了广阔的选择空间。

图2-34　　　　　　　　　图2-35　　　　　　　　　图2-36

76例以中文繁体字书写的店铺标牌主要表现出以下特点：（1）店铺通用类名中绝大多数以传统的中国式"记""行""号"为主，而以新式称名"公司""百货商店""有限公司"等出现的商业体则不足10家，说明旧上海本地人的观念中更愿意信任"国字号"产品。（2）横向标牌中阅读顺序多从右至左，仅有"文华窗帘地毯""乐记五金油漆""世光酒药行""碾米胶皮滚""红馆旗袍""万象牌喷漆"6例采用从左到右的书写顺序。（3）部分商铺名称含有被殖民色彩，以"东亚""美孚"为代表。东亚地区的国家多数有被殖民历史，日本所倡导的"大东亚共荣圈"打着"共荣共存"的旗帜，妄图达到统治东方各国的目的，如"东亚大药房""东亚旅馆""东亚中西大菜楼"正是历史的见证。"美孚"是英文单词mobli的谐音，"美"意味"美国"，"孚"则来源于《诗经·大雅·文王之什·下武》中的"成王之孚，下土之式"（王秀梅，2015：227），意为"成王也使人信服，足以成为人间好榜样"，因此"美孚"创立品牌重在以诚信经营。据载，1870年约翰·洛克菲勒成立了美孚石油公司，1885 年便在上海成立了"美孚洋行"，并进一步操控了中国的煤油市场，使中国百姓逐渐改变了使用豆油照明的习惯。[①]"美孚汽油"则是外来资本入侵半封建半殖民地的中国，形成能源垄断的隐匿形式。（4）所列店铺名称的经营范围涉及传统餐饮（老字号），医疗（跌打损伤、药房），甜品（雪糕、糖水、糕点），日用百货（五金、橡胶、煤球），书店（书馆），家居用品（窗帘、地毯、扇子），茶茗（茶馆、茶行、凉茶），服装（旗袍、洋服、绸庄），算命（课命馆），美发，地产，旅馆，酒家，化妆品，车行等，应有尽有，使游客看到了旧上海商业发达、各行各业繁荣兴盛的一面。（5）传统老字号再度呈现，如"小金陵""小绍兴""允春号""胜隆号""成昌号""和丰邸"，同时也展示了部分知名的香港品牌，如"安利""先施（1917）""永安（1918）"以及早期的民族产业"申大染织"。正是自由的经济制度使各类产业在民国时期的上海都有所发展，汇聚了来自不同地域、不同群体的资本力量，勾勒出了"十里洋场、百年上海"的繁荣图景。

中文与字母共现的标牌仅有 10 例，分为"中文繁体＋英文"以及"中文繁体＋国语罗马字母拼音＋英文"两种类型。前者有"从上到下""从左往右"两种格局，分别如图 2-37、图 2-38。后者则采用了"中西合璧"的表述形式，以中文作为优势语言，同时采用 20 世纪 20 年代由国民政府颁布、"罗马字母拼音研究委员会"制定的一套注音符号加以标注，并且使用英文解释，如图 2-39。经整理，汇集了表 2-10 中所示的这种独特的店铺标牌方式。

图 2-37

图 2-38

图 2-39

---

① 《探寻中国近代建筑之 40——美孚洋行》，个人图书馆，2018 年 4 月 10 日。

表 2–10　"中文 + 国语罗马字拼音 + 英文"店铺名称汇总

中文名称部分	字母符号部分
廣興洋服	KWONG HING TAILOR
吉士酒家	JESSE RESTAURANT
光记粮食杂货	MERCERIA KUONG KEI
鸿福第四茶號	HONG FU TEA CO.
祥興茶行	CHEUNG HING TEA HONG
聚興窗帘	CHUI HING BLINDS

风情街内的实体店铺可以享用美食，虚拟店铺虽不具备物理空间，但与之交相辉映，展现出时代的风采。琳琅满目的店铺语言景观与霓虹灯光、街道布置互相结合，再现了 20 世纪 30 年代上海的精神内核，吸引了一批又一批有着复古情怀的中外游客。

二、广告海报

风情街的海报广告内容多为商业宣传。我们收集到的 76 个样本可以分为怀旧海报、现代海报两种类型，前者主要用于营造怀旧氛围，因此以繁体字书写，后者则为实体店铺的经营广告，使用简体字。除了文字系统（中文、英文、俄语）之外，拼音、数字、标志、图画等符号也参与了构造广告宣传语。

（一）怀旧海报

此类海报共有 37 张，其中电影海报独具特色，《八千里路云和月》《残冬》《江南春晓》均是 1949 年前富有高知名度的作品，宣传海报图文并茂、色彩明丽、修饰华美，介绍的信息包括片名、导演、主演、出品公司，甚至还有电影教学相关课程，都说明了老上海影视娱乐行业高度发达。

图 2-40

图 2-41

图 2-42

图 2-43

除此之外，商业广告更是种类繁多，推销的产品包括香烟、脂粉、饮料、钟表、电池、花露水等各类商品。海报中文字以中文为主，按照从右到左的顺序排列，字号大小恒定，隶书、草书、行书等字体均可见到，内容简单明了，无过多修辞手段，直接传递关键信息。表 2-11 中整理的是海报广告中出现较为集中的，且能代表民国上海时尚潮流的化妆品类、香烟类商品名称的广告词。

表 2-11 商业广告分类及广告词整理

品类	商品名称	广告词
脂粉	无	胭脂水粉移妆影　冰麝龙涎醉客心 国色粉黛　天香草本 天然草本　古方养肤　醉心上市

续表

品类	商品名称	广告词
脂粉	双美人牌香粉 （便利粉、牙膏、雪花膏、 美素香皂）	无
	三塔牌化妆品	无
	无	与美相约邂逅美丽　古方养肤秘制 天然草本
花露水	虎牌花露水	气味芬芳　醒脑辟秽
牙膏	双桃牙膏	白嫩防老　丽质再造 双料精制　独具特效
雪花膏	上海经典雪花膏	敲敲水嫩有弹性　推推紧致美细纹
香烟	白猫牌香烟 大兴工香烟	选料超级　人人爱吸
	红人牌	红遍人间
	东亚烟公司	无
	黑姑娘 小吕宋甜纸烟	谈叙好友
	紫金山牌香烟	无
	金钱牌香烟	凡中国吸烟人士　欲吸进平顺快之香烟者幸毋忘试

以下从商品类海报中的信息出现情况、宣传语内容角度进行解析。

从海报中重要信息的组合情况看，大致可以分为 4 类：（1）直接说明商品名称，如"双美人牌香粉（图 2-44）""三塔牌化妆品"；（2）商品名称与宣传语共现，如"天厨味精——调味鲜粉、完全国货（图 2-45）""虎牌花露水——气味芬芳、醒脑辟秽"；（3）商品名称与出产商家共现，如"司令牌电池　新亚电池厂出品"、"紫金山牌香烟　协和贸易有限英国公司"（图 2-46）；（4）商品图画、商标、宣传语三者同时出现于海报中（图 2-47）。

图 2-44

图 2-45

图 2-46

图 2-47

从海报宣传语的内容看，有"商品名称展示型"，如"勒吐精代乳粉"（图2-48）；有"优选节日礼品型"，如"陈意斋——送礼罐头饼食"（图2-49）；还有"宣传商品功效型"，如"反骨水——飞云逆雨保平安、摸爬滚打草泥马"（图2-50）等，以及"表示职业态度诚信型"，如"大华公司——真不二价、童叟无欺，不穿不着、包退包换"（图2-51）。

图 2-48

图 2-49

图 2-50　　　　　　　　　　　图 2-51

（二）现代海报

在 39 张现代海报样本中，餐饮类的商业广告是主体内容，一般会重点介绍店铺当季、当月、当天的主打菜品、推荐套餐、特别活动、订购电话等信息，更加具有时效性。传统品牌"老大房"鲜肉月饼的广告，制作、销售方式"现烤现卖"突出了馅料、食品的新鲜程度，"预订电话"则说明了中秋佳节前老牌月饼十分抢手。工作餐食谱被摆放在餐馆门外，是每日优惠的套餐品类，以"工作也要'惠'"的宣传语说明了海报中的各类优惠是用于工作日、面向工薪阶层的，具体内容包括工作日中具体的某一天、菜品名称、执行价格，这样的公示让消费者一目了然、便于选择。

世纪汇风情街既有老上海的文化内涵，又有新上海的国际时尚风貌，各种店铺牌匾、海报不仅是历史的回顾，也有助于提升步行街内部的商业运作。丰富多彩的语言景观是游客认识不同时代上海特色的窗口。

三、易俗社与世纪汇语言景观对比

本章选取的西安易俗社文化街区与上海世纪汇广场"1192 弄老上海风情街"均为富有地域特色的街区，从主题定位来看，前者着力于回溯 20 世纪 80 年代改革开放初期全民努力建设社会主义国家的图景，后者力求重现民国时期旧上海商业繁荣、兼容并包的景象。以下分别从店铺名称、海报、标识语三个方面对两处的语言景观进行对比研究，旨在发现不同地域蕴含的文化特色。

（一）店铺名称

语言标牌可以分为官方、私人两大类别。其中"官方标牌"是自上而下，由政府设立，如街道（路名）标牌、公共路牌；"私人标牌"是自下而上，以商业用途为主，由经营者自行设计管理，如商品广告、店名牌匾、宣传海报等。作为非官方标牌中数量最多的一类，店铺名称表现出了极强的个性化特征，暗示了经营者、消费者的文化身份，更加自由化、多元化，真正反映了百姓生活中的语用倾向。

易俗社、世纪汇分别收集到店铺名称样本 58 个和 52 个（世纪汇为实体商铺），根据语码选用、组合的共性，列出表 2-12 加以对比。

表 2-12　易俗社、世纪汇店铺名称语码组合情况

组合类型	易俗社	世纪汇
中文简体	24	31
中文繁体	10	4
中文简体 + 英文	11	6
中文繁体 + 英文	5	3
中文简体 + 拼音	3	1

由上表可知，易俗社、世纪汇出现的店铺名称中，中文简体字的使用具有绝对性、压倒性的优势，分别为 24 例与 31 例。为了彰显时代特色与悠久历史，牌匾书写的过程中也使用了部分繁体字，虽然不符合主流使用倾向，但《国家通用语言文字法》中规定了其使用场合，并承认其在题字、招牌中出现的合理性，两处商业街中文繁体字店铺标牌分别为 10 例与 4 例。

其他组合形式"中文简体 + 英文""中文繁体 + 英文""中文简体 + 拼音"在易俗社出现的数量均多于世纪汇。以上为实体店铺标牌统计情况，在虚拟店铺中，语码选择更为多样化，除惯常见到的中文、英文之外，还有俄文，体现了老上海的国际化与多元化。

（二）海报

易俗社 37 张怀旧海报的主题分为 6 种类型，分别是建设祖国类、广告类、体育类、学习类、劳动类、健康类，而世纪汇风情街的广告海报分为怀旧、现代两大板块，前者以推销为主，商品集中于化妆品类、食品类、香烟类，后者主要为当季美食做广告宣传。

易俗社的海报宣传语多为官方正式发布的社会宣传类，以倡导、动员、鼓舞为主要功能。内容书写于图画下方，方向由左至右，黑体、宋体印刷较为多见，以简体字为主，也有繁体字、拼音参与构图，但数量较少，文字以红色、蓝色为主色调，醒目且严肃，能迅速抓住读者的目光，图文并茂、便于理解，使当时受到文化水平限制但热心学习的人们也能准确获知其大意。

世纪汇的怀旧海报均为以商业推销为目的的私人设计，以展示商品、宣传功效、招徕顾客为主要功能。宣传语应按照从右至左的方向阅读，以宋体、隶书、黑体、行书、楷书等多种字体印刷，具体内容能够出现于版面的任何一部分，以商品图画两侧为主，或用不同字体书写于商品图画周围，以示区分。书写使用文字均为繁体中文，能够发现黑色、红色、白色、黄色、绿色、蓝色等不同颜色的文字，色彩斑斓、琳琅满目，使整幅海报的构图错落有致、重点突出，更富趣味性与观赏性，是旧上海包罗万象的见证。

（三）标识语

标识语是在公共空间出现的服务于一般公众或特殊群体，供宣传或服务的语言类标牌标识。易俗社的标识语分为指示类、餐饮服务类、警戒类、倡导类、宣传类、展览类、秦腔词汇类 7 大主题，选词使用了大量的网络词语与方言词，凸显了时代特征以及区域文化，遣词造句讲究和谐对称，运用了对仗、排比、押韵等多种修辞手法，加强了朗读的音乐美、旋律美。世纪汇的标识语也包含"道路指示类"和"警戒提示类"，但又增加了"综合信息类"及"景点说明类"。前者包括了景区的管理服务设施、卫生安全设施、购物娱乐设施、交通工具设施，后者则针对某一特定景点进行详细介绍。

本章以 CBD 街区商业步行街语言景观为研究对象，选取西安新晋网红景点易俗社文化街区以及上海浦东新区世纪汇广场地下二层的"1192弄老上海风情街"展开对比研究。易俗社文化街区回放了20世纪80年代老西安的特色景观,凸显了地域文化、时代旋律在塑造城市形象中的功能与价值,1192弄老上海风情街则再现了20世纪30年代"东方巴黎"的繁华盛景,重现在传统商业、外来资本、民族企业各种势力并存时期沪上高度发展的经济贸易。

通过易俗社与世纪汇两个步行街的对比,我们感受到地下文化街区的建设需要与区域特色、时代风尚、传统文化互相融合。城市形象的塑造不仅仅依托于冰冷的钢筋混凝土铸造的高楼大厦、迅捷的交通工具带来的四通八达、经济的高速腾飞滋生的消费主义,与上述趋势相比,"城市化"发展进程中对历史长河的再现、民俗风貌的刻画、经典图景的镌刻更能够使寻常百姓在繁忙的工作中寻找一丝喘息,在淡化的交往中体味一份温情,在日新月异的科技中葆有一种简单!

第三章
都市文明窗口区语言景观

第一节　西安火车站语言景观

　　火车站作为城市形象最直接的窗口，其基础设施建设、周边环境治理、语言景观设计都对促进城市的对外宣传起到了至关重要的作用，然而极少有语言文字工作者将目光聚焦于此。本节拟选取改造之后的西安火车站可见语言标牌作为研究对象，具体涵盖典型实体类的广告牌、商铺招牌，以及非典型实体类的海报、标语、告示牌、电子显示屏等，针对标牌呈现的语符、语构、组合、修辞、文化等维度的特点进行深入探讨。同时，立足于多模态的观察视角，以"分帧考察"的形式，对火车站播放的西安城市形象宣传片语言景观展开剖析，包括视觉模态、听觉模态、文本模态。本节力求全面描写新西安火车站的精神风貌，发掘其蕴含的历史文明，体味其表现的地域元素，洞察其飞快的时代步伐，思考其国际化的发展道路，以期助于城市形象建设日趋合理化。

一、新西安火车站区域概况

　　西安火车站即"西安站"，是古城的形象窗口，更是人民的精神地标。由于书法家吴三大先生手书的站牌"西安"二字远看酷似特色小吃"面皮"，因此常被本地人戏称调侃，既表现了本地人对居住之地的喜爱之情，也传达了漂泊者对家乡美食的感怀之情。

　　（1）"面皮"火车站有了新面皮。（见澎湃新闻，2020 年 6 月 25 日）

（2）这座挂着"面皮"两个字的西安火车站，是一座城、几代人的回忆。（见《西安火车站的87年》，西部网，2021年8月13日）

西安站历史悠久。1934年始建，1936年定名为"西安车站"，1937年更名为"长安站"，直至1952年恢复"西安站"用名。车站有南、北两座站房，共分为两层，楼上用于办公，楼下为售票处、行包房及候车大厅。

长久以来，由于城市治理与规划的滞后，西安火车站被污名化为"最差省会火车站""最乱火车站"，周边卫生环境的脏、乱、差，小铺商贩对游客的坑蒙拐骗，甚至职业小偷的大胆猖獗都让我们的家乡蒙羞！人民网2016年8月10日以《西安火车站乱象丛生　多年顽疾投诉多》为题目的一篇新闻报道通过列举网友留言，鞭辟入里地揭示了西安火车站存在的问题，如出租车长期停留揽客、"黑大巴"售票点、霸道"黑旅店"、执法人员不作为、票贩子猖獗、小摊小贩遍地经营、碰瓷敲诈等。[1]

作为一座现代化、国际化大都市对外展示自我形象的窗口，西安火车站及其周边的环境、秩序、管理已经受到了各方媒体的关注，实施整改迫在眉睫。2016年7月西安站改造扩建工程正式启动，2021年12月31日全面竣工并投入使用，迎接新年春运！它由6台11线扩展至9台18线，形成南、北双广场、双站房的格局。

随着火车站的治理，北广场棚户区拆迁也正式开展。曾经陇海线西安站北段的一片广大的区域被称为"道北"（西安火车站以北，龙首村以南，东到太华路，西到红庙坡），那里聚居了在饥荒与战乱中逃亡的大批河南人，据统计，仅在抗日战争期间就有170万河南人沿着陇海线逃到潼关以内，歌谣"过潼关，过潼关，过了潼关就有饭"被口口相传。[2]"道北"在老西安人的心目中是一个避之不及的地方，贫穷落后、混杂无序、犯罪滋生、暴力频现、文化荒芜等都已在当地人心中形成了固有的印象及评价。随着新西安火车站的落

---

① 刘冰、邹钰坤：《西安火车站乱象丛生　多年顽疾投诉多》，人民网，2016年8月10日。

② 周煜坤：《西安道北的前世今生》，个人图书馆，2020年1月10日。

成，"道北"旧貌换新颜，大明宫国家遗址公园带动了周边旅游业的发展，火车站配套市政工程建设呈现出崭新的面貌，在这片土地上历史与现代遥相呼应。治安嘈杂、街道拥堵、共用厕所的低水平蜗居生活已经被高楼林立的民生工程取代，勾勒了一幅"住有所居，居有所安"的幸福图景，而"道北人"这一蔑称也将沉淀为历史词语，逐渐从西安人的记忆中抹去。

二、语符特点

视觉、听觉是人们获取信息的主要渠道。在西安火车站可见的视觉语言景观中，语码以中文、英文两种语言最为普遍，此外还增加了其他的符号，如图标、数字、图画的组合，更加易于理解，其中富有西安特色的文字景观尤其值得关注。城市空间中还存在着广泛的非典型性标牌，它们具有移动性、临时性、多模态性、违规性等特点（尚国文，2023：13），其中语音播报及游行口号属于声音模态。火车站听觉语言景观的形式主要为语音播报，提示语采用了中、英文转换的双语模式，便于中外游客能够更为快速地找到乘坐车次与候车大厅。在媒介传播全球化的趋势下，各种文化符号互相遇见、碰撞、交融、吸收，"双语播报"已经成为彰显国际化大都市地位最直接的手段。

（一）语码数量及种类

表 3-1 西安火车站标牌语码数量分布

语言种类	单语	双语	合计
数量（张）	92	24	116
比例（%）	79.3	20.7	100

依据标牌使用语言的种类可以将其分为单语、双语两种类型。在我们收集到的 116 张图像语料中，纯中文类语言标牌有 92 张，占到总量的 79.3%，"中文＋英文"的标牌有 24 张，占比为 20.7%，二者几近形成 4：1 的分布比例，其中后者通常出现于公共服务区域，如候车大厅、储物柜、饮水机、贩卖机、哺乳室等。在文化宣传区域也可以见到"中文＋英文"的语言标牌，如

"十四运"官方特许商品旗舰店、"丝路缘"亲情服务展示墙等处。中文单语标牌为主的格局体现了汉语绝对性的主导优势，由于西安火车站所接待的旅客绝大部分为中文母语者，因此从利用率、广泛性、接受度来讲，中文都应该处于最强势的地位。而"中文＋英文"组合的标牌其功能除了指示正确的方向之外，也可以向外国友人宣传城市文化，使他们深入感受古城的人文气息与历史风貌，具有极高的推广价值。

（二）符号组合形式

语言标牌可划分为官方和私人两种类型。官方标牌指的是政府自上而下设立的标牌，如街牌和路牌等，而私人标牌是私人或企业自下而上所设立的标牌，如广告牌和店铺牌匾，主要用于商业用途。表 3-2 为西安火车站标牌各类符号的组合情况。

表 3-2　西安火车站标牌符号组合情况

组合	中文＋英文	中文＋图标	英文＋图标	中文＋图片	中文＋数字	英文＋数字	图片	合计
数量	24	31	2	42	11	10	5	125
比例（%）	19.2	24.8	1.6	33.6	8.8	8	4	100

从上表的数据可知西安火车站语言标牌组合类型丰富，按照出现数量由多到少的顺序依次为："中文＋图片""中文＋图标""中文＋英文""中文＋数字""英文＋数字""图片""英文＋图标"。

官方标牌代表政府的显性语言政策，反映主流政治导向和大政方针，具有主导性、权威性和公益性的特点，主要分布于火车站通道的宣传牌和电子显示屏中，用于宣传精神文明或军民情深等思想内容，多以"中文＋图片""中文＋图标"的形式呈现，图 3-1 的中文为"不忘初心、牢记使命"，该标牌紧扣全党自上而下开展的主题教育，以八一建军节的图标表明了人民军队听党指挥的政治立场，赓续红色血脉、传承红色基因，继续发扬人民军队的光荣传统。图 3-2"拥军优属　鱼水情深"紧扣"双拥"（拥军优属、拥政爱民）主题展现了我党我军的优良传统，不仅高度重视军政、军民团结，而且彰显了人民军队的本色和政治优势，深刻反映了军民鱼水情深、骨肉相连的真挚情感。

私人标牌反映了民众使用语言符号的真实倾向，商业性强、个性化凸显、面向不同消费群体、代表商家的语言取向和文化身份，火车站里餐饮店、便利店、礼品店的标牌都属于该类型，主要是以"中文＋图标"的形式呈现。小吃店铺多以店名和特色化图标的组合形式出现，如创新中式快餐连锁企业"五爷拌面"（图 3-3）是为人熟知的品牌，其企业 logo 中"五爷"人物形象的塑造采用了富有时代特色的手绘漫画，让新老顾客了解品牌、信任品牌，也使品牌变得更加活泼时尚且富有亲和力。

在指示牌、公共设施、文化墙商店招牌上，"中文＋英文"的模式较为普遍，这是为了彰显城市形象窗口区域的国际化水平。图 3-4 本土知名蛋糕品牌"安旗"以对应的英文单词"ANGELIA"翻译了其读音，同时通过添加"BAKERY&CAFE"说明了提供的产品及服务的类型，中文"蛋糕、面包、西点、奶茶"则列举了其包含的具体商品种类。

图 3-1

图 3-2

图 3-3

图 3-4

（三）语符组合特点

通过对店铺名称进行标注，我们发现中文、英文、拼音三种符号之间存在着组合关系，"中文＋英文"的类型共有 24 例，主要出现于公共服务设施上，目的是方便外国游客，"中文＋拼音（方言）"的类型虽仅有 4 例，但凸显了普通话与地方方言的发音特色，在外省游客们的眼中也独具特色。表 3-3 是不同语符组合类型及数据的统计。

表 3-3　语符组合类型

转换方式	中文-英文转换	中文-拼音（方言）转换
数值	24	4

图 3-5 是饮水处出现的标牌，以"图画＋中文＋英文"的形式呈现，中文"饮用水"说明了此处的功能，英文"Drinking Water"是其翻译。"中文＋英文"对译标注的情况多出现于公共设施和公共服务区域，例如饮水机、自动贩卖机、哺乳室、储藏室、候车厅指示牌等。双语标牌既是"游客友好型"服务态度的体现，也是西安塑造国际化大都市的重要依托手段。英文的内容既具有信息功能，给外籍游客营造了宾至如归的感觉；也具有象征功能，表明了城市的现代化、国际化水平。类似的标牌如下表：

表 3-4　"中文＋英文"官方标牌

重点旅客候车区	For The Passenger In Need
哺乳室	Baby Care
储藏室	Store Room

西安火车站的服务手册、文化墙也都使用"中文＋英文"的模式，有助于外国友人更加深入地认识与了解古城西安。正如陈睿（2016）所言："和谐的语言态度决定语言景观的和谐，语言景观的和谐反映语言态度的和谐。古今中外，国家语言交际的宗旨是争取语言地位的平等，语言交际始终处于和谐友善的氛围之中。和谐的语言态度决定人们的语言选择和语言应用，平等看待不

同语言。"西安火车站众多的双语标牌足以证明这座城市秉承着包容、开放、多元的态度对待世界。

"中文＋拼音"的组合类型如图 3-6 中的"周黑鸭"，该品牌由周富裕于 2006 年在湖北武汉创建，专门从事生产、营销、零售休闲熟卤制品。该企业与绝味食品、煌上煌均为休闲卤制食品市场中的龙头，其中文店铺名称能够激发消费者心目中品牌效应，拼音"ZHOU HEI YA"则是对中文名的注释。类似的店铺标牌还有"西安特产"下以拼音标注"XI AN TE CHAN"。《国家通用语言文字法》中规定："汉语拼音在公共设施中不能单独使用，需要使用汉语拼音时可加注在汉字的下方。"关于"中文＋拼音"共现类型的私人标牌，2022 年曾引发一阵热议。四川成都两名街道干部在负责管辖区店铺优化升级的工作中，以"统一美化"为由，要求店家将商铺上的汉字统一换成汉语拼音，于是"贰两豌杂面"变为了"ER LIANG WAN ZA MIAN"，且在牌匾右下角以原本的中文名词加以标注，"千店一面"的苛求对当地众多店铺的经营销售造成了严重干扰。此举浪费了人力、财力、物力，私人标牌本是招徕顾客、招揽生意的创意之举，只要符合法律法规、不违背公序良俗，不得通过行政手段强加干预，而部分基层公务人员倚仗自己的特殊身份，不尊重市场规律、商家意愿，利用自身的职权将审美观强加于群众，对营商环境、地方经济造成了负面影响，这类越界之举理应得到严加管控。

值得一提的是，中文与方言读音之间的互注。图 3-7 语料采集于一家名为"西安礼物"的店铺内，该店主要销售具有西安特色的商品，例如皮影、兵马俑人物、包和饰品等文创产品。我们发现标牌中的"谝（piǎn）"和"忒（tēi）"属于地域方言词，"谝"在《说文解字》中的解释为"便巧言也"，《汉语大字典》中有两个读音，读作"pián"有花言巧语、欺骗诈骗之义，读作"piǎn"一般在方言中使用，意思为夸耀、显示。在《现代汉语方言大词典》中该字语音标注基本为"piàn"，且收录了其"聊天"义（乌鲁木齐），并出现由此义构成的短语"谝闲传""谝椽客"等。陕西话里"谝"的意思也是说闲话、聊天、唠嗑，尤其强调毫无主题、无关紧要地胡侃。

（3）进君子，退小人，无以利口谝言为足信。（宋·徐梦莘《三朝北盟会编·卷四十九》）

（4）凡地方有杀人放火……诓谝博弈，奸淫者，见则捕之。（清·张謇《变法平议·凡兵部之事四》）

（5）通讯员小铁得意洋洋地卖谝。（冯志《敌后武工队》）

（6）这几个小伙子，凑到一搭里不是打麻将，就是谝闲传。

（7）那是个谝椽客，到哪儿都是他底话最多，莫完莫了底。

"忒"在《说文解字》中的注解为"更也。从心，弋声"。《诗·鲁颂·閟宫》有"春秋匪解，享祀不忒"，其中的"忒"便为此意。在本义之外，该词还演变出了副词性的义项，表示太、过于。清代说文四大家之一的段玉裁在《说文解字注·心部》写道："忒之引申为已甚，俗语用之。或曰大，他佐切，或曰太，或曰忒。俗语曰忒杀。"章炳麟在《新方言·释词》中举例："今人谓过曰忒。如过长曰忒长，过短曰忒短。"据《现代汉语方言大词典》记载，忒表示"太"的程度副词义在济南、徐州、武汉、崇明、上海、苏州、杭州、宁波、梅县等方言点均被使用，如"物事蛮好，就是忒贵"（苏州）、"这话忒难听了"（徐州）、"格件衣裳忒花，那件嘛又忒素"（杭州）。

将方言词用中文和方言读音互注的方式进行展示，为礼品店铺添加了地域色彩，不仅能引起外地游客对陕西方言的兴趣，也能激发他们的猎奇心理和购买欲望。然而，我们发现该店的拼音存在一定问题，"忒（tuī）"拼写成了"tie"。这家店铺的经营性质属于私人管理，出现不规范或是错误的现象在所难免。

图 3-5　　　　　　　　图 3-6　　　　　　　　图 3-7

三、标牌字体特点

刘丽芬、张莉（2022）认为，文字是语言景观的核心要素，而字体、字形、载体、版式、灯光、时间、空间等则为其边缘成分。字体是文字的外在特征，具有形式美与意蕴美，字体的表情表意功能可以借助超图形、局部图形来实现，前者包括字体变化、字体替换、字体大小，后者指文本平面组合的变化。许扬（2012）通过观察北京王府井、前门、西单、东四、琉璃厂、鼓楼灯商业繁华地区的老字号商家门楣，发现字体各具风采，或端庄饱满，或清秀俊雅，或古朴拙正，或洒脱飘逸，展示了老北京深厚的商业文化。北京老字号牌匾字体以楷书居多，一是容易辨识，二是饱满厚润的字体象征着物阜年丰、财源茂盛，如"瑞蚨祥鸿记""稻香村南货店""商务印书铺""荣宝斋""步瀛斋"都是此类的代表之作。陆贲（2019：46）在其著作《字体设计》中深入分析了如何选用字体的问题，指出首先要考虑受众，如面向女性，以纤细柔和、精致优雅为佳，面向男性，则粗壮紧凑、强劲有力（粗黑体）为妙，而面向孩童，圆润可爱、活泼放松（圆黑体）为上。其次要考虑使用情境，隶书、楷书、魏碑、宋体通常给人庄重的感觉，线条纤细、尖锐饰角使人难以靠近，线条粗大、边角浑圆有亲近可爱的印象。再次要根据使用媒介的载体判断选择字体，若为报纸、书刊、海报等印刷媒介，必须字形规范清晰、笔画分明、便于识读，有利于快速、流畅地阅读；若为电脑、平板、手机、户外电子看板等电子媒介，则笔画等粗的黑体更为适宜。

通过对西安火车站语言标牌的收集，我们发现使用字体包含宋体、楷体、黑体、幼圆、艺术字等。火车站内公益性和宣传性的语言标牌一般使用的是黑体和宋体，也有少部分楷体。黑体方正、粗犷、朴素、简洁，横竖笔形粗细视觉相等、方头方尾、黑白均匀，十分醒目，能够抓住读者的眼球。宋体字形端正、刚劲有力，在火车站的宣传标牌中出现的频率很高。例如图3-8"文明健康　绿色环保"的标牌便使用了华文中宋。楷体古朴秀美、历史悠久，使标牌富有古典气息，又不失严肃端庄。该图右下角的"西安"两字便为楷体。一般情况下，官方标牌中的宣传语多使用黑色或白色书写，庄重且正式，具有相当的权威性。店铺名称标牌"西安礼物"（图3-9）的书写使用了方正姚体，店内的语言标牌则出现了楷体和艺术字。方正姚体隽秀工整，构造狭长，字与字之间的间距较大，印刷清晰，排列整齐划一，金黄色更加能够吸引游客的注意力。艺术字则使店内的装饰更富有趣味，引起顾客的兴趣，激发他们走进店面一探究竟的愿望。坚果类商业店铺"三只松鼠"（图3-10）店名的书写使用了幼圆字体。该字体属于黑体字的一种变体，但相较于黑体其笔画更加细长，便于阅读，在笔形转弯处处理得更加圆润、细腻。这样的书写形式使语言标牌带有俏皮、可爱、童趣的色彩，消费者增加了几分亲近感，也完全符合零食店铺的属性定位。"西安站"（图3-11）牌匾位于火车站内大厅的正上方，使用隶书字体书写，以古铜色着色。隶书的特点是呈宽、扁形，横长而竖短，左右舒展、字形灵动，而古铜色给人一种厚重、尊贵、悠久的视觉感官，也富有古色古香的意蕴。

图3-8

图3-9

图3-10

图3-11

四、景观置放特点

景观的置放问题也受到学者们的关注。在 SPEAKING 模型中，字母"S"代表背景与场合，表示通过标牌置放的即时语境所带来的社会意义，场所符号学理论则将"置放"视为重要问题，包括去语境置放、语境化置放和越轨式置放，并且不同的置放方式传递出不同的意义价值。去语境化置放指标牌的语言和形式不受即时语境的制约，在任何场景中都保持原样。语境化置放说明标牌的语言及风格符合置放场所的人文环境、当地人的审美习惯、周边范围的生态文明。越轨式置放则为错误的方式，标牌的置放与场所、环境不符，存在冲突。

西安火车站共分为三层，每层的景观各有特色。第一层（大厅层）主要是宣传类的电子屏。第二层是火车站的候车厅，有众多的品牌店铺和饮水机、自动贩卖机等公共服务设施，也是去语境化置放标牌的集中区域，如"德克士""三只松鼠""京东便利店"等知名品牌，在各地都使用其独有的标识，并未受到周围环境、置放区域的影响，这类企业旨在通过提升自身的品牌影响力赢得消费者的认可与欢迎。第三层是餐饮、食品商铺，主要销售具有陕西地域特色的美食，既有受经营环境制约而设置的统一化店铺门头，也有凸显地方特色而别具一格的设计风格。

"特产类"标牌背景以深棕色为主，文本颜色为白色。深棕色作为大地色系列的颜色之一，给人传递了温暖、亲切、稳重、品质的感觉，而白色象征着纯洁、优雅、端庄、宁静，棕色和白色搭配显得优雅高贵、低调奢华，既符合新火车站营造出的复古质朴、端庄厚重、气势磅礴之感，又给即将离去的外地游客购买、携带礼品及手办提供了便利。如"西安特产超市（图 3-12）""西安礼物""西安特产""陕西特产红星软香酥"等商铺均设置在人流量大、地段繁华、旅客川流不息的区域，迎合了往来宾客的消费需求，并开发了一定量的潜在客户。

"小吃类"标牌背景以咖啡色为主，文本颜色亦为白色。咖啡色与深棕色属于同一色系，均为暖色调，是比较含蓄的颜色，传递出优雅、朴素、庄重、低调、成熟的质感。商店门楣的颜色选取能够直接刺激消费者的视觉神经，强化宣传效果、生成联想记忆、激发情感共鸣。陕西地方特色小吃"老米家泡馍""袁记肉夹馍""老潼关肉夹馍凉皮（图 3-13）"均以咖啡色作为店铺牌匾的底色，白色为店铺名称的色彩，分别选取隶书、黑体、行书进行书写。在火车站内开设地方小吃商铺，将零散分布的西安小吃聚集于一处，不仅给外地游客提供了集中品尝的契机，也体现了西安人民利用美食招待宾客、迎来送往的好客情怀。

图 3-12

图 3-13

候车厅内的布置情况是旅客座位位于大厅中央，商业店铺则都环绕于大厅两侧，方便旅客购物的同时避免发生拥堵。通过观察，我们发现商业标牌大都制作精良、立体并且颜色突出，以白色、绿色、黄色居多，能够吸引旅客目光。两侧的商铺灯光闪烁，将候车大厅照耀得十分明亮，密集而醒目的店铺标牌营造出了浓郁的商业氛围。消费是提升地方经济的主要方式之一，随着城市的发展，地方品牌逐渐显露出"向外"的面孔，深入对标外来游客在当地购物的实质性需求。语言作为一种资源也具备其经济学属性（Marschak，1965），店铺牌匾的创造性设计可通过语言资源配置实现经济效益，其广告效应、吸引消费者、为外宾提供阅读便利等功能都源自经济利益的驱使。厄里（Urry，1995）在大众文化框架下研究了空间消费，尤其是对旅游业的发展做了深刻分析，在旅游活动中，不仅是物质消费，空间创造出来的氛围、空间所蕴含的象征意义等都成了游客的消费对象。西安新火车站内的消费空间设计直接影响着消费者的购物选择与商业品牌集群化的建设成效。

五、语构特点

以下将对火车站的公示语展开语言结构特点的分析。公示语是指面向公众的书面和图形信息，旨在直接、迅速地告知或警告、提醒与人们生活息息相关的信息，可用于生产、环境、工作或者休闲场所（袁晓红，2009）。公示语根据其功能可以分为警示语、标示语、广告语和宣传语。由于其在拟定之初便有明确的目标群体，因此书写的内容既暗示了信息发出者的地位、态度、意图、期望，也揣度了信息接受者的身份特征。公示语具有指示、提示、限制、强制、召唤五大功能，其中"指示功能"的使用最为普遍，主要指为受众提供周到的信息服务，使不同群体根据自身的需求找到满意答案，如"出口"（Exit）、"问询处"（Information）能够指引游客找到相关的具体位置。"提示功能"起到提醒或者警示的作用，而"提醒类"的语言并没有强制实施的意图，只是倡导游客根据实际情况及个人意愿选择执行与否，如"小心地滑"。限制、强制、召唤功能的示例将结合下文对不同种类公示语的分析具体陈述。

（一）视觉模态公示语

视觉模态的公示语包括警示语、广告语、宣传语。

1. 警示语

翟雅嫔（2012）将汉语警示语分为禁止类、劝告类两种类型。

禁止类警示语一般以"严禁、禁止、请勿"开头，语气具有直接、坚决、强硬的特点，体现了公示语的强制性功能，要求相关群体务必采取或禁止某种行为，没有协商的可能性，否则会对自己的人身安全产生负面影响。劝告类警示语则倾向于使用祈使句、疑问句、陈述句，语气委婉幽默，运用对比、拟人等修辞格。例如：

（8）请勿与司机攀谈。（公交车内）

（9）轻轻地我走了，正如我轻轻的来。（图书馆）

王彩丽（2005）针对警示类告示语展开了认知语用学研究，认为其属于社会管理用语范畴，应具有明确的目的、特定的语境，以书面形式表达，制约对象为某一场所内有社会行为的所有人群。警示语使用范围广、社会意义大，在行文规范上要求严谨，既要通俗直白、雅正工整，又要语句凝练、沟通有效。王彩丽将警示语在我国的发展分为三个阶段：（1）改革开放之前（十一届三中全会以前）。宣传教育以说教灌输为主，如"严禁随地大小便""禁止大声喧哗""严禁酒后开车"。（2）改革开放之后。随着物质生活的逐渐提高，人民对精神层面的需求日益突出，警示语也朝着友好、礼貌的方向演进，如"请保持安静""请勿随地吐痰""请不要吸烟"。（3）十三届四中全会至今。标识语语言形式更加多样化、修辞化、人本化，加入了更多的认知因素、情感因素、幽默因素，如"高高兴兴出车去，平平安安回家来""来也匆匆，去也冲冲""谁知盘中餐，粒粒皆辛苦"。

在西安火车站，我们看到的均为禁止类警示语，如停运电梯前摆放的"正在施工，请勿靠近"，以及儿童娱乐区的"请勿穿鞋进入""请勿在娱乐区追逐、打闹""儿童不得独自进入，须有监护人陪同，如有意外，概不负责"，并没有发现劝告类的警示语。

2. 广告语

广告是企业营销的手段，广告语是其信息载体。以往广告语的研究多集中于语法学、修辞学、语用学、语言文化等角度。于根元《广告语言教程》（1998：1），将"广告语言"分为广义、狭义两种类型，前者指广告使用的一切表现手法，如声音、音乐、设计、图像、色彩、文字等，后者则专指广告中的语言文字，包括商标、标题、标语、正文、附文等。我们进行观察时采用的是狭义标准。

广告语依托于品牌定位，从长久收益出发，在一定时间内、一定区域内反复使用，多为简洁凝练的口号性语句。在火车站二层候车大厅摆放了"悦活"矿泉水的广告语，为"自然之源，悦享生活"，其韵味深远悠长，使读者有置身于大自然之中心旷神怡之感。后半句"悦享生活"既是对品牌名称的解读，同时更倡导了一种闲适旷达、悠然自得的生活理念。在压力繁重的当代社会，年轻人早已创造出"佛系""躺平"等新词语从内心去对抗"内卷"，"悦活"也正是这种心态的体现，为了自己快乐地生活，这个营销亮点迎合了消费者的内心诉求，能够起到促销的作用。

宣传当地特产、手办的广告语凸显了地域风采与文化基因，如店铺"西安礼物"售卖皮影的广告语为"丝路纪念、非遗中国"，品牌秦祺的广告语有

"秦祺特产味香浓，一路伴君千里行""千年古都，常来长安""一碗泡馍，回味长安""至上之选，一礼倾城""西安礼物送给亲爱的人"等，陕西知名食品集团红星软香酥公司打出的广告语为"让全国人民吃上红星软香酥，让红星软香酥走向世界""红星软香酥、美味甲天下"。以上都体现了陕商在推广当地品牌时的地域文化自信，是"厚重、质直、忠义、仁勇"[①]营商精神的写照。

3. 宣传语

宣传语体现了公示语的召唤功能，起到广而告之的作用，能够号召或提醒公众注意自身的行为，富有感染力，获得广大群众的支持。2022年防疫宣传话语随处可见，如"省小钱不戴口罩，花大钱卧床治病""防护切忌心存侥幸，一人传染全家隔离""口罩一戴，福气常在；回家洗手，钱财就有"，借助言语表达推动言语行为，并使用命令、建议、鼓励、断言等方式达成语言功能，实现让人们了解新冠肺炎、增强抗疫信心、掌握防疫措施的动员效果。图3-14是一则号召公众强化防疫意识的宣传语，宋体大字"防控疫情 人人行动"首先说明了每一名社会成员在这项运动中都是义不容辞的，其次以"戴口罩、勤洗手、不扎堆、拒聚餐、常通风、禁野味、吃熟食、早就医、莫轻视"的三字口诀指出应该采取的具体防护措施，三字格连用层层递进、连续铺排，语气铿锵有力、感召深入人心，体现了宣传语形式层面的整齐美与对称美。

图3-15为扶贫专柜中的宣传语，乡村振兴是习近平主席在十九大报告中提出的发展战略，关系到农业、农村、农民的"三农"问题是国计民生之根本。近年来，有关这一主题的宣传语也随处可见，如"实施乡村振兴战略，推进美丽农村建设""建设美丽乡村，分享美丽家园""民族要复兴，乡村要振兴"等。在火车站大厅里，我们发现类似的宣传语包括"推进乡村振兴，巩固脱贫成果""发挥铁路优势，服务乡村振兴"，两句读起来朗朗上口，"推进""巩固""发挥""服务"均为动词，与其后的名词短语构成了动宾关系，结构类型一致、用字数量一致、前后音节和谐。

---

① 此八字为书法家王拥军所书陕商精神。

图 3-14   图 3-15

（二）听觉模态公示语

听觉模态的语言景观以声音为线索，用耳朵捕捉，被人脑感知并形成意象。该类型以火车站语音播报信息为主，其功能效用是提醒旅客按时乘车，内容简洁明了，语气温和亲切，会重复播报三遍，以避免候车大厅中位置偏远的旅客错过进站时间、乘车时间、延时乘车等重要信息。我们截取了宝鸡至西安、西安至银川的两趟列车播报内容，如下：

（10）工作人员请注意，宝鸡开来的 K8158 次列车进入一站台，工作人员请注意接车。

（11）有去往银川方向乘坐 K322 次列车的旅客请您到一楼第二候车室取票进站。

以上两例中均明确了行驶方向、列车车次、登车地点等内容，言简意赅，可见火车站语音播报的文本内容简洁严谨、亲切友善、情感真挚，利用循环播放的形式最大限度地确保了旅客们能够按时乘车。

六、修辞特点

文本模态是视觉模态中最常见的一种形式。在公共区域使用文字，可以提高清晰度和直观性，充分降低传播形式的错误解码率。对文本模态的分析一般从服务语种、外观构成、语言特点三个层面深入，由于前文已经对语码的使用、符号的组合形式等进行过探讨，这里不再赘述，主要从语言特点深入探讨。公共空间中展示的广告语为了实现最佳的推广效果，对词语的搭配、句式的选择十分考究，以下具体说明。

（一）词汇层面

广告语能够起到招徕顾客、吸引受众的宣传作用，因此必须选择说服力、艺术感染力强的词语作为其精华与灵魂，既能够以"共情"的表达触动消费者，也能利用"同理心"激起其购买欲望。广告语言最鲜明的特点便是凝练、简洁、扼要，在视觉上构成行文工整的形式美，在听觉上达成便于记忆的音韵美。火车站的公益广告有"千年古城、常来长安""疫情防控、人人行动""人间有爱、帮扶有我""丝路起点、缘聚长安""相约袁记、筑梦全运"，陈汝东（2014：82—106）将词语的附加修辞功能分为语体、风格、角色、态度、形象、行业、时代、地域、语域、文化十个方面。这样有助于深入探讨全民语言使用中词语的各类变体及其功能差异，并协助更好地建构和理解话语表达，提高交际流畅度。上述广告语中的"缘聚""筑梦""帮扶"标示了鲜明的书面语体风格，"人人行动"表现了平实、自然、通俗的话语风格，"古都""长安""丝路"展示了浓郁的地域特色与文化语境。

（二）句法层面

句式也是一种重要的修辞手段，陈汝东（2014：124）归纳了汉语中丰富多彩的句式，按照语气变化分为陈述句、疑问句、祈使句、感叹句，依据主、被差异分为主动句和被动句，凭借肯、否错综分为肯定句和否定句，通过长、短调整分为长句和短句，根据整、散匹配分为整句和散句，依照松、紧处理分为松句和紧句，凭据雅、俗分化为书面语句和口语句，依据文、白选择分为文言句式和白话句式。西安火车站的广告语多选用祈使句，表达建议、命令，体现出上级与下级、长辈与晚辈之间社会地位、行政级别的差距；多使用主动句、肯定句，表现句中的施受关系与利益施予方向；多使用短句、整句、紧句，呈现简单的句法结构与易懂的话语信息；多使用书面语、白话句式，再现表意严谨与加工锤炼。公益广告"发挥铁路优势，促进乡村振兴""手牵手共建文明城市，心连心共建美丽西安""强国必须强军，强军才能国安"均使用了短句、整句的形式，话语组织结构凝练、短小精悍、生动活泼、简洁明快，构成字数相同、结构一致，听觉和视觉整齐划一，语音和语法结构对称，达成了通俗易懂、自然流畅的修辞功效。

七、文化特点

语言景观是一个社会、地区、城市的重要象征，展示了一定的社会文化语境及文明发展程度，它与当地的城市规划密切相关，是社会的一面镜子，因此语言景观的规划需要与地域文化相协调、契合民众的文化心理、反映生活的方方面面、体现时代的进步发展。古老的西安火车站历经近百年的洗练，站内的广告、宣传片、视频等媒介都表现出了传统与现代的融合，以下将从民俗文化、地域特色、时代风尚、时事热点、经济价值的角度展开分析。

（一）民俗文化

民俗文化是连接社会的纽带，是发展城市特色的重要因素，使人们对城市的感情更加贴近，它具有民族性、地域性、集体性的特点，通过空间传播和时间流转成为非物质文化遗产传给后世子孙。2002 年国务院办公厅下发《关于进一步加强基层文化建设的指导意见》，要求扶持重要文化遗产和优秀民间艺术，2004 年陕西省人民政府办公厅颁布了《关于加强优秀民间传统文化保护工作的通知》，指出经济建设发展与外来文化影响使民间传统文化的保护工作面临着前所未有的严峻形势，应切实加大传统文化资源的保护力度，培育并弘扬民族精神，增强民族凝聚力与向心力。

陕西的剪纸艺术在我国的民间文化中占据着重要位置，以陕北的定边、靖边、吴堡、宜川、米脂，关中的凤翔、富平、三原，陕南的汉中附近等地较为领先。剪纸种类丰富，可以分为单色剪纸、拼贴剪纸、色彩剪纸、渗染剪纸、纸塑窗花、剪纸熏样等，图案生动、寓意深远，体现了劳动人民的智慧和创造力，深受各地游客喜爱。在西安火车站的公益广告（图 3-16）中融入了剪纸元素，构筑了一道反映西安民俗文化的风景线。皮影艺术是非常古老的传统戏曲艺术形式，又被称为"影子戏"，表演时需要一块白色幕布，艺术家们在后面一边操纵戏曲人物一边用碗碗腔或弦板腔唱述故事，并且同时与打击乐器和弦乐器配合，具有浓厚的秦人生活气息，华县皮影最为有名，目前已经被列入国家首批非物质文化遗产名录，图 3-17 中的商铺便把陕西皮影作为西安礼物进行售卖，将这一富有地域特色的民间传统古老艺术形式传播、介绍到全国各地乃至世界各国。

图 3-16 图 3-17

（二）地域特色

城市活力的激发需要打破同质模式，在调研中，我们发现部分带有地域特色的景观，或取材于陕西知名旅游胜地，或得益于历史鼎盛时期，以此为依托的宣传广告和文创产品是外地游客购物的首选。1961 年秦始皇陵被国务院公布为第一批全国重点文物保护单位，1987 年其与兵马俑坑共同被联合国教科文组织批准列入《世界遗产名录》。秦兵马俑是中华文明的精神标志，是陕西文化的象征写照，图 3-18 中的卡通版秦兵马俑设计非常可爱，其产品"扭蛋"又是一种新型玩具，目标受众为青少年，是动漫爱好者最喜欢收藏的一类娱乐器具。图 3-19 为陕西国画院原院长、陕西省美术家协会副主席范桦所作的《黄河晋陕（峡谷）八百里》，2017 年他参加"沿黄丹青八百里"沿黄观光路大型采风活动时，颇有感触地说："那真是一县一景观，一地一人文。"① 该画卷以长安画派的艺术表现手法诠释了陕西文化的历史意义与艺术价值，在水墨融合、质朴粗犷之中传达了作者对母亲河的眷恋之情。

图 3-18 图 3-19

---

① 《〈黄河晋陕峡谷八百里〉：对黄河的一往情深》，个人图书馆，2021 年 11 月 12 日。

（三）时代风尚

今天的西安不仅承载着历史的荣光和厚重的记忆，还逐步发展成为一座真正意义上的国际化"大"都市，具有大视野、大格局、大舞台，在"一带一路"战略规划下重新进行自我定位。文明是一座城市最亮丽的名片，也是最沉静的底色，"全国文明城市"是指在全面建设小康社会的过程中市民整体素质和城市文明程度较高的城市，测评周期为三年，该称号是展现城市水平的金字招牌。西安分别于 2015 年、2017 年获得"全国文明城市"的称号，后基于诸多原因该称号被撤销。"手牵手共创文明城市、心连心同建美丽西安"的标识语（图 3-20）体现了西安市提高市民素质、提升文明程度、力创文明城市的决心与信念。

图 3-20

（四）时事热点

语言景观是社会的一面镜子，反映着社会生活的各个方面。通过对西安火车站语言景观的研究，我们发现景观的规划和设计紧跟时事热点，与时俱进，紧贴生活，并且能够反映国家大政方针。具体表现如下：（1）继续强化防疫主题，倡导人人参与抗击疫情。（2）深入拓展十四运主题，特色小吃与全民赛事结合，如以 2021 年第十四届全运会主题宣传语"相约西安，筑梦全运"为模板，袁记肉夹馍的广告语仿照其写为"相约袁记，筑梦全运"。除此之外，还出品了创意宣传片《爱 biang 就会赢》，以制作面食过程中的各种姿势隐喻体育运动的不同精神品质，用"点化之道、破风之道、刚柔之道、劲韧之道、破浪之道、拿捏之道"归纳总结出十四运比赛项目的全面丰富，"别开生面、面面俱到"。（3）大力宣传党建主题，营造拥军优属社会环境。2021 年是中国共产党建党 100 周年，各地开展庆祝活动，多渠道宣传，营造了斗志昂扬的氛围。图 3-21 至图 3-23 是十八大后总书记提出的强军目标，以其为依托，制作成宣传广告，号召军人应该受到全社会的尊重，有利于营造拥军优属的社会环境。

图 3-21   图 3-22   图 3-23

（五）经济价值

语言经济学将语言学与经济学交叉融合，具体指利用经济学的理论、方法和工具来研究语言及相关问题的学科，主要关注语言和言语行为的经济决定因素和经济后果（Chiswick & Miller，2007）。随着经济全球化的推进，语言与经济之间的关系逐步扩展，从个人的语言学习到国家的语言政策制定，都无法摆脱经济因素的制约，因此经济学研究中将语言视为变量值得肯定，从经济学的视角阐释语言现象也获得越来越多的关注。语言经济学的基本观点为，语言的经济价值有高低之分，在经济发展中的作用也有大小之别，同时，经济学在语言政策制定、选择与评价中起到了至关重要的作用。

通过对火车站语言景观的调研，我们发现有很多双语标牌。从不同语言符号的排列位置来看，中文的凸显度较大，其次为英文，中文、英文同时出现在标牌上时，横向标牌基本表现为中文居上、英文居下，纵向标牌则表现为中文居左、英文居右。从字体大小来判断，双语标牌中的中文字体最为显眼、字体较大，而英文则相对较小。以上现象证明中文具有明显的优势，能够满足消费者的阅读需求，创造更为丰厚的经济收益。在公众空间中，除了语言选择、语符转换，标牌的材质、图像、色彩、状态变化等都会影响读者对标牌的解释。西安火车站部分店铺标牌色彩鲜艳、饱和度高，更容易引起游客的视觉关注，引导他们走进店铺，发生消费行为。前文对特产类、小吃类店铺标牌的置放特点阐述较为详细，此处不再赘述。

八、多模态视角下的西安城市形象宣传片

城市发展水平的衡量指标不仅仅是由城市经济总量、科技水平等硬性指标来决定，城市的软实力、区域文化建设、自我形象宣传也影响着其进一步发展的速度与高度。网络时代的到来，以及科技的飞速发展为人们提供了更多获取信息的渠道，认识、了解一座城市不仅能够通过新闻上的图片、报纸上的文字，而且可以借助视觉、听觉等多种感官刺激，因此城市形象宣传片得到广泛的应用。最早的城市形象宣传片脱胎于电影，《中国威海》（1994）是我国严格意义上的第一个城市形象宣传片。改革开放使经济迅速发展，旅游业也蓬勃向上，许多城市选择用宣传片的方式推销自己，因此城市宣传片在数量、形式、内容、质量等方面都得到跨越式发展。

站内播放的形象宣传片也是语言景观的内容之一，图片、视频、声音、色彩的融合给游客们留下更加深刻的印象。我们在西安火车站内录制了一段形象宣传片，以西安铁路的历史变迁为主线，同时也体现了这座城市的人文情怀。该形象宣传片时长5分42秒，在进站口正对的大屏幕上滚动播放，整部作品展示了西铁工作人员兢兢业业的工作精神、脚踏实地的工作态度、一丝不苟的工作情怀。该片采用小场景叙事的手法，运用蒙太奇的剪辑方法，以"坐着火车带我们去看大好神州"为主题，展现了西安的名胜古迹和祖国的锦绣山河。全片由143个镜头组成，影片开始便呈现出盛唐时期的世界版图，并逐步缩小最终定位在唐长安城，随即银幕中飞入主题"情牵丝路缘（FEELING LEAD SILK ROAD EDGE）"，并在下方注明该片为西安车站"丝路缘"品牌服务纪实，大力推广这一西安站全力打造、为广大旅客提供贴心亲情服务的品牌。

在系统功能语言学中，韩礼德的"三大功能假说"包括概念、人际、语篇三个方面。概念功能表现了主客观世界中的参与者与环境因素，如人、事物、时间、地点。人际功能体现了各类人际关系，如身份、地位、态度、判断、评价。

语篇功能是从语义层面将语言成分组织得有机、连贯。佩因特（Painter）对主要观察静态图像的"视觉语法"理论进行了拓展，其新的分析框架涵盖概念、人际、组篇三重意义，概念意义以过程建构，人物、事件、背景关系为主，人际意义有距离、态度、聚焦、情感、氛围、极差等方面，组篇意义是版面、布局、框架、取景、显著性的综合（Painter，Martin & Unsworth，2013）。

朱永生（2007）指出多模态话语的两个判断标准：一是所涉及的模态种类的数量，如视觉、听觉、触觉模态；二是所涉及的符号系统的数量，如文字、图画、音乐等。本书对"模态"的研究包括"3V"，即视觉模态（Visual）、听觉模态（Vocal）、文本模态（Verbal）。

（一）视觉模态

1. 概念意义

概念意义主要考察画面中事件的参与者与环境之间的建构过程，以下通过列表具体说明。

表 3-5　视觉主题与参与者

主题	参与者
名胜古迹	大雁塔、慈恩寺、曲江池、大明宫、永宁门、紫云楼、华清宫龙吟榭、布达拉宫、汉武泉桥
民俗礼仪	唱秦腔、广场舞、写对联、穿汉服、猜谜语、观皮影戏、照全家福、给旅客送汤圆、送春联
自然风光	秦岭、黄河壶口瀑布、梯田、峡谷、草原、绿茵、黄河九曲十八弯、桂林山水、雪山、草原、湖泊、麦田、村庄、日照金山、溪流、高山、草地
现代建筑	隧道、陕西广播电视塔
人文历史	丝绸之路路线图、虎门销烟、辛亥革命、西安钟楼老照片、西安火车站老照片
地域文化	安塞腰鼓
人物形象	朗读稿件的男女同志、检票处工作人员、售票员、年轻夫妻、老年夫妻、母子、男旅客、女旅客、乘务员、列车检修工、儿童、老年人、唐玄宗与杨贵妃等、入城仪式仪仗队、残障男士，以及推轮椅、指路、提书包的服务人员
工作环境	宣传室、火车站广场、进站口、候车大厅、检票处、"丝路缘"亲情服务台、雷锋候车室、重点旅客候车室、卫生间、中英文双语查询机、重点旅客专座、服务登记处、和谐号列车、售票处、调度站

整部影片由内、外两条路线穿插而成。向外的路线以驶出西安火车站的列车为载体，带着旅客饱览名山大川、自然景观与历史遗迹，途中欣赏了江河湖泊、崇山峻岭、铺青叠翠，使人感受到旅途之"美"。向内的路线则分为服务群体与旅客群体两部分，前者按照场景的转移和切换，呈现工作人员提供的各类服务，如指路、售票、检票、问询、登记等，后者则主要聚焦于"微笑迎宾"的理念，拍摄了不同身份旅客的点赞（竖起大拇指）和笑脸，以体现服务的到位与旅客的赞誉，如推轮椅、提书包、倒开水、耐心解答问题的服务人员，以及年轻夫妻、年迈夫妇、母子等旅客的点赞。此外，作为历史名城，西安拥有众多的旅游景点和民俗风情，影片中虽然着墨不多，但也涉及了大雁塔、大明宫、大唐芙蓉园等知名景区，以及穿汉服、观皮影、唱秦腔等民俗活动。形象宣传片中为人们展现的是一座富有历史文化底蕴的城市，是一支默默付出、无怨无悔的品牌服务团队。

视觉过程的建构方法以概念再现的分析过程、象征过程为主，以叙事再现的行动过程、反应过程、言语过程为辅（姚银燕，2019）。典型的分析性画面通过展现火车站的景观（图 3-24）、城市名胜古迹（图 3-25）、服务人员接待旅客的照片墙来实现，观众可以凭借视觉非常直观地获取相应信息，初步感受到西安这座城市的古朴典雅以及西安火车站服务团队的勤勉敬业。典型的象征性画面利用具有隐喻意义的图片（图 3-26）展现西安铁路四通八达，在全国轨道交通系统已经具有"枢纽站"的功能，作为国家中心城市，其战略规划地位不言而喻。临近片末的图景则通过除夕夜大唐芙蓉园里紫云楼的烟花（图3-27）、大街小巷上燃放的爆竹（图 3-28）、上海黄浦江畔上空的绚烂烟花（图

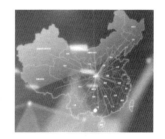

图 3-24   图 3-25   图 3-26

3-29），象征了团圆、吉祥、喜庆、欢乐，寄托着全国各地的旅客对新年美好的期望与向往。

图 3-27　　　　　　　　　图 3-28　　　　　　　　　图 3-29

　　形象宣传片的叙事以人物及其活动为线索，火车站里身披写着"西安火车站欢迎您"绶带的三位服务人员为旅客指路，列车员搀扶老人出站，候车厅女服务员为儿童晃动摇摇车，以及为老年人端茶倒水等，这些场景都体现出了火车站的温馨服务。这些助人为乐的事迹最终融汇为照片墙，通过一幅幅画面真实地记录了铁路工作人员日常的点点滴滴。除此之外，另一个叙事链条是红色车头、绿色车厢的"和谐号"HXD3D0332 次列车，从西安火车站隧道中驶出，在铁路轨道上奔驰向远方，以车窗外的景物更换描绘了所到之处的波澜壮阔与风光旖旎，涉及的自然景观包括梯田、峡谷、草原、溪流、高山、草地、雪山等，展现了一年四季旅途中的诗情画意。

　　2. 人际关系

　　在宣传片与观众之间的互动关系构建过程中，主要观察的因素有社会距离、态度、氛围以及聚焦四个方面。

　　霍尔将"社会距离"划分为远、近的不同类型：如果观者只能看到图像参与者的脸部或头部位置，表示亲近距离，看到头部和肩膀表示个人近距离；参与者在画面中处于腰部以上表示个人远距离，观者能看到参与者的整个形象凸显社会近距离。宣传片中有十秒钟的连续镜头，是旅客和铁路人员对着镜头露出笑容，观者只能看到画面中人物的头部和肩膀，这代表个人近距离，给观者一种画中人就在自己身边的感觉，能够更深刻地感受到铁路热情服务带给旅客的幸福感；另一个镜头是两位工作人员推着坐轮椅的残疾旅客，镜头由远及近，参与者全身形象都囊括在画面之中，好像真实人物向观者走来，使观众产生一种亲切感。

"态度"通过拍摄的视角来体现，一般在刻画人物时经常采用侧面、平面视角，便于表现画面中人物与观众之间的平等位置。图像参与者与观者呈水平视角时表示关系平等，垂直视角表达权力关系，仰视表示观者地位低，俯视则为参与者地位低。以宣传片第 39 秒为例，画面中是铁路工作人员以俯视角度帮助旅客提行李箱，说明了工作人员处于提供服务的岗位。但本宣传片中绝大部分图像都是水平视角拍摄，这些图像旨在向观者传递信息，并不表现权力高低关系。呈现历史遗迹与古代建筑时多选用俯视视角，更加有利于总览全景，体现恢宏大气的同时，也让观众内心升起沧海桑田之感，如慈恩寺、曲江池、大明宫都用此拍摄手法，凸显了唐代建筑的气势磅礴，正如唐诗的荡气回肠、雄浑遒劲。

"氛围"体现在八个方面，分别是饱和度、色彩区分、亮度、深浅程度、差异度、配合度、协调度和衡量图像情态。宣传片属于艺术创作，使用了高饱和度的鲜亮色彩，能够调动观众的欣赏热情，并提升艺术感染力。整部作品以红色、绿色、蓝色为主色调，分别代表不同的意义。红色醒目、突出，视觉冲击力强，重要信息、主要位置都使用红色有助于引起旅客的关注，如"丝路缘"亲情服务台的名称、"重点旅客专座"的座椅、"西安火车站欢迎您"的绶带。绿色是列车的主要色彩，这是我国铁路发展史的一个侧面，新中国成立初期我国与苏联签订了研制内燃机的合作协议，国产"东风"型内燃机车的车型和颜色都是仿照苏联 TE3 型柴油机车而制作的，因此延续了其绿皮加黄线的风格。绿色的选择一方面在作战中具有隐蔽性，在山里行驶不易被敌军发现，另一方面也给乘客带来了安静、平和、稳定的感觉，并且耐脏性强，便于清洁、打扫。蓝色则是天空的颜色，由于火车站广场、列车所到之处都有美丽的风景和蓝天白云，因此蓝色也为出现频率较高的主色调。这些颜色的组合能给人轻快明亮、温暖热情、宁静深邃的心理联想。高饱和度、高亮度、高协调度则给观众传递了生机盎然的感觉，无论是自然风光、城市夜景、人文建筑，宣传片的色彩对比鲜明都表现出了城市的年轻、活力、生机。

"聚焦"包括读者通过图中人物的视角进行阅读，以及读者视角有别于人物视角的"中介化"阅读。在形象片中，观察服务人员的细心周到、旅客的满意赞美，都是以第三方为审视维度，做出公正、客观、全面的考察与评价。而列车驶出西安火车站，透过车窗观赏到的沿途风景则是以旅客作为主体的观察视角，以此作为中介来描述一路上的山清水秀，舒缓旅途中的疲倦之感。

3.组篇意义

组篇意义主要考察三个维度，形象宣传片的信息值、显著度、取景，一般需要关注镜头切换、构图布局，而它们彼此的联系和相关性、整体性有助于集中展示某一段场景，并且反映该片的主题思想。

"信息值"指在图像中，处于不同位置的元素表达的意义不完全相同。"显著度"表现图片内容对观者的吸引力，吸引力越高，显著度也就越强。内容的显著度与尺寸、色彩和调光度等呈正相关。"取景"指的是制片者通过实际的分界线或者分割线条来连接或者割裂图像中元素之间的联系，以表示它们之间的关系。镜头的切换使新旧信息交替，镜头的角度、视点、主体使观众能够获取相关信息，捕捉显著度高的内容，便于识记和理解。

以华清宫表演的大型实景历史舞台剧《长恨歌》为例，唐代诗人白居易创作的长篇叙事诗《长恨歌》流传至今，"回眸一笑百媚生，六宫粉黛无颜色""玉容寂寞泪阑干，梨花一枝春带雨""天长地久有时尽，此恨绵绵无绝期"等经典名句更是脍炙人口。该舞台剧全长 70 分钟，由"杨家有女初长成""一朝选在君王侧""夜半无人私语时""春寒赐浴华清池""骊宫高处入青云""玉楼宴罢醉和春""仙乐风飘处处闻""渔阳鼙鼓动地来""花钿委地无人收""天上人间会相见"十幕组成，通过诗歌旁白、山水风光、灯光音响、特效手段表现了大唐盛世的气象恢宏与千古绝唱的爱情传奇，被国家文化部、旅游局列入首批《国家文化旅游重点项目名录》，并获得"中国驰名商标""首届西安市市长特别奖"。图 3-30 通过独舞表现了杨玉环入宫之前的娇艳欲滴、玲珑剔透、风姿绰约，此处获得显著性，信息值高。图 3-31 出现新信息，展示了唐玄宗与杨贵妃共同观赏歌舞的盛大场面，图 3-32 则以男女双人舞比喻了爱情的缠绵、优美、华丽，舞台中央只有二人曼妙起舞，既是新信息的植入，又具备相当高的显著度。

图 3-30　　　　　　　　图 3-31　　　　　　　　图 3-32

4. 文化特征

除了概念意义、人际关系、组篇意义之外，西安的很多地域元素也被融入形象宣传片之中，以名胜古迹和民俗文化为多，体现了城市的深厚历史与人文底蕴。

"丝路缘" logo（图 3-33）的设计为心形中包裹着大雁塔的微缩图形，围绕着心形的文字内容是口号"丝路起点，缘聚长安"。其中，心形代表西安铁路工作人员用心为旅客服务的诚挚信念，大雁塔是著名的游览胜地，象征这片土地曾经绚烂辉煌的唐朝文化。2013 年，国家主席习近平在出访中亚和东南亚国家期间，先后提出共建"丝绸之路经济带"和"21 世纪海上丝绸之路"的重大倡议，简称为"一带一路"倡议，西安作为"陆上丝绸之路"的起点、"丝绸之路经济带"沿线重要城市，越来越受到国际社会的关注。宣传片中出现了丝绸之路的地图及沿线风景，火车站也将服务品牌命名为"丝路缘"，可以看出丝绸之路对西安未来发展与规划的重大意义，观众据此能够感受到城市浓厚的历史文化氛围以及西安对古代文明的重视和宣传。

文字具有阅读和欣赏的双重功能，它以强大的生命力和感染力，跨越时空、沟通古今，充分展现了传统文化的精髓与现代文明的精粹。文字设计就是以文字作为一种造型的艺术形式，组合其中的字体，创造出新的字形，探索字体的变化，进而将其应用于设计活动之中（周珏、胡凡，2018：44）。作为视觉传达的一种手段，文字设计有其应用性与艺术性，旨在传递信息和视觉审美，这便要求设计出的字体既要符合符号传信功能，又应具备视觉审美规律。以汉字作为标志的设计元素，在品牌构建、商标设计中被广泛运用，其字面直接意义和文化象征意义蕴含于艺术特征，散发出独特魅力。商业品牌中，文字字体的艺术化处理具有高格调、高品位，是最为基本、常见的一种形式（王南杰、尤红，2009：74）。基本笔形和字形构造是决定文字设计的实质性要素，也是字体创新构思的基础与源泉。变换结构、形象化结构、结构再设计是"结构变换"的三种模式。"形象化结构"具体包含以抽象的线形改变结构的局部笔画，或以简洁的喻义形象转借某一笔画，或以个性化形象衬叠某一笔画，或以某种形象与某一笔画构成互依性形象，方法有形象衬叠、互依形象的转借、形象转借。图3-34是"丝路缘"品牌的宣传口号，图片将西安最富影响力的名胜古迹大雁塔与钟楼融入了艺术字的创作之中。"起"半包围的部分"己"以及"长"的繁体字"長"上半部分，分别被大雁塔、钟楼代替，将地域文化渗透在语言文字层面。

图 3-33

图 3-34

（二）听觉模态

　　形象宣传片旨在展示城市形象，如自然风光、现代景观、人文生活等，由于火车站客流量较大，宣传片必须以最短的时间抓住观众的眼球，因此需要具有冲击力的视觉画面和听觉话语。一般情况下，宣传片包含背景音乐与字幕，在较为嘈杂的环境中我们无法录制到背景音乐，因此选择解说词（字幕）

作为听觉模态的分析对象。

1. 解说词内容

解说词是宣传片的重要组成部分，其作用在于对画面进行介绍、讲解、阐释，使观众在接收到画面的同时能够深刻理解其内容，达到最佳的宣传效果。以下为火车站形象宣传片的解说词内容[①]：

> 望长安，云梗秦岭之巅，中华大地原点，遍布周秦汉唐城阙，荣耀了几千年。丝绸之路起点，横跨欧亚天堑，华夏风采从此惊艳世界，孕育东方文明的黄土高原，斗转星移再见。
>
> 一切就像是昨天，民族存亡峥嵘岁月。战火纷飞的 84 年前，千古名城大长安，头一次有了火车站，东西大动脉陇海线，隆隆炮火中始终向前；千古名城大长安，历史悠久的火车站，汽笛声从此响耳边，咱中国的红旗飘满天。
>
> 一路追赶超越，我们从不歇，改革开放四十年，旧貌换新颜，"一带一路"重要节点，今天又相见。安全便捷情真意切，天下宾客留笑颜，文化底蕴晕染，魂绕梦也牵，文化自信彰显，海角到天边。
>
> 丝绸之路结缘，千里来相见，温馨温柔温情一片，温暖你的时间；丝绸之路结缘，亲情服务一线牵，天南地北共话中国梦圆，咱们一起走向前。
>
> 多少汉赋唐诗，传诵到今天，多少风云故事，弹指一挥间，铁路绵延万里，情谊总相牵，丝路缘连着我和你，温暖留心间；这些汉赋唐诗，还能唱千年，还有风云故事，天天在上演，铁路绵延万里，沧海有桑田，我和你情牵丝路缘，真心永不变。
>
> 走，新时代咱一起走，坐着火车看遍大好神州；
>
> 走，新时代咱一起走，交通强国我们要走在前头；
>
> 走，新时代咱一起走，铁路先行的每一天都有奔头；
>
> 走，新时代咱一起走，伟大复兴的好日子就在前头。

---

① 解说词的内容由我们在西安火车站一层大厅录制的西安形象宣传片音频部分转写而来。

2. 整体分析

宣传片中声音和画面的关系共有两种：（1）没有解说词，只有画面，该类型所占比例较小；（2）解说词和画面相互配合，以文字和声音补充了画面的内容，使得宣传形式更为饱满。第二种情况将视觉模态、听觉模态相结合，共同彰显了宣传片的整体意义，视觉模态提供影像，展现传统与现代、稳重与灵动、年轻与古老，听觉模态则起到烘托气氛的作用，二者是互补关系，彼此强化。

解说词整体风格昂扬向上，振奋人心。第一段总说西安（长安）有几千年悠久而辉煌的历史，丝绸之路沟通东西方，孕育了璀璨的东方文明，总领全片；第二、三段介绍西安站始建于1934年，陇海线在抗日战争、解放战争中发挥了不可磨灭的作用；第四段说明历经多年的变迁，改革开放带动了城市经济发展，西安作为"一带一路"战略的重要城市，重新焕发出昔日的精神风貌。结尾部分"新时代咱一起走""伟大复兴的好日子"升华了全文，告诉观众新的时代已经到来，西安的故事也将继续上演。

3. 话语分析

该宣传片的解说词文学色彩浓重，运用了对仗、反复等修辞手法。反复是为了强调语义，加强语气和感情，加深对方的印象，造成一种特别的情调，重复相同的成分，如词、句、段（王希杰，2014：305）。比如"多少汉赋唐诗，传诵到今天，多少风云故事，弹指一挥间"为间隔反复，被其他词句分割开了，"多少"的重现表达出感慨的情绪，渲染了氛围，强调了西安的沧桑岁月，着重讲述诗词文化与历史事件，增加了抒情效果。"新时代咱一起走"反复出现4次，为连续反复，体现了西安铁路工作人员与人们一起走向新时代、看遍山川湖泊、期盼伟大复兴的迫切心。反复的句子一般出现在语篇的开头或结尾，使全诗成为和谐统一的有机整体。除此之外，本段也有互文手法的使用，两个短语或句子中语义互相补充、互相拼合。"这些汉赋唐诗""还有风云故事"与前文"多少汉赋唐诗""多少风云故事"互相对应，"还能唱千年"与"传颂到今天"前后呼应，用最少的词语表达了丰富的内容，赋予话语以变化的美。互文可以分为句内互文、对句互文、多句互文三种类型，本段中显然是

"对句互文"，主要表现为对偶句式的互文。

当然，该解说词在语音表达方面也显得独具匠心，使诗歌的节奏和旋律更具有音乐美。汉语的音乐性表现在声调、音韵、节拍、旋律等方面，因此需要观察音响的高低快慢、抑扬顿挫、长短舒促等特点（王希杰，2014：189）。最讲究、追求音乐美的是文艺语体中的诗歌，往往借助押韵的手法，富有规律地交替使用韵母相同或相近的音节，呈现有规则的回环往复。如解说词中"见、天、前、边、牵、间、变"等字的韵母部分都为"ian"，韵脚极富规律地反复出现，读起来朗朗上口、节奏分明，便于朗诵、记忆、流传。

（三）文本模态

李战子（2003）认为多模态指"除了文本之外，还带有图像、图表等的符号话语，或者说任何由一种以上的符号编码实现意义的文本"。依据此观点，形象宣传片的语言文本模态表现为文字、词汇和句子。文本模态能够加大信息含量，传播更为直观的内容，减少理解偏差问题出现的概率。以下我们将从词汇、句子的语言特点进行分析。

1. 词汇

简洁凝练的词语会在视觉、听觉上给观众音节美的体验，便于记忆和流传。如使用"拼搏""专注""担当""超越""奉献"五个词语能够言简意赅地概括出铁路人员和运动员都为事业努力拼搏的优良品质。宣传片第41秒一幅圣旨卷轴分别向左、右展开，背景为老火车站的俯瞰图，文本书写八个字"丝路起点，缘聚长安"，既解释了"丝路缘"品牌名称的由来，又与片名"情牵丝路缘"前后呼应。同时，"馨动长安"的服务台名称使用了谐音的修辞方法，以"馨"谐"心"，将原本没有联系的两个事物关联在一起，代表了西安铁路营造的温暖氛围，增加了语言的艺术趣味。

2. 句子

短句灵动活泼，简洁明快，节奏感强，听起来富有韵律美。比如解说词中的"云梗秦岭之巅，中华大地原点，遍布周秦汉唐城阙，荣耀了几千年"，每一个分句都不超过八个字，且"巅""点""年"押韵，读起来铿锵有力。整句的表达功效为节奏协调、加强语势、强化感情，在前文已有详述，此处不再赘述。主动句更能使受众产生情景化的体验感，人们大多希望自己根据需求和意愿主动选择，而不是被强制地去接受，文本中的"一路追赶超越，我们从不歇""天南地北共话中国梦圆，咱们一起走向前""我和你情牵丝路缘，真心永不变"均为主动句，将观众带到了这片土地，仿佛置身于其中，用自己的身心去体味。

第二节 西安市人民政府网站语言景观

语言景观考察的领域是"公共空间"，这一概念正在不断扩大、日臻完善，兰德里和波希斯（1997）对其限定的范围是街道、公共道路、商店、政府机构，伊塔基和辛格（2002）将这一概念更新为"公共领域"，本·拉斐尔（2006、2009）则将语言景观的指称对象范围延伸，除了书写形式的语言，还包括一切可见的语言物件，甚至是象征性建构。因此，"公共空间"从最初的物理建筑空间拓展为休闲娱乐空间，从非限定性公共空间拓展为某一具象化的特殊空间，从实体化空间拓展为虚拟性空间。在"中国知网"检索栏按照"虚拟语言景观"这一主题展开搜索，呈现出相关硕士学位论文有 14 篇，学术期刊论文有 14 篇，是一个相对较小、有待填补的研究领域。学者们选择研究的范围主要集中在高校官网（夏梦格，2022；王春梅，2020；邹霞，2023；徐江、丁晓庆，2023；沈冬娜、李学慧，2022；周晓春，2022；代丽丽、邹小青，2021），新闻网站（孙慧莉等，2021；杨楠、孙金华，2022；宋军丽，2023），景区、景点或旅游区网站（乐明叶，2023；曾雨存，2023；张佩，2023），博物馆（蒋寅，2023；邹慧琦，2023），自由贸易试验区及对外开放先行区（郭雪芳，2020；胡琦霖等，2022）。

一、政府网站语言景观研究现状

政府网站语言景观也属于虚拟语言景观研究的一个方向，目前可见文献十分有限，然而其研究价值却不容忽视，它不仅拓宽了语言景观学的研究范围、丰富了其研究内容，而且也有助于提升政府能力和形象，为政府网站的建设提供意见和建议。

毛力群、朱赟昕（2018）提出，相较于现实社区中的语言景观，政府网站虚拟语言景观更具有目的明确性、对象确定性、定位服务性三个特点。他们对义乌市政府网站进行了深入分析，聚焦其商贸性、国际性、多样性，探讨语言景观的特点并提出优化建议。政府网站是展示城市形象的窗口，是各级政府部门在互联网上与百姓密切联系、沟通的便利平台，是集新闻宣传、政务服务、交流互动、网上办事为一体的信息化工具，其面向的群体为本地公民、常驻外来人口，以及有特殊需求的外籍人士。网站实行"以用户为中心"的主要原则，充分重视访问者的实际诉求与互动参与。政府网站的语言景观具有信息功能、象征功能，语言标牌依据其凸显性，以"上位—下位"的语义关系聚合为网络系统，上位标牌具有传统政务信息的作用，体现了政府官网的服务性、互动性，下位标牌更多的是以推动、促进经济贸易往来为目的的"商贸性标牌"，这一显著特征比广州市、上海市政府网站表现得更为突出。义乌市政府网站的语言景观存在标牌设计不科学、多语服务不规范、网页布局不合理等问题，应努力做到语言标牌精简有效、语言服务准确一致，通过文化景观体现出城市特色及精神风貌。

任遥遥（2019）在其老师毛力群的指导下，将研究对象拓宽至义乌市的11个官方以及商业门户网站，前者如"中国义乌"政府门户网站、义乌市公安局网，后者如"义乌旅游网""义乌十八腔"。对两种不同性质网站中的语码选择、语码组合、语码取向、空间置放等现状进行了对比分析。多语界面语码选择方面，官方网站常见的是多语（中文、英语、韩语、阿拉伯语）和单语两种形式，双语网站数量较少，而商业网站则几乎都是单语网站，语言种类单一。官方网站以导航名称标牌、信息牌为主，语码选择表现出"中文单语标牌 > 中英双语标牌 > 英文单语标牌 > 多语标牌"的倾向，商业网站以信息牌为主，使用中文单语、中英双语的数量较多。语言标牌的置放方面，大部分标牌都实现了场景化置放，但也有极少数属于越轨式置放，影响了网站的语言生态环境，应考虑净化策略。文章也指出了义乌市门户网站语言景观存在的问题，如标牌图文内容不符、汉字书写错误、字刻书写不统一等，应着力发现官方、商业网站语言景观的异同，以语言政策、网站管理为标准制定区别性的准则与要求，针对不同性质的网站发掘其社会价值、经济价值、文化价值。

闵杰、侯建波（2021）针对内蒙古自治区地方政府网站的语言景观进行了实证性研究。在语码使用方面，作者发现93个县级行政区划中，以汉语建设的网站为20个，其余均为蒙汉双语版本。12个市级行政区划中，网站均为蒙汉双语版本。在发挥功能方面，主要表现了语言景观的信息、象征二重特质，以文字为载体向访问者公开政务信息，以不同语码之间的优先级顺序（汉文、蒙文、繁体中文、英文）暗示语言权势与社会地位的高低，政府网站上的语言标牌分为宣传类、导航类、标题类，分别承担了公告、公布、公示等各类信息，引导协助群众办理业务，指示说明具体研究对象的功能。汉语作为官方语言、民族通用语的优势地位，蒙语作为区域通用语的现实语言生活，英语作为国际通用语的全球化趋势，使得三种语言呈现出共同存在、彼此竞争的关系，语言权势目前表现为"中文＞蒙文＞英语"。在语言态度与认同方面，以多语种网站建设、互动板块建设为例，经过访谈调研得知，网民对中文的工具性十分认可，并同时提出了对蒙文的文化象征性需求，这主要是源于少数民族地区民族语言使用、保持与传承的使命。少数民族聚居区不同语言构成的语言景观为考察语言冲突、语言接触、语言维持、语言变迁、语族活力等提供了更为宽广的空间。

陈敏（2022）以青海省内政府网站的标牌、图片、标志、语言选择为研究对象，从市、州、县三级政府选取了7个网站进行分析，将标牌划分为导航标题牌、信息牌。语言层面的特点为：语音结构上，导航标牌音节数量多，在2—8音节之间不等，偶数音节占据优势；词汇使用上，导航标牌分类精细，具备引导、指向功能，涉及政治、经济、文化等各个方面；信息牌具有传递信息、传播能量的作用。语言模式上，分为单语、双语、多语标牌，其中单语模式的标牌最为常见。语码选择上，政府网站语言界面多包含汉语版、藏语版，这是受到了官方语言政策的影响。此外，作者还注意到了标牌的具体表现方式，如状态分为静态和动态，显现方式分为显性存在和隐性存在，颜色更倾向于使用红色、蓝色、黑色。青海省内政府标牌存在的问题表现在：（1）语言模式单一，不能满足少数民族母语者的需求；（2）网站设计与更新未能充分考虑公众需求与审美，未能突出地域特色。今后的建设应丰富语言模式、完善空间分布、加强形象构建、提升政务能力。

张婧（2023）以南昌门户网站为例，调查研究了官方、商业两类 10 个门户网站的语言景观特点。官方网站的主办方为政府或其下属部门，商业网站则由商业资本家直接开设，以盈利为目的，前者如"南昌市公安局网""南昌新闻网"，后者如"南昌 Face 妆点网""南昌百姓网"。从标牌分类来看，官方、商业的一级标牌都为导航标题名称牌、信息牌，二级分类中区别比较显著的是，官方网站的信息牌一般包括宣传海报和广告牌、政府信息公示牌、合作或宣传单位标志牌，商业网站的信息牌则表现出了更强的商业化、贸易性，包含商业信息公示牌、商铺信息牌、商标标牌，为企业提供了更加完善的网络营商环境。被调查的南昌门户网站中，大多数只有中文字体标牌，少数是中英双语标牌，部分网站巧妙利用图像、文字、声音、图片、图标等多模态形式，使页面变得色彩亮丽、吸引眼球，尤其是关怀语音智能模式为老年人、盲人等特殊群体提供了温馨的服务，体现了"服务型政府"服务社会、服务公众的基本职能。

二、西安市人民政府网站语言景观调查

（一）网站概况

西安市人民政府网站是由西安市人民政府办公厅主办，西安市电子政务办公室建设管理，西安市电子政务中心运行维护的机关政府门户网站，其网络链接地址为 http://www.xa.gov.cn/，网站备案号为"陕 ICP 备 05011550 号"。2003 年 8 月 6 日创建至今，该网站已经成为政府与群众密切联系的窗口，公众与管理部门互相沟通的主要渠道，对促进政务公开、推进依法治国、接受民主监督、完善行政任务、履行政府职能具有不可替代的作用。

我们在"站长工具"网站（https://mtool.chinaz.com/）查询了西安市人民

政府网站的流量和权重数据，具体如图 3-35 所示。

网站数据					查看更多>
6 百度权重	4 360权重	1万 Alexa排名	3544↓217 关键词数	6 PR值	
百度预估流量	百度收录	单月收录	百度索引量	百度反链数	Alexa流量排名
2594↑	4.33万	1	4.33万	567万↓	4234
谷歌收录	谷歌反链数	360收录	360反链数	搜狗收录	反链数
5510	61.20万	6.18万	39	547	341

图 3-35

　　需要解释的是：（1）"百度权重""360 权重"是"爱站网""站长工具"等网站推出的第三方网站评估数据，它针对网站的优化关键词进行排名，预计能够带来的网站流量，并划分出 0—9 十个级别表示受欢迎程度。从图 3-35 中可以看到，西安市人民政府网站的"百度权重"为 6，"360 权重"为 4，说明以百度作为搜索引擎检索西安市人民政府网站的民众多于使用 360 的。（2）Alexa 排名是网站的世界排名，人们将其视为目前较为权威的网站访问量评价指标，具体包括综合排名、到访量排名、页面访问量排名等多个指标信息。数据每三个月更新一次，以用户链接数和页面浏览数在此期间累计的几何平均值为参考指标，反映某一网站的流量与受欢迎程度。西安市人民政府网站的 Alexa 排名是 1 万。（3）PR 值（Page Rank）指网页级别，搜索引擎 google，以此数据来判定网页的等级、重要性和好坏，级别依次从 0 到 10，PR 值越高说明该网页的点击率越高。西安市人民政府网站的 PR 值为 6，这一数值与百度权重一致，说明在 google 以及百度两大引擎中，该官方门户网站受到的群众关注度不分伯仲。（4）反链数（SEO URL）是从其他网站导入到某网站的链接数量，是网站排名先后的重要原因，导入链接的质量直接决定了某网站在搜索引擎中的权重。上图中百度反链数为 567 万，呈下降趋势，谷歌反链数为 61.20 万，360 反链数为 39，以上数据充分说明当选用知名搜索引擎进入西安市人民政府网站时，网民们习惯性的选择顺序为百度 > 谷歌 >360。（5）"收录"

一词是指网站被搜索引擎抓取了，意味着网站更新的内容符合算法规则，可以对用户提供使用价值，该数值能够提高网站流量、提升其知名度，被收录之后该网站的排名、关键词数都会优于同行业其他网站。西安市人民政府网站在百度收录、谷歌收录、360 收录、搜狗收录中的具体数值依次为 4.33 万、5510、6.18 万、547，四个数据差异较大，尤其是百度、谷歌两大引擎呈现出巨大反差，究其原因是二者收录网站页面的标准有所不同，据"知乎"网友分析百度收录以"多多益善"为原则，而谷歌收录则需要评判网页的级别，以此判定是否应当收录。

由于在行文过程中，我们需要对比北京、上海、广州等一线城市人民政府网站语言景观的相关数据及规划现状，并进一步发现西安市人民政府网站建设的优势及不足，因此此处先通过"站长工具""爱站网"等网站将百度、google、360 等知名搜索引擎的重要参考指标呈现出来，见表 3-6。

表 3-6　四个城市门户网站知名搜索引擎重要指标

参考指标 城市名称	权重			收录（万篇）			反链数（万个）		
	谷歌 PR	百度	360	谷歌	百度	360	谷歌	百度[①]	360
北京市人民政府 门户网站	8	7	7	32.4	16.01	23	344	859	0.533
上海市人民政府 门户网站	7	6	4	9.43	38.48	5	164	726	0.291
广州市人民政府 门户网站	6	5	4	4.76	14.67	14.8	81.7	282	0.0113
西安市人民政府 门户网站	6	6	4	0.551	4.33	6.18	61.2	182	0.0039

观察上表可知，四座城市政府网站的"权重"指数北京最高，在谷歌、百度、360 搜索引擎中的数值分别为 8、7、7，证明了其国家政治、文化中心

---

① "站长工具"中不体现百度的反链数，本列数据由"爱站网"提供。

的地位及影响力，其次为上海，数值分别为 7、6、4，再次为西安，数值为 6、6、4，广州则位列最后，数值依次为 6、5、4。权重指数代表一个网站的受欢迎程度，北京、上海独占鳌头并不稀奇，而西安作为"新一线"城市中的一员，其受关注度能够超越广州，说明近年来文化和旅游事业在国内外引起了巨大反响。"西安年·最中国"活动已成为闻名全国的品牌，大唐不夜城步行街也随之成为外地游客的打卡胜地。此外，丝路旅游、红色旅游、关中平原城市文旅融合发展、乡村旅游、文博旅游、茯茶旅游也都成为西安及其周边地区的文旅新业态。2024 年 1 月 3 日，西安市人民政府办公厅发布了《西安市促进文化旅游体育产业高质量发展若干措施》，文件指出西安市应聚焦于"做强主体、做大规模、做优特色、做精产品、做实消费"，实现文旅产业提质增效，在传统文化转型发展上实现重大突破。从"收录"指数来看，谷歌收录最多的是北京市人民政府门户网站新闻报道，有 32.4 万篇，百度收录最多的是上海市人民政府网站报道，高达 38.48 万篇，而西安市人民政府网站报道在谷歌、百度、360 三个搜索引擎中的文章收录数量均为最低，分为是 5510 篇、4.33 万篇、6.18 万篇，相较于其他三座城市，不得不承认虽然西安在国内的知名度、感召力有大幅提升，但在国际上仍十分滞后，西安市政府应借助"互联网＋文化＋旅游""丝路文化＋旅游＋科技＋商业""体育＋旅游＋会展"等新型模式想方设法推广自己，提高点击率，增加曝光度。"反链数"方面，通过谷歌、百度、360 链接最多的均为北京市人民政府门户网站，数值分别为334 万、859 万、5330 个，而最少的则为西安市人民政府门户网站，数据分别为 61.2 万、182 万、39 个，无论是规模还是数量，相较前者都无法企及。

　　表 3-6 给我们提出的亟待解决的问题便是如何提升西安市人民政府门户网站的传播力、影响力、号召力。于施洋、张勇进、杨道玲（2013）在《中国政府网站互联网影响力评估报告》中曾统计，中国政府网站互联网影响力总指数为 50.90 分，副省级、省级、中央部门网站、地市级政府网站的影响力指数从高到低依次为 56.35 分 ＞53.64 分 ＞48.25 分 ＞45.36 分。结论显示，我国政府网站互联网影响力的发展水平整体处于中等偏弱阶段，副省级、省级政府网站平均处于中等偏弱阶段，中央部门和地市级政府网站平均处于较弱阶段。在

表 3-6 中选取的四座城市中，仅北京市人民政府门户网站、上海市人民政府门户网站达到"有效转强"的阶段。历经十年发展，2022 年国务院印发了《关于加强数字政府建设的指导意见》，文件指出："加强数字政府建设是创新政府治理理念和方式、形成数字治理新格局、推进国家治理体系和治理能力现代化的重要举措。"数字政府建设在服务党和国家重大战略、促进经济社会高质量发展、建设人民满意的服务型政府等方面发挥着重要的作用，关于数字中国、数字政府的系列战略部署包括:《政府网站发展指引》(2017)、《政府网站与政务新媒体检查指标、监管工作年度考核指标的通知》(2019)、《关于加快推进政务服务标准化规范化便利化的指导意见》(2022)、《数字中国建设整体布局规划》(2023)、《关于依托全国一体化政务服务平台建立政务服务效能提升常态化工作机制的意见》(2023)等文件。2023 年年底根据"Tahaoo 互联网 + 影响力指数"推举广州市人民政府门户网站为"2023 年度中国最具影响力党务政务平台"；西安市人民政府网站为"2023 中国优秀政务网站"(计划单列市及省会城市政府网站)，其外文网为"2023 年度外文版国际化程度领先型政府网站"。可见，西安市人民政府网站建设在民众心目中的认可度较以往有大幅度提升，其便捷性、开放性、互动性为百姓多渠道解决问题、政民有效沟通、提高办事效率带来了积极的意义和长久的价值。

（二）标牌类型

以下从功能类型、表现形式、呈现方式、存在状态四个方面对西安市人民政府网站中可见语言标牌的特点进行概括性分析。

根据标牌的作用及功能划分为导航标题牌、信息牌两种类型。前者主要链接各类（一级、二级）标题以及多语链接名称牌，如图 3-36 点击官网首页最顶端的一级标题"新闻"，进入新的页面出现"公示公告""国务院信息""西安要闻""政务资讯"以供读者进一步选择自己关心的领域。后者一般包括宣传海报、广告、信息公示、合作单位标志，如图 3-37 是"公示公告"栏目下的具体告示标牌，从标题中的关键词可以得知内容主要为重污染天气应急指挥部发出以及解除橙色预警的通知。

图 3-36　　　　　　　　　　　　　　　　　图 3-37

　　根据标牌的形式及外观，具体表现为多模态的特征。有图片、图文展示的图像式标牌，如图 3-38 中 CBD 繁华商务区的俯瞰街景，并在图片底部配以"营商环境持续优化　西安迸发澎湃活力"的说明性主题文字，使读者能够迅速捕捉并理解点开图片后新闻的具体内容。也有标识、文字互相说明的图标式标牌，如图 3-39"政务公开"栏目下包含"政府信息公开""信息公开年报""政府文件""政府公报""网站年度报表""政策解读"6 个下属栏目，网站设计者选取了不同的关键词，以富有艺术特色的小篆书写于同心圆之中，文字书写圆转平衡、独具魅力，整体排布井然规律、简洁大气。还有声音、颜色等较为特殊的符号系统在网站中也有所表现，如无障碍版专为有视力缺陷的盲人、阅读障碍人群设置，满足了特殊群体了解时政新闻的需求，体现了政府网站的服务性、多元性、前沿性。

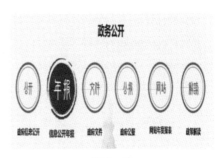

图 3-38　　　　　　　　　　　　　　　　　图 3-39

　　根据标牌的展示与呈现分为显现型标牌与隐藏型标牌。"显现型"指网页中能够直接看到的文字、图片、视频类标牌，访问者在市政府官网的首页能够直接看到。"隐藏型"是将鼠标移动到文字或图片下方，或点击之后才会出现的标牌，该类的主、次标牌通常呈现"上位—下位"关系，访问者在某一固定页面智能浏览到有限信息，想要了解详细内容必须完成下一步操作。如图 3-40 网站首页的"西安要闻""国务院信息""公示公告""政声传递"栏目均为显现型标牌，而当鼠标移动至某一栏目的位置，其名称即由咖啡色变为红色，下方的文字也显示出该栏目中报道文章的标题内容。

根据标牌的状态及变化可以分为动态标牌、静态标牌。动态标牌左右切换、上下滚动出现，具有动画效果，能够引起访问者的充分关注，该类标牌多为宣传类的海报、广告、新闻，如图 3-41 位于西安市人民政府网站的最下方"专题专栏"栏目中，该栏目中"西安市公共数据开放网站""西安市政府信息公开工作年度报告""重要政策举措及实施效果""延安精神薪火相传""学习宣传贯彻党的二十大精神"等多个从右向左的标牌不断切换，展示了当前政治、文化领域最新的导向，市民市政方面最重要的问题。静态标牌是最为常见的类型，在网页中的位置固定，不发生变动，以文字、图片等形式呈现。

西安要闻　国务院信息
公示公告　政声传递

· 中共中央办公厅 国务院办公厅印发《浦...　2024-01-22
· 中共中央 国务院关于表彰国家卓越工程...　2024-01-19
· 国务院关于修改部分行政法规和国务院...　2024-01-18
· 国务院印发《关于进一步优化政务服务...　2024-01-16
· 国办印发《关于发展银发经济增进老年...　2024-01-15
· 国务院批复同意《黑龙江省国土空间规...　2024-01-12

图 3-40

专题专栏

图 3-41

（三）网站语言景观调查

语言景观的研究范式中，场所符号学（Scollon，2003）主要关注具体场所、环境中话语表达的含义，该理论谈论的要素包括语码取向（code preference）、字刻（inscription）、置放（emplacement），这些概念在前文中已经阐述过，本节不再赘述，以下将从这三个角度对西安市人民政府网站的语言界面、语言标牌进行调查分析，并同时与北京、上海、广州的政府官方网站进行横向对比。

1. 语码选择和语码组合

语码选择指界面或标牌中使用的语种。单语语码、双语语码、多语语码是常见的三种类型。

从语言界面的语码选择来看，西安市人民政府网站使用了汉语（包括简体和繁体）、英语、韩语，北京市人民政府网站使用了汉语（包括简体和繁体）、英语、韩语、日语、德语、法语、俄语、西班牙语、阿拉伯语、葡萄牙语，上海市人民政府网站选择了汉语（包括简体和繁体）、英语，广州市人民政府与之相同。表 3-7 统计说明了不同城市政府官网语言界面中语码选择的数量及具体情况，显然北京市政府官网使用的语码数量是最多的，这与首都面向世界的国际地位有一定关系，然而上海、广州分别作为长三角、珠三角地区的经济龙头，外语选择方面仅使用了英语，则显得量小力微。地方政府网站的外语语种选择能够反映其利益考虑、外交心态以及国际访客的需求。上海作为国际化大都市，有来自世界各地的外国友人，长宁区的古北、闵行区的龙柏新村、浦东新区的碧云国际社区分别是长期在沪工作、生活的日本、韩国、欧美人士的聚居集散地，广州的越秀区、番禺区、天河区也吸引了大量非洲人、东南亚人、中东人从事贸易往来活动，这两座城市的政府官方网站仅选择汉语、英语未能体现出"用户友好型"市政的服务性质，应根据不同语言背景营商者的需求有所补充。西安作为国际化旅游城市，很多名胜古迹都源于与日本的文化交流，如青龙寺的空海纪念碑、兴庆宫的阿倍仲麻吕纪念碑、永宁门外的吉备真备纪念园、西北大学的橘逸势勉学之地纪念碑等，这些历史文化遗迹吸引了大量的日本游客与汉语、汉文化学习者、爱好者，因此，政府也应慎重考虑是否将日语加入政府官网的语言界面之中。

表 3-7 四座城市政府官网语言界面的语码选择

城市名称	语言界面中的语码选择情况	类型	语种数量
北京	ENGLISH 한국어 日本語 DEUTSCH FRANÇAIS РУССКИЙ ЯЗЫК ESPAÑOL العربية PORTUGUÊS （图 3-42）	多语	10
西安	ENGLISH 한국어 繁 （图 3-43）	多语	3
上海	简 | 繁 | 🌐 （图 3-44）	双语	2
广州	页 语言 手 简体 繁體 English （图 3-45）	双语	2

从语言标牌的语码数量与组合类型来看，西安市人民政府网站汉语界面的导航标题牌均为单语模式，极少数信息牌为双语模式。后者如《隆基年产100GW 单晶硅片及年产 50GW 单晶电池项目开工仪式举行》（2023-6-15），外语页面内则可见到双语（汉语＋英语、汉语＋韩语）组合的信息牌，如图3-46 是英语界面中关于"第七届丝绸之路国际博览会暨中国东西部合作与投资贸易洽谈会"的图片，点击即可看到英文系列报道"Silk Road Intl exposition casts a spotlight"。图 3-47 为韩语界面关于西安市高等院校的介绍，点击图片即可看到西安外国语大学的相关信息。北京市人民政府门户网站的汉语界面能够见到有关招商引资的"汉语-英语"双语信息牌（图 3-48），发布单位为北京市投资促进服务中心（Beijing investment promotion service center），主题为"开放引领发展　合作共赢未来"，栏目名称为"投资北京会客厅"（Beijing investment reception）。上海市人民政府网站的汉语、外语界面则均为单语（汉语）模式。广州市人民政府网站的汉语界面内，点击导航标题牌"营商环

境"，便进入新的页面之中，可以看到 5 个二级导航标题牌，分别为"营商动态""营商政策""政策解读""案例展示""企业办事"，均是"汉语＋英语"的双语组合模式，汉语位置在上，醒目且端正，英语在其下方，字号较小。如图 3-49 上方以黑体汉字书写"营商动态"，下方则为英文"Business News"，点击进入便可迅速了解交通、展会、便利、监管、产业、区势、城势、新规、科创等各类新信息。英语界面的相应二级导航标题牌设计则与之相反，英文"Business News"在上方，以大号文字书写，汉字"营商动态"颜色淡且字号小，这样的反差是根据阅读者的母语背景及阅读需求而刻意设置的。

图 3-46

图 3-47

图 3-48

图 3-49

2. 语码取向

语码取向即选择何种语言作为优势语码，这是根据语言标牌设计者的意愿所决定的。语言具有工具性、符号性、象征性的特点，斯波斯基和库珀（1991）认为公共标牌语言选择方面，有三种可能：一是制作者掌握的语言；二是目标读者理解的语言；三是制作者自己认同的语言。何山华、朱凯

（2021）从权力关系视角剖析了我国 31 个省级政府官方网站的外语语种使用情况，结论显示 13 个省份使用中文单语模式，另有 13 个省份使用"中文＋英文"双语模式，仅有 5 个省份使用"中文＋多语"模式。这一现象既说明政府网站在语言选择方面存在较大的自由度、自主性，可以根据本地政治、经济、社会建设的具体需求制定规则，又表现了网站制作者自身的交际利益、象征利益得到满足，实现了"自利"，而国际访客的利益则未能得到满足，难以达成"利他"，从长远考虑限制了该地区的国际交往范围，也无法向外界传达中国地方政府的开放包容精神与国际化形象。

场所符号学理论根据语言排列的先后顺序、空间位置来判定双语以及多语标牌中的优势语码。半包围式、横向排列、纵向排列的标牌中，优势语言一般位于中心、左侧、上方等位置。除此之外，语码字体的大小与颜色、语言符号与信息内容之间的对应关系等因素也都有助于判断优势语码。

从北京、上海、广州、西安四个城市政府网站所选用的语言界面来看，上海、广州都使用了汉语、英语两种语言，西安选择了汉语、英语、韩语，北京则使用了汉语、英语、韩语、日语、德语、法语、俄语、西班牙语、阿拉伯语、葡萄牙语。《中华人民共和国宪法》（1982）、《中华人民共和国国家通用语言文字法》（2001）、《中华人民共和国教育法》（1995）、《中华人民共和国义务教育法》（1986）、《中华人民共和国民族区域自治法》（1984）等法律法规都包含了推广普通话、使用规范汉字的相应条款。汉语是官方语言、通用语，在中国具有不容挑衅的权威地位，占据了国家主导语言的核心地位。英语是世界范围内的主体语言，具有共通性，是语言景观中重要的辅助性语言，公共标牌"中英双语化"是打造国际化城市的主要路径。其他语种选择与否，是多方利益的博弈及权衡，多语界面的设置一般源于吸引国际投资、休闲旅游、语言进修，为专家学者提供便利，这一做法使更多国别、母语背景的访客能够获得情感上的尊重与认同，使地方政府在权力关系中的地位有所降低，不是高高在上，而是平易近人。

从语言与信息的关系来看，通过对官方网站不同语言界面的内容进行翻译，将中文界面、外语界面的信息含量进行对比，协助判断优势语码。雷赫

（Reh，2004）将信息类型分为复制式多语、片段式多语、重叠式多语和互补式多语四类，"复制式"的不同语言提供完全相同的信息，不同语言群体能够轻松读懂标牌内容；"片段式"弱势语言提供部分信息，优势语码提供全部信息；"重叠式"不同语言提供的信息既有共同内容，也有不同内容；"互补式"不同语言提供的信息完全不同。以下分析四座城市政府官网的语言、信息对应情况。

表 3-8　政府官网中文界面与其他语言界面之间的信息对应关系

城市	中文与不同语言界面之间的信息对应关系								
	中英	中韩	中日	中德	中法	中俄	中西	中阿	中葡
北京	复制式	片段式	片段式	片段式	片段式	片段式	片段式	片段式	片段式
上海	复制式	/	/	/	/	/	/	/	/
广州	片段式	/	/	/	/	/	/	/	/
西安	片段式	片段式	/	/	/	/	/	/	/

经过调查发现，北京、上海政府门户网站的中、英文界面信息呈复制式，广州、西安的同类信息关系则为片段式，说明政治中心、经济中心的英语水平高度发达，网站设计者也极其重视翻译的完整性、准确性，方便浏览者获取全部内容。而同为北京市政府门户网站的外语页面，中韩、中日、中德、中法、中俄、中西、中阿、中葡两种语言界面之间的关系则表现为片段式，从外语页面中只能获取中文页面的一部分重要信息。

从语言标牌的语码取向来看，主要依据双语、多语标牌中的语码顺序、字体大小、颜色深浅来判断优势语码，因此我们在政府官网中寻找案例时，专门选取了多语标牌进行分析。图 3-50 是北京市人民政府门户网站韩语界面的信息标牌，属于"汉语＋英语＋韩语"多语标牌，在图片的中心位置以华光美黑字体书写了"国家服务业扩大开放综合示范区""中国（北京）自由贸易试验区"两行汉字，下方以非常小的字号附注了英文内容"integrated national demonstration zone for opening up the services sector"以及"CHINA（BEIJING）

PILOT FREE TRADE ZONE", 而此图中书写字号最大、位置最靠上的则为韩语内容 "베이징 ' 양구"。三类语码中，位置分布自上到下依次是韩语、汉语、英语，字号从大到小排列亦为韩语、汉语、英语，这说明韩语在这张图片中属于优势语码。然而，优势语码在不同的外语界面也并非完全使用正确，图 3-51 为北京市人民政府门户网站英语界面中 "service" 导航标题牌下属的二级标牌 "consuming in Beijing" 所显示的内容，"我与地坛" 是北京书市的重点活动之一，于 2023 年 9 月 8 日至 9 月 18 日在地坛公园举办。我们看到汉字位于英文 "The Temple of Earth and Me" 上方，字号较大，无疑体现了汉语的优势语码地位，然而这样的图片出现在英文界面，难以体现出英语在该界面内的优势地位，类似的还有 "2023 北京国际文旅消费博览会""2023—2024 北京冰雪运动消费季启动仪式" 等的信息牌，均是配图与外语界面的优势语码有所冲突。与此相较，图 3-52 的语言选择与英文界面十分契合，虽然陈述的内容和主题为 "2023—2024 国际冰雪赛事（北京站）"，但标题使用英文内容 "Your Guide to Beijing's 2023/24 Internatinal Winter Sports Event" 与该页面的主体文字、语种保持一致，没有突兀感和违和感。

图 3-50　　　　　　　图 3-51　　　　　　　图 3-52

地方政府设置多语种外文界面、使用外语标牌体现了利益配置的选择，是一种积极主动的对外交往态势。从物质利益方面考虑，短期内耗费物力、财力，长远看则有利于获得国际投资与旅游消费，地方政府的权力也未因使用外语而被削弱，反而有了实质性的提升。而拒绝设置外文界面则反映出行政主体对外交往的消极态度，是对自我形象塑造的忽视或无视。

3. 字刻分析

字刻指标牌语言呈现方式的意义系统，包括字体、材料、累加、状态变化等（尚国文、赵守辉，2014a）。对北京、上海、广州、西安四座城市政府官方网站字体使用的统计情况如下表所示。

表 3-9　四座城市政府网站使用字体情况

城市	主页	其他页面
北京	黑体、行书、宋体	楷书、行书、魏体、光华美黑字体
上海	黑体	宋体、行书
广州	黑体、行书、楷书、方正舒体	宋体、方正圆体、行书、草书、楷书等
西安	黑体、小篆、光华美黑字体	黑体、宋体、行书、草书、篆书、隶书

通过对比可以发现，四座城市中，上海市政府网站的字体使用最为简约，仅有 3 种，方便整齐划一，而广州市政府官网的字体则多达 10 种，最为繁复，也最为灵活多变。黑体在主页使用最为广泛，导航标题牌均为该字体，草书、隶书、篆书、魏体以及一些艺术字体则不在官网首页出现，而是出现在能够反映市情市貌市风的页面。图 3-53 是"魅力广州"页面内"文化广州"板块介绍地名文化的图片链接，点击进去里面包括状元坊、龙虎墙、书坊街、石围塘、玉带濠等蕴含历史文化、代表地域色彩的街区名称，隶书字体的使用使页面古灵精怪、生动活泼、富有特色。图 3-54 是"人文北京"页面内"古都风韵"板块介绍民间手工技艺彩蛋传承人赵伟的图片链接，点击进去可以看到"制作过程""作品欣赏""走出国门""承前继后"四个不同的主题及相关文章、照片，"彩蛋"二字使用行书，如行云流水一般清秀飘然、隽永俊丽、劲骨丰肌。图 3-55 是西安市人民政府官网"市情"页面下"西安概况"板块的图片链接，内容涵盖"观我的美""看我的景""听我的歌""游我的城"，分别以视频、图片、音频、旅游路线的形式向外来游客展示了古城不同季节的美景，并推荐了适宜的旅行方式。"嘹咋咧额滴城"为陕西方言，意为"太棒了！我的城市！"，使用草书撰写挥毫如雷、潇洒自如、无拘无束，体现了秦人、秦风、秦韵，表现出西安人热烈豪放、不拘小节、心胸开阔的性格特征。

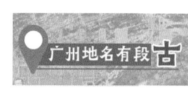

广州地名有段古

图 3-53

[叹为观止的千年技艺 彩蛋]
叹为观止的
千年技艺
彩蛋
彩蛋文化源远流长，《管子》一书中对彩蛋就已有文字记载，因而能够确定彩蛋起源战国。唐代古墓墓道上记载，古人曾在鸵鸟蛋壳...

图 3-54

嘹咋咧额滴城！

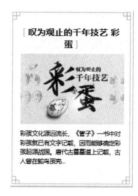

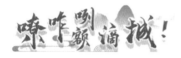

图 3-55

4. 置放分析

语言标牌的置放也是场所符号学关注的重要现象，具体可以分为三种类型：

一是场景化置放。“场景”指标牌被置放的位置，“场景化”体现了标牌被置放在合理位置能够发挥的实际功用。市政府官网的语言标牌通常具备宣传、弘扬、服务、规范的作用，导航标题名称牌主要用于站内信息的系统化分类以及服务项目引导，信息牌承担了展示、宣扬、传播、推广的功能。绝大部分的语言标牌都实现了场景化置放，如西安市人民政府网站的首页置顶按键中有“互动”，点击进去包含的“市民热线 12345”“我要诉求”“市长信箱”等栏目都是这一界面中的主要内容。“回应关切（图 3-56）”“调查征集（图 3-57）”两个栏目则由阅读者亲自参与，就相关问题进行政民沟通，或邀请群众填写调查问卷，并将不同问题的结果生成饼状图依次公示在网上，可随时下载以供学习和参考。

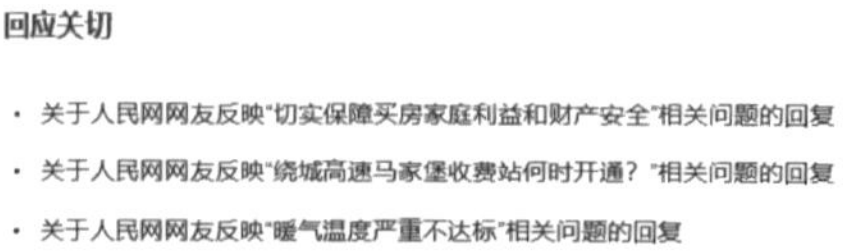

回应关切
· 关于人民网网友反映“切实保障买房家庭利益和财产安全”相关问题的回复
· 关于人民网网友反映“绕城高速马家堡收费站何时开通？”相关问题的回复
· 关于人民网网友反映“暖气温度严重不达标”相关问题的回复

图 3-56

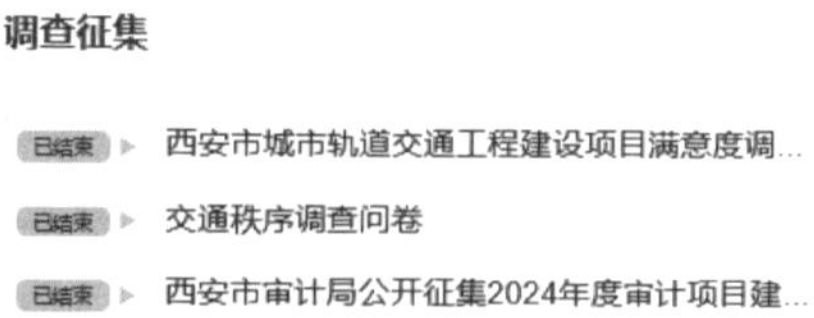

调查征集
已结束 西安市城市轨道交通工程建设项目满意度调...
已结束 交通秩序调查问卷
已结束 西安市审计局公开征集2024年度审计项目建...

图 3-57

二是去语境化置放和语境化置放。前者是指不受语言环境的影响，在任何情况下标牌都保持同一种形式，官方网站中的海报多用于弘扬社会主义价值观，展示公益作品，向群众宣传党的政策、路线、方针，这类标牌均属于去语境化置放，无论在何种时间、空间，以何种字体、颜色呈现，其内容都不会发生变化。如北京市人民政府门户网站的首页"大兴调查研究之风"（图 3–58）栏目，以鲜明醒目的红色为底色，大号字书写标题，其下方附加一行小字"以高质量调研　助力高质量发展"提出了具体实施的要求，将该宣传类标牌置于官网首页，不断提醒着各级领导干部党的十八大以来高度重视调查研究工作，着力在民生民声、营商环境两个领域展开深入调研，力求真正做到将这一优良传统作为传家宝、基本功、金钥匙代代相承，在日常工作中更应将其视为谋事之基、成事之道。语境化置放是标牌的出现空间与具体语言环境相符合，图3–59 和图 3–60 分别为西安市、广州市人民政府网站英语界面左上角的 logo，图 3–59 包括了西安的标志性建筑大雁塔，城市名称、所属国家的中英文书写，官方网站的链接地址，图 3–60 包括了广州市市花木棉花的图形标识，城市名称的英文书写，标志着国际化、国际版的"International"，以及官网中文简体版的链接地址。两幅图片里的文字几乎都使用的是英文，与所属版面的外语语种相一致，受到了具体语言环境的高度制约。

图 3–58

图 3–59

图 3–60

三是越轨式置放。越轨式置放是指标牌放在了错误的位置，前文所述将中文标牌放至英文界面的情况便属于此类，编辑、工作人员在排版或选用图片时应慎重考量，尽量保持文字、标牌、栏目、界面使用的语码一致，协调美观。

三、语言景观建设影响要素

（一）官方网站语码

西安市人民政府网站包含汉语、英语、韩语三个语种的界面，与本节选取的参照对象广州市、上海市比较，语码数量尚可，而与北京市相较则表现出明显的不足。当然，城市开放程度不同，不应相提并论，然而，立足西安市国际化旅游城市的定位，丝绸之路经济带核心区、桥头堡的战略地位，以及借助"中国—中亚峰会"带来的商业发展契机，是否能够考虑将日语、俄语等语码类型也纳入选择范围。政府门户网站的外文界面是向外国友人展示城市形象的最佳窗口，为他们提供所需个性化信息的同时，更能向访客展示区域性的文化特色，甚至提高城市的国际知名度和影响力。作为管理主体，西安市政府既应考虑己方利益，重点使用自己掌握、认同的语言，也应兼顾对方利益，让外国旅游者、投资者、专家学者等人群的需求在政府网站中有所表现，展示出兼容并包的博大胸怀。多语界面的设定短时间内必然耗费人力、财力，但从长远发展来看，必将推动西安市与国际社会的友好往来，塑造更加开放的国际化形象，赢得更多的国际商务投资。

（二）招商引资标牌

随着区域经济竞争的日趋激烈，不同城市都投入力量吸引外资，渴望成为投资兴业的热土。2020 年 5 月西安市委、市政府印发了《关于加强统筹推进招商引资工作的实施意见》，强调将聚焦产业链招商、差异化招商、全要素招商、多渠道招商、新动能招商 5 个方面，并提出围绕"6+5+6+1"构建现代产业体系和建设先进制造业强市，即 6 大支柱产业集群（电子信息制造、汽车、航空航天、高端设备、新材料新能源制造、生物医药），5 大新兴产业（人工智能、5G 技术及基建、增材制造（3D 打印）、机器人、大数据与云计算），6 大生产性服务业（现代金融、现代物流、研发设计、检验检测认证、软件和信息服务、会议会展），1 个特色产业优链，即推进文化旅游产业转型升级。西安市人民政府 2021 年印发《"十四五"营商环境发展规划的通知》中强调了营商环境的重要性，它是国家城市重要的核心竞争力、纵深推进改革的关键基础、推动高质量发展的重要支撑，并提出建设目标，即到 2025 年建成"审批事项最少、收费标准最低、办事效率最高、服务水平最优"的营商环境体系。我们对比了北京、上海、广州、西安四座城市招商引资的相关内容，以发现不足之处，方便今后进一步完善，从而营造更友好的国际投资环境。

表 3-10　四座城市政府网站"优化营商环境"标牌对比

城市名称	导航标牌位置	语码	板块内容
北京	首页中段	汉语、英语	优化营商环境条例（英）、优化营商环境政策集成、优化营商环境办事直达
上海	"政务服务"下的二级标牌	汉语、英语	上海企业登记在线、涉外服务专窗、国际贸易单一窗口等共 15 个导航标牌
广州	置顶	汉语、英语	营商动态、营商政策、政策解读、案例展示、企业办事
西安	首页中段	汉语	工作动态、每日聚焦、惠企政策、改革措施、区县开发区营商环境专区

通过对比我们发现，从置放位置来看，以经济发展为主要动力的广州十分重视"优化营商环境"类导航牌的置放，选择将其置顶，与"政务公开""政务服务"等平行，说明政府充分重视招商引资对城市的重要作用。上海则将营商相关标牌均置于"政务服务"之下的二级标牌，与"特色专栏""办事服务"形成一个系列，说明设计者认为营商业务属于政务内容的一部分，其重要性尚不足以独立单列。北京、西安则将"优化营商环境"的导航标题牌置于首页的中段部位，点击之后直接链接到其他页面，说明此类业务不属于主流业务，与被置顶的新闻、服务、政务类话题相比，还没有受到充分的重视。从选择语码来看，北京、上海、广州使用了英语界面，与汉语界面互相配合，满足了部分投资者的营商需求，而西安仅使用汉语界面，未能表现出对国际投资的友好态度。从板块内容看，每个城市都会提供政策解读、经营动态、各个办事部门的链接，不同的则在于广州提供了成功案例展示给将要开办企业的经营者以供参考学习，西安将"营商环境"按照区、县、基地等标准进行划分，包括未央区、蓝田县、浐灞生态区等 18 个可选对象，使投资者更便于了解不同区

位的具体政策，这一精细化处理十分到位，如点击"西咸新区"便链接到"陕西省西咸新区开发建设管理委员会"的主页。与之类似的是上海，也按照重点区域进行了营商环境的规划，包括浦东新区、临港新片区、张江科学城、虹桥中央商务区、长三角一体化示范区等十分具体的板块划分。北京市人民政府网站的"优化营商环境"页面所呈现的信息内容则更加倾向于政策推广，如"政策文件""政策公开讲""政策解读"等，仅在"办事直达"的下级页面设置了"开办企业""财产登记""跨境贸易""纳税"等 12 个板块，以求便捷、高效地完成各类服务项目。综上可知，四个城市中，广州政府最为重视经济发展、对外招商，也为目标群体提供了语言支持与案例辅导，意在全方位地拉动经济增长，2022 年中国内地 GDP30 强城市的排名中，广州以 2.8 万亿元的总量位列第五，紧随上海、北京、深圳、重庆，说明政府的大力支持对保障经济的长足、稳定发展十分重要。

（三）地域文化展示

地域文化是一座城市的名片，体现了城市的精神风貌、人文品格、历史轨迹，在市政府官方网站上设置介绍相关内容的页面，对地区文化发展有重大意义，是区域形象、政府形象、国家形象的展示，能够增进本地生活居民的文化自信，能够使外来游客更深入、全面地了解城市的精神内核。何威（2017）对我国政府网站的文化特征进行了剖析，总结出五大特征：一元主导性、复合性、层级性、地域性、民族性。一元主导性指与其他网站不同，政府网站反映的是国家意志；复合性是说文化涉及技术、网络、媒介、行政、服务、企业等多个层面，是精华荟萃；层级性指不同层级政府网站文化有所差异，如省级、市级门户网站的内容便不相同；地域性是决定政府网站风格迥异的根本所在；民族性指少数民族行政区的政府网站语码使用、版面设计都体现了本民族的文化特色。李小静（2017）以山东省市级政府门户网站的文化栏目建设为例，探讨了借助文化平台展示地方特色的途径，调研结果显示，应从内容结构、表达方式、互动服务三个方面完善市级政府门户网站的文化栏目，具体包括：（1）内容及结构要准确定位，重点突出地方文化和城市特色；（2）利用网络传播优势，选择多形式、多层次的表达方式；（3）符合市民阅读习惯，提高互动性、服务性。我们对北京、上海、广州、西安四座城市政府官方网站的文化版面进行了考察，并总结为表 3-11。

表 3-11　四座城市政府官方网站中地域文化的展示方式

城市	版面	模态	栏目
北京	人文北京	视觉、听觉	北京概况；北京金名片（十六区概览）；文化活动；设施场所（检索功能）；古韵北京（民国趣闻、千年技艺、寻梦京城，三大文化带、三山五园、四九城、中轴线、老字号、传统节俗、二十四节气、趣说北京）；绿色北京；图说北京
上海	走进上海	视觉	上海概览（上海年鉴、上海百科、上海通志）；城市明信片
广州	魅力广州	视觉、听觉	文旅资讯（文体活动、旅游线路）；文化广州（广州记忆、广州地名、树说广州）；广州旅游（玩在广州、食在广州、爱国教育基地、花城赏花、行路有方）；图说广州；影像广州；广州概况（行政区域、自然地理、市花市鸟、人口民族、港澳台侨、宗教信仰、传统民俗、广州方言）
西安	市情	视觉、听觉	西安概况（历史沿革、行政区划、人口状况、民族宗教、自然地理、友好城市、城市荣誉）；嘹咋咧额滴城（观我的美、看我的景、听我的歌、游我的城，西安市志、西安年鉴、地情丛书、畅玩西安）；区县概况

通过表 3-11 能够发现，上海对地域文化的介绍相对简单，仅包括了各个城市都有的元素，如形象片、照片、年鉴、方志、百科，北京所选取的地域元素涵盖历史、非物质文化遗产、特色建筑、老字号商铺、传说逸事，广州选择的重点要素则包括了商业贸易与海上丝绸之路、知名人物、地名故事与理据、古树与文化街区，点击相应导航标牌便可以链接到"中共广州市委党史文献研究室"阅读详细材料，除此之外，在介绍城市概况时加入了"市花市鸟""传统民俗"等，丰富了内容，使读者更容易走进广州市民的日常生活。西安市政府网站在介绍城市概貌时纳入了"友好城市""城市荣誉"，向浏览者展示了对外友好交往与获得的部分荣誉称号，有利于建立起国际化、品牌化的初步印象，而在选择地域文化元素进一步展示自我时，却没能够因地制宜，虽然涉及

了自然景观、历史遗址、饕餮美食、盛装华服、戏剧名片、方言歌曲，但并未进行分类细化，而是将上述内容一并归入"观我的美""看我的景"两个栏目之中，属于服饰系列的"穿着华服去西安"、推广特色小吃羊肉泡馍的"西安，鲜！"、介绍面食的"西安的面，忒色！"、传播戏曲碗碗腔的"传统戏曲，感受非遗魅力"等文章或视频与栏目的主题均不甚相符，因此非常有必要对"嫽咋咧额滴城"这个栏目进行重新规划，首先将可以利用的地域文化元素提取出来，添加诗歌、戏曲、服饰、美食、民俗等栏目，其次将各版面主题中与内容不相符的部分移至正确位置，经过调整、细化后，相信西安市政府官网能够给访客呈现一个更富有人文情怀的国际化旅游大都市的形象。

第四章
公共交通系统语言景观

第一节　地铁 3 号线语言景观研究

西安地铁 3 号线始建于 2011 年，于 2016 年开通，起止站点为西南方向的鱼化寨站和东北方向的保税区站，途经 26 个站点，长度为 39.15 千米。选择该地铁线路作为研究对象的原因是它连接了城市的西南、中部、东北三个方向，西南老城区与居民住宅、市井生活息息相关，中部地区以城市的名胜古迹、历史遗址为主，东北方向则体现了国家近期的经济发展趋势（国际港务区、保税区）。本节主要研究西安地铁 3 号线列车内以及各个站点的指示标牌，并且调查站内语言景观的使用情况及其体现的社会文化现象。

一、地铁语言景观可见成果

国内学者对地铁语言景观的研究共 25 篇，其中包括 23 篇期刊论文和 2 篇学位论文，当前的研究成果主要集中于地铁站名的语码转换以及基于地铁语言景观的社会文化研究。

（一）地铁站点名称的语码转换研究

关于地铁站名的语码转换研究可以分为个别城市研究以及多个城市对比研究。

个别城市研究以北京、上海的地铁站名为主要研究对象，北京集中于英译站名不规范问题、"去英语化现象"的兴起与发展，如石乐（2014），宫晨晨等（2015），和静、郭晏然（2015），贺治红（2023）；上海侧重于站名译名的统一性和规范性、多模态语言景观的英文标注、音译方式、"名从主人"原则，如王秀华（2006），周国春（2006），程华明（2016）。林芸、吴静（2016），倪文婕、王茹（2017），程华明（2016），熊玲玲、吴月（2015），刘渭锋（2016），刘岚、朱桂兰（2017），熊欣、叶龙彪（2017），张杏玲、王文强（2019），徐桂丽（2023）也通过实地调查和定性研究的方法，分别介绍了南昌、广州、南京、西安、成都、南宁、昆明、沈阳轨道交通站名英译的现状及存在问题，认为轨道交通英译应以国家相关法规为基础，更加规范标准，应与城市文化相结合，达到提升城市形象的目的。

多个城市对比分析研究如：吴雪红（2015）比较了北京、广州两座城市地铁站名英译特点；李琴美（2016）针对深圳、广州、北京、上海地铁站名转写违规情况，提出了整改建议；罗瑜（2023）针对广州、佛山的英译过度拼音化提出了规范建议。

（二）地铁语言景观社会文化研究

金怡（2018）讨论了如何在全球化商业化的背景下重塑地方语言景观，传播地域文化。熊纳（2019）比较了大陆、台湾及香港地区站名标志的异同，认为影响官方标志的因素为语言政策、语言规划、语言态度。杨春宇、刘斯佳（2020），夏乐（2020），金怡（2020），管晟男（2023）对合肥及东三省地铁轨道交通的城市形象塑造和文化传播问题进行了探讨。

地铁语言景观的研究初期，成果仅停留在语码选择、语符转换的表层描写，随着研究类型的多样化，逐渐出现了语言权势、语言政策、城市形象等内容，意在探讨如何通过语言景观来打造具有特色的城市公共空间，以便更为有效地传播区域特色文化。

二、西安地铁 3 号线的语言实践

（一）语言实践研究

1.语码种类

笔者通过实地调查的方法收集到了西安地铁 3 号线内 117 条景观语料，所有指示牌均有中文出现，占到了总数的 100%。仅使用中文语码的指示牌

（如图 4-1）共计 15 条，只占总量的 12.82%，此类均为站台指示牌，存在于鱼化寨站到石家街站这 15 站，该区间内指示牌具备信息功能，说明了站点的名称，体现了汉语作为我国官方语言的优势地位。选用英文语码的指示牌数量为 43，占总数的 36.75%，其内容常常作为中文的补充出现，象征功能更胜一筹，同时也能更好地为外籍乘客的出行服务，体现了西安建设国际化大都市的长远目标。

2. 语码组合

语言景观常见的语码组合有纯中文、中文加英文和中英文加数字。西安地铁 3 号线指示牌的语码组合类型为"中文""中文 + 拼音""中文 + 拼音 + 英文""中文 + 拼音 + 英文 + 数字"。具体如下：

表 4-1　地铁 3 号线语码组合类型

语码组合	数量（个）	比例（%）
中文	15	12.82
中文 + 拼音	59	50.43
中文 + 拼音 + 英文	17	14.53
中文 + 拼音 + 英文 + 数字	26	22.22
总计	117	100

"中文 + 拼音"语码组合的指示牌数量最多，共有 59 个，占比达到 50.43%，主要为站台名称，具体包括：（1）本站名称。如丈八北路站的指示牌中文内容为"丈八北路"，并且标注了汉语拼音"ZHANGBABEILU"；（2）终点名称（图 4-2）指示牌。地铁车身上方写有中文"保税区"以及汉语拼音"BAOSHUIQU"，提示该方向的终点；（3）行车示意图（图 4-3）。采取了"中文 + 拼音"的语码组合形式，标注了沿线地名以及各个站点的汉语拼音。

"中文 + 拼音 + 英文"组合的指示牌共有 17 个，占比 14.53%，主要为地铁站内指引地图，如大雁塔站内的一处指引地图上地理名词"小寨东路""雁塔北路""翠华路"的下方均有与其对应的拼音"XIAOZHAI

DONGLU""YANTA BEILU"和"CUIHUA LU",而"陕西历史博物馆"下
方则使用英文语码"Shaanxi History Museum"。同时,指示牌上用来说明方
向信息的"(北)"和"(西)"也用英文中"north"和"west"的缩写"N"和
"W"来标注。

"中文+拼音+英文+数字"的指示牌共计26个,占总量的22.22%,同
样为站内指引地图。"经九路"下方标注为"JING 9–LU",借助了数字,用数
字和拼音相结合的方式进行标注;显然,这类指示牌是作为"中文+拼音+
英文"的补充形式。

西安地铁3号线内指示牌的大部分站名只是对中文名称罗马化的转写
(即拼音),未使用英文。如大雁塔和青龙寺的官方英文为"Dayan Pagoda"
和"Qinglong Temple",但在3号线的指示牌中,二者使用汉语拼音标注为
"DAYANTA"和"QINGLONGSI"。这些拼音式的转写方式对于外国乘客理
解站名并没有很大帮助,但是对于外国乘客与本国乘客的信息交流却发挥着
较大的作用,如当一名外国乘客向一名完全不懂英文的本国乘客询问"Dayan
Pagoda"的地址时,本国乘客大概率不能与之交流,然而当这名外国乘客按照
地铁内的指示牌向本国乘客询问"DAYANTA"时,本国乘客就更容易理解外
国乘客的问题并做出回答。另一方面,使用汉语拼音的形式对地铁内指示牌进
行罗马化转写,彰显了汉语在我国的优势地位,也充分发挥了《汉语拼音方
案》在我国社会生活以及公共空间中的作用。

图 4–1

图 4–2

图 4–3

（二）场所符号学研究

R. 斯科隆和 S. W. 斯科隆（2003）提出了场所符号学理论，主要包括语码取向、字刻和置放等要素。

1. 语码取向

当指示牌出现了一种以上的语码时，就必然存在优势语码。语码取向指的就是在双语或多语标牌中，每种语言的排列顺序以及所处位置体现出的社会地位，优势语码往往分布于较优先的位置：语码以纵向排列，优势语码位于顶端，次要语码位于底部；语码以横向排列，优势语码位于左侧，次要语码位于右侧；语码以包围式结构排列，那么优势语码位于中间，次要语码位于边缘。

西安地铁 3 号线内双语标示牌中，中文、英文的排列顺序及位置体现出前者为该空间内的优势语码。如图 4-4 中的指示牌，中文语码"西安市公安局出入境管理处"与英文语码"Exit-Entry Division, Xi'an Public Security Bureau"的排列为纵向排列，且优势语码中文位于上方，相对应的英文语码则位于下方。

2. 字刻

字刻代表了语言景观的呈现方式，基于语码的物理性质来判断该语码的意义，具体包括字体、材质、叠加和状态变化。字体指文字的风格样式，有手写体、印刷体和书法等，并且内部也会有颜色和大小的区分，不同的字体所体现的意义和功能也有所不同。代表官方设计的语言景观中，字体经常为印刷体，彰显权威及力量；私人商业化语言景观中，有较多艺术字体，起到吸引消费者的作用。材质即制作语言景观的物质载体，可以选择岩石、金属、塑料、木材、帆布等，其意义能够通过字刻的媒介（笔、雕刻），材质（岩石、金属），材质的新旧程度体现出来，如在自然风景区以岩石和木材充当材质的语言景观会多一些，因其能与风景更好地融合，传播"和谐"理念；而在商业化街区，用金属和塑料充当材质的语言景观会有所增多。叠加指一种临时性的字刻附着在另一种永久性的字刻上面。状态变化常见于用灯光或信号灯来传递信息的语言景观。

我们收集到的语料均为西安地铁 3 号线内的指示牌，整体上看，材质、叠加和状态变化表现单一，下文将从字体方面分析，包括文本大小、书写形式、分写连写和大写小写。

文本大小可以分为同一标示牌中相同语码的区别以及同一标示牌中不同语码的差异，如图4-2可以观察到中文之间以及中、英之间的文本大小有所区别。就中文而言，"保税区"的文本较大，"丈八北路"的文本较小，能够判断设计者对于该指示牌的主要功能的期许为指明终点站以及方向，且下一站的信息为次要信息。就中、英双语而言，中文"保税区"以及"丈八北路"的文本较大，而对应的英文"BAOSHUIQU"和"ZHANGBA BEILU"的文本较小。

书写形式可以分为印刷体和手写体，中文、英文也有所区别。中文指示牌仅采用印刷体的有24个，占比20.51%，主要为站内指引地图上方较为简洁的指示牌，仅采用手写体的有65个，占比55.56%，主要为车门上方以及站内柱子上的指示牌，以指示本站信息为主；采用"印刷体+手写体"的指示牌有28个，占比23.93%，主要为站内指引地图，具体表现为本站名称采用书写体，而本站周边其余地点信息采用印刷体，如图4-5。总体而言，本站名称一般为书写体，附近站点名称均为印刷体，一致性较强。英文采用的书写形式则均为印刷体。

分写连写与大写小写的分析主要针对指示牌上地名的罗马化转写，即英语语码。西安地铁3号线内地名的罗马化标注可以分为通过英文翻译来标注以及使用汉语拼音标注。通过英文翻译对地名进行标注的指示牌一般采用英语单词间分写的格式，并且每个单词的首字母都是大写格式，其余字母则为小写，如"长安大学雁塔校区"下方对应的英文为"Chang'an University

图4-4

图4-5

（Yanta Campus）"。使用汉语拼音进行标注的指示牌，一般会按照"专名 + 通名"的形式进行分写，如"科技路"为"KEJI LU"，"太白南路"为"TAIBAI NANLU"，但在站台内站点名的拼音则往往采用连写的形式，字母均为大写格式，如"太白南路"的罗马化标注为"TAIBAINANLU"。

中国为单语国家，官方语言为汉语，在地铁这类公共空间，语言景观也是由政府来制定标准，因此在语码取向以及字刻方面体现出了以单一的汉语为主的语言分布格局。然而在多语环境以及语言景观多为私人制定的环境中，语码取向、字刻以及置放就会出现更加多样的表现形式。张媛媛、张斌华（2016）对澳门语言景观的多语使用情况进行了研究，根据对四处抽样区语言景观中语言所占的位置、字体的大小和颜色进行分析，发现在澳门语言景观中，绝大多数标识的主导语言都是汉语，其次为英语和葡语。然而，不论是在单语社会还是在多语社会中，场所符号学视角下的语言景观研究，都能够成为该地区语言活力的判断标准之一，并且能够借此探究该地区的语言权势以及语言政策的实施情况。

（三）罗马化转写研究

西安地铁 3 号线包括中文与拼音的指示牌占比 87.2%，因此罗马化转写也是该空间语言景观研究的重要内容之一，下文主要从地名转写一致性、准确性等方面进行分析。

1. 地名转写的一致性

我们发现，同一路名在不同标示牌中的罗马化拼写形式出现了不一致的情况，具体包括分写连写不统一、英文格式不统一、大写小写不统一以及标点符号不统一方面的问题。

（1）分写连写不统一

罗马化转写中的分写连写不统一主要表现为汉语拼音中专名与通名的连写分写不统一，时而出现专名与通名连写的情况，时而出现专名与通名分写的情况。

以拼音作为标注的罗马化转写大多以"专名 + 通名"的形式分写，然而在吉祥村站内的指引地图上却出现了不同的情况，该指引地图上"朱雀大街南段"的罗马化转写为"ZHUQUEDAJIE NANDUAN",根据这个转写能够判断该指示牌的设计者认为"朱雀大街"为专名,"南段"为通名,然而实际情况是"朱雀大街"中的"大街"才为通名。如图4-6和图4-7,两处距离不远的标示牌上均出现了"科技西路",图4-6中的拼音为"KEJIXILU",图4-7中的却为"KEJI XILU",前者将专名"科技"与"西路"连写为一个单位,后者则将专名与通名做出分写的处理。

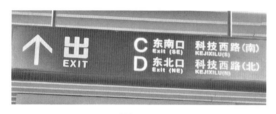

图4-6

图4-7

（2）英文格式不统一

英文格式不统一可以分为字体大小的不规整以及字体不整齐。英文表示序数的特殊表达方式使字体大小不规整,如鱼化寨站引导地图上B出口的"西三环"下方英文是"W 3rd Ring Rd",F出口的"西三环"英文则变成了"W 3rd Ring Rd"。

字体不整齐是较为明显的罗马化转写不一致问题,图4-8在小寨站,指引地图上F口"雁塔区人民政府"的英文格式不规范,每个英文字母大小不一。无独有偶,在延平门站指引地图上,D口"西北大学桃园校区（D2出口）"的英文字体也不整齐,个别英文出现歪斜的情况。此类情况的出现大概率是由标牌印刷者的疏忽导致。

（3）大写小写不统一

地铁3号线站内地名通常是拼音大写,英文首字母大写,其余字母小写,但也存在不同的情况。丈八北路站指引地图"西安高新医院"标注为"XI'AN GAOXIN HOSPITAL",全部为大写形式,而吉祥村站指引地图上"西安交通大学第一附属医院"的标注则为"The First Affiliated Hospital of Xi'an Jiao Tong University",采用了每个词语首字母大写,其余字母小写的格式。两处地名同样包含"西安"和"医院"作为命名元素，一处为全部大写的"XI'AN"和"HOSPITAL"，一处为仅首字母大写的"Xi'an"和"Hospital"，出现了相同的名称在不同的指示牌上大小写格式不统一的情况。用作地名的旅游地罗马化转写同样有不一致的情况，如"长乐公园"为"Changle Park"，专名与通名都采取首字母大写的方式，"新寺遗址公园"为"XINSI Heritage park"，采取了专名全部大写，通名首字母大写的方式，两处地名专名部分"长乐"与"新寺"的大小写是不统一的。

（4）标点符号不统一

标点符号使用的不统一可以分为标点符号全角半角的不统一以及标点符号有无的不统一。不少指示牌上出现含有"长安"或"西安"的地名，由于以"A"开头的"安"位于第二个音节，因此这些地名的拼音需要使用隔音符号，然而却出现了不一致的情况。图4-9指示牌上分别出现了"长安南路"和"长安中路"以及它们的拼音，"长安南路"标注为"CHANG'AN NANLU"，"长安中路"为"CHANG'AN ZHONGLU"，可以发现前者用到的隔音符号为半角形式，后者则为全角。

标点符号的有无主要体现在包含数字的地名罗马化转写中，"高新一路"与"经九路"分别为"GAOXIN 1-LU"、"JING 9-LU"，"金茂一路"与"锦堤一路"为"JINMAO 1 LU"、"JINDI 1 LU"。四处地名都采用了借助数字进行编号的区分方式，在罗马化转写中却存在数字、通名之间是否使用连接符号的问题。

2.地名转写的准确性

地名罗马化转写的格式需要以国家标准及各个城市的地方标准作为规范。从国家标准来看，1984年12年，中国地名委员会、中国文字改革委员会和国家测绘局联合制定并印发了《中国地名汉语拼音字母拼写规则（汉语地名部分）》（以下简称为《拼写规则》），该规则对地名中专名与通名的分写和连写、数词的书写、语音的依据，大小写、隔音、儿化音的书写和依据，起地名作用的建筑物、旅游地、纪念地和企事业单位等名称的书写都做出了具体的规定。1986年1月，国务院发布《地名管理条例》，其中第八条规定："中国地名的罗马字母拼写，以国家公布的'汉语拼音方案'作为统一规范。"1992 年 6月，中国地名委员会与民政部联合印发了《关于重申地名标志上地名书写标准化的通知》，该通知指出："地名的罗马字母拼音，要坚持国际标准化的原则。地名的专名和通名均应采用汉语拼音字母拼写，不得使用'威妥玛式'等旧拼法，也不得使用英文及其它外文译写。"

2014 年 5 月，西安市人民政府公布《西安市地名管理实施细则》，该细则第十九条规定："汉语地名的罗马字母拼写，应当按照《汉语拼音方案》和《中国地名汉语拼音字母拼写规则》执行。少数民族地名和外国语地名的汉字译写，按照国家有关规定执行。"2021 年 6 月，西安市市场监督管理局正式发布了由市委外办联合高校编制的地方标准《公共场所标识语英文译写规范》（以下简称《译写规范》），该规范涵盖了通则、交通、旅游、教育、体育、餐饮住宿、医疗卫生、文化娱乐、商业金融、邮政电信、组织机构等内容。

虽然国家与地方都有相应的标准作为指示牌上地名的书写依据，但标注不准确的现象时有发生。我们发现地名罗马化转写的准确性仍有待提高，常见错误包括拼写错误、分写不当、标点不当、大小写不当等。[①]

（1）拼写错误

拼写错误是指由语言景观制作者的疏忽导致将英文或拼音路名写错的情况。拼音书写错误包括：第一，漏写。"丰盛路"标注为"FENGSHENGL"，"L"后缺失了一个字母"U"。第二，多写。"长安南路"下方拼音为"CHANG NAN NANLU"，"安"的拼音"NAN"多了一个"N"。第三，重写。"科技路"的正确拼音写法为"KEJI LU"，却被标注为"KEJILU LU"。第四，拆写。"沣惠南路"标为"FENGHU I NANLU"，"U"与"I"中间多出了一个空格符号，导致构成复韵母的元音音素被分离。

（2）分写不当

分写不当主要考察专名、通名之间有无分写。《译写规范》指出，由"专

---

① 本节分析的主要依据为西安市《公共场所标识语英文译写规范》，当出现该规范未涉及的情况时，以《中国地名汉语拼音字母拼写规则（汉语地名部分）》作为参考依据。

名＋通名"构成的城市道路名称，专名和通名分开拼写，如"咸宁（专名）路（通名）"为"XIANNING LU"。同时，城市道路名称中通名的修饰限定成分应与通名连在一起拼写，如"雁塔（专名）西（限定成分）路（通名）"为"YANTA XILU"。地铁 3 号线出现的罗马化地名大多将二者分写，也有不少未遵照此规则，如"雁塔北路""乐游路""后村西路"与"交大街"的标注都未分写，分别为"YANTABEILU""LEYOULU""HOUCUNXILU"与"JIAODAJIE"。

（3）标点不当

地铁 3 号线内地名拼音存在部分标点符号使用不当的情况，具体分为隔音符号使用不当与连接符号漏用。《拼写规则》指出，凡以 a、o、e 开头的非第一音节，在 a、o、e 前面用隔音符号"'"隔开，并且给出了规范示例，如"西安"为"Xi'an"。根据这条标准，就能够判断不少标示牌存在问题，如"新安路"下方标注为"XIN AN LU"，"慈恩西路"的标注为"CIEN XILU"，而正确格式应该为"XIN'AN LU"和"CI'EN XILU"。再如图 4-10 所展示的两处广安路的标注，分别为"GUANG AN LU"与"GUANG'AN LU"，前者使用了空格符来隔音，后者则用了隔音符号，根据《拼写规则》，后者正确。含有序列名称的地名转写方式也存在问题。根据《译写规范》要求，"城市道路名称中的序列名一般采用阿拉伯数字书写，如：电子四路 DIANZI 4-LU"，因此正确的转写方式应为数字与通名之间使用连接号。

（4）大小写不当

地铁站内大部分地名转写的大、小写格式一致，即采用拼音标注的地名全部使用英文大写，采用英文翻译标注的地名首字母大写，其余字母小写，这也符合《译写规范》的具体规定，然而"西安高新医院"下方的"XI'AN GAOXIN HOSPITAL"以及"新寺遗址公园"下方的"XINSI Heritage park"都违反了相应的规定。《译写规范》第三部分即"旅游部分"指出："旅游资源和旅游景区景点名称一般由专名、属性名、通名等构成，专名一般使用汉语拼音拼写，属性名和通名使用英文翻译。"并以"曲江池遗址公园"为例加以示范，应标注为"Qujiangchi Heritage Park"。那么"新寺遗址公园"正确的标注格式应为"Xinsi Heritage Park"。该规范第七部分即"医疗卫生部分"附录 A 中也有"西安高新医院"的正确英文，即"Xi'an Gaoxin Hospital"。

综上所述，西安地铁 3 号线内指示牌上地名的罗马化转写非生态现象较为严重，存在书写错误、标注格式不统一等问题。政府在语言景观的塑造中扮演着落实规范的角色，应以政策为立足点展开观察。然而查询过程中，我们发现国家政策、地方政策存在不一致的情况，如《中国地名汉语拼音字母拼写规则》对地名中代码、街巷名称序数词的书写方式举例为"经五路 Jing 5 Lu"，而西安市政府发布的《公共场所标识语英文译写规范》针对该类地名书写示例为"经九路 JING 9-LU"。除此之外，《拼写规则》中的拼音统一采取首字母大写，其余字母小写的格式，而《译写规范》中的拼音则全部采用大写的格式。针对字母大小写这一问题，不同的城市采用了不同的解决方式，李琴美（2016）指出深圳、广州、上海的地铁站名转写在罗马字母大小写方面一致，即每一分写部分的首字母大写，其余字母小写，如深圳的"深圳北站 Shenzhen North Station"，广州的"汉溪长隆 Hanxi Changlong"，上海的"锦江公园 Jinjiang Park"等。北京的做法不同，汉语拼音字母全部大写，英文单词首字母大写，其余字母小写，如"圆明园 YUANMINGYUAN Park"，但是"北京站 Beijing Railway Station"中"北京"的拼音并没有全部大写为BEIJING。因此，不同的政策法规是造成语言景观不一致现象的重要原因，因此，地方政府在制定相关政策时是否应与国家政策保持一致也是十分值得探讨的问题。

图 4-8

图 4-9

图 4-10

三、地铁 3 号线的站点命名

语言景观将社会语言学的描写对象从语言使用者延伸到使用空间，不仅是物理层面的，也包含社会文化空间及政治空间（田飞洋、张维佳，2014），景观的描写反映了区域政治、经济、文化的发展特点。下文通过站点命名剖析 3 号线体现出的文化内涵。

（一）站点名称命名方式

地铁 3 号线总共有 26 个站点，命名方式可以分为四种情况：以附近建筑命名、以附近村落命名、以附近街道命名、以附近自然风景区命名。

表 4-2　地铁站点命名方式

命名方式	站点名称	数量（个）	比例（%）
以附近建筑命名	保税区、国际港务区、浐灞中心、广泰门、通化门、长乐公园、延兴门、青龙寺、大雁塔、延平门	10	38.46
以附近村落命名	新筑、双寨、务庄、辛家庙、胡家庙、小寨、吉祥村、鱼化寨	8	30.77
以附近街道命名	石家街、咸宁路、太白南路、科技路、丈八北路	5	19.23
以附近自然风景区命名	香湖湾、桃花潭、北池头	3	11.54
总计		26	100

以附近建筑命名的站点最多，共计 10 站，占总量的 38.46%。根据西安国家中心城市以及历史名城的定位，可以细分为以现代建筑和古建筑命名两种类型，前者有 4 个，如"浐灞中心"，后者有 6 个，如"大雁塔"。以附近村落命名的站点有 8 个，占比为 30.77%，如"鱼化寨"。以附近街道命名的站点有 5 个，占比为 19.23%，如"丈八北路"。以自然风景区命名的站点只有 3 个，占比 11.54%，如"香湖湾"。

（二）站点名称命名理据

26 个站点的命名理据可以分为 6 种类型，如下表：

表 4-3　地铁站点命名理据

命名理据	站点名称	数量（个）	比例（%）
历史文化	新筑、双寨、广泰门、太白南路、小寨、咸宁路	6	23.08
民间传说	务庄、鱼化寨、丈八北路	3	11.54
风景名胜	桃花潭、通化门、长乐公园、浐灞中心	4	15.38
居民聚集地	香湖湾、北池头、吉祥村、辛家庙、石家街、胡家庙	6	23.08
佛教	延平门、延兴门、大雁塔、青龙寺	4	15.38
城市功能区	保税区、国际港务区、科技路	3	11.54

1. 与历史文化相关

此类命名理据的站点有 6 个。素有"西安小东关"之称的新筑镇，地处西安至韩城的交通要道上，被八堡、四围墙团团围住，又称"长安十八镇首镇"。"太白南路"站则要追溯到太白路的命名。从唐朝开始，一旦发生干旱，皇帝就在四月初八派使者去太白山取水，并为了求雨在城市西南角修建了一座太白庙，因而这条南北走向的道路被称为"太白路"（高宇，2019：476）。隋朝建筑大师宇文恺在选址"大兴城"时，发现新都这片土地上有 6 条横贯东西的土岗，俯瞰正如《易经》中乾卦的"六爻"，颇具帝王之气。于是他选择在城南地势较高的土地西边修建了玄都观，东边修建了兴善寺，东西对称地修建了两座规模宏伟的寺庙，希冀用神仙和佛祖来镇压此地的帝王之气，及至明朝此处变为屯军堡寨，供瞭哨防御射击，取名"小寨"。"双寨"实为汉冢，也称"幽王寨"，明代为屯兵寨，依地势分上、下二寨。上双寨村曾是一个古城堡，建筑在形似乌龟的方形高大土台上，春暖花开时可以欣赏到"龟背梅花紫金城"的美景。[1]

---

[1] 《这些村名，何以成为西安地铁站名？》，腾讯网，2022 年 3 月 30 日。

2. 与民间传说相关

"鱼化寨"的命名与科举制度相关。相传西周时期，周武王带着女儿雨花公主到此游玩，并建了一个祭天台，名为"雨花台"。后该名称演绎为"鱼化"，有鲤鱼化成蛟龙的吉祥寓意。唐朝开始，凡是进京考试的学子都要到这里祭拜，祈望金榜题名，鱼跃龙门（高宇，2019：214）。"丈八（北）路"的名称源于《西游记》。传说泾河龙王为了保护水族免遭人类捕捞，不惜化身白衣秀士，与袁守城进行了一场关于下雨的赌局。然而，泾河龙王擅自篡改下雨时间和雨量，触犯天条，性命不保，他的头颅被斩断后滚落到西南城角，形成了"丈八头"（高宇，2019：60）。

3. 与风景名胜相关

西安作为中国历史文化名城，不仅拥有悠久的历史和丰富的文化底蕴，还有着独特的自然风光和人文景观。"桃花潭"紧邻"桃花潭公园"，内有一座遍植桃树的小岛，名为"桃花岛"，该区域以桃花盛开而闻名，以其命名地铁站不仅展示了旖旎风光，也传递了尊重自然、保护生态的理念。2004年原西安动物园迁至秦岭山麓后改名为"长乐公园"，古时此处为"浐坡"，隋文帝认为"浐"和悲惨的"惨"读音接近，不吉利，就改名为"长乐坡"，快乐和悲惨刚好是反义词（高宇，2019：224）。长乐坡直通东边城门，是长安到东边各地的必经之地。白居易曾在此处吟出《长乐坡送人赋得愁字》中"行人南北分征路，流水东西接御沟。终日坡前恨离别，谩名长乐是长愁"的诗句。

4. 与居民聚集相关

"香湖湾""吉祥村""石家街"等都与早期居民聚集有关。"香湖湾"为香湖湾东村、西村、北村统称。古时多数村民用榆树皮做成香料出售，且80%的村民姓胡，加之地处灞河湾，故有此名。"吉祥村"得名民国年间。《陕西省西安市地名志》中记载，明嘉靖年间有村，清为"吉家村"，以姓氏得名。同治年间修筑围墙，改名"吉祥堡"，堡门上有宣统年间镌刻的三字石匾，至民国遂有此名。"石家街"的来源存在两种说法：一是明朝时期有姓石的人在此居住；二是李、陈、刘、赵、目、董、钟、张、任、朱十个姓氏的人混居于此，起名"十家街"，后谐音演变为"石家街"（高宇，2019：112）。

5. 与佛教相关

"大雁塔""青龙寺"的地铁站点名称与佛教相关。相传今天的印度半岛上曾有个信奉佛教、吃斋念佛的"摩揭陀国"。一天，空中飞过一群大雁，和尚们见状抱怨："菩萨，我们快饿死了，你也不管我们的死活！"说完一只大雁从空坠落。和尚们认为这是佛祖教导他们心无杂念、一心向佛，隆重地埋葬了大雁，并建造佛塔，取名"雁塔"。玄奘取经至印度，见此塔十分景仰，于公元652年在慈恩寺的西院修建了与其一样的佛塔，即为"大雁塔"（高宇，2019：236）。青龙寺是唐代密宗大师惠果长期驻锡之地。日本遣唐使中被称为"入唐八大家"中的空海、圆行、圆仁、惠运、圆珍、宗睿就受法于此。此地亦为日本假名的发源地。

6. 城市新兴功能区

部分地铁站点的名称与城市现代化发展息息相关，"保税区""科技路""国际港务区"等，不仅明确了地理定位，更反映出城市在经济、科技和国际化方面的现代发展趋势。"国际港务区"是践行国家"一带一路"倡议、打造丝绸之路经济带新起点、建设对外开放大通道的重要抓手和主要平台。"保税区"重点发展以展示交易、出口加工、保税物流、文化保税、辐射服务为特色的外向型经济产业体系。"科技路"是连接着科研机构、高新技术企业集聚区的主干道路，方便乘客前往周边高科技企业和研究机构，该命名彰显了西安对科技创新的重视和支持。

法国哲学家列斐伏尔提出了空间三元论，包括空间性实践、对空间的再现以及表现的空间，当该理论特指一种关系时，可以用来解释存在于精神空间与物质空间、社会空间之间的关系（林叶，2018）。西安地铁3号线的社会文化特征表现在：（1）使用名胜古迹、现代建筑为站点命名，展示了古城的历史传统与国家中心城市的精神风貌，体现了站名设计者、使用者对西安文化的认同态度；（2）城市逐渐向郊区扩张，交通工具变革，3号线将西安经济贸易片区、历史文化片区、居民生活片区连接起来，缩小了生活区域不同居民之间的心理距离；（3）采用居民聚集地作为名称的站点体现了地铁方便日常出行的主要职能，站点周围建有大型购物商场，反映了交通环境对城市空间建设的影响。

第二节　西安、北京站牌景观与社会文化心理

公交系统的发达程度体现了城市居民日常生活的便利程度。公交车站牌作为人们日常出行的辅助工具，是公共空间语言景观必不可少的一部分。对此展开研究不仅能为城市地名命名理据寻找根源，同时也有助于为市政管理部门提供建议，使未来出行更加快捷、经济、通达。本节将西安、北京两座城市具有代表性的公交路线整合起来，经过横向的类比、对比发现各自公交站牌的语言特征、命名理据，反映的社会文化心理，并找寻出存在的问题以及提出规范化的措施与建议。

在"中国知网"上检索到的公交车站名称与社会语言、文化心理研究类文章涉及城市较为广泛，如泉州（黄依玲、邓劲雷，2022）、桂林（龚先美，2016）、大连（刘殿旭，2023）、南宁（周玉娟，2015）、喀什（朱琪，2016）、沈阳（周倩，2012）、西宁（何伟伟，2020）等。然而，针对西安公交站名的研究仅有 1 例，毛楠（2020）选择 25 路、269 路、408 路、616 路、800 路五条具有代表性的公交线路，从语言特点与命名方式、公交站名与社会特征两个角度进行了剖析，发现站名音节多为三、四及大于六的多音节，命名方式以街道、景点、商圈等有代表性的场所为依据，并且反映了城市的历史、文化、民情等。该文的分析较为浅显，因此本文拟扩大研究对象、加入对比思维，力求挖掘出更多西安公交车站独有的命名特色。

西安公交始于 1923 年，2019 年年底更名为"西安市公共交通集团有限公司"，隶属于城市基础设施投资集团，归口为西安市交通运输局。截至 2023 年6 月 30 日，西安公交集团共有营运线路 552 条，线路总长度 8879.65 千米，营运车辆 7847 辆，拥有营运分公司 8 个、全资子公司 5 个、控股公司 3 个、分支机构 4 个。[①] 北京公共交通控股（集团）有限公司 2021 年年底便有登记在

---

① 引自西安市公共交通集团有限公司官方网站"关于我们"栏目。

册车辆 32896 辆，运营常规公交线路 1217 条，多样化线路 515 条，年行驶里程 11.39 亿公里。① 2019 年 6 月 21 日新浪微博转发了"北京发布"的一则报道，引用《2019 年 Q1 中国主要城市交通分析报告》的结论，表明北京公交网覆盖 79.1%，全国排名第一。在网友的积极参与下，评选出了若干个"北京公交之最"，我们以此为标准，找出西安与之对应的各路公交车，在此基础上进行公交站牌名称的对比。

表 4-4 北京、西安两座城市选取的公交线路

线路特点	西安	北京
最拥挤的公交线路	323 路	930 路
最长的公交线路	环山一号线	880 路
最佳旅游公交线路	21 路	1 路
站数最少的公交线路	游 4	专 120
站数最多的公交线路	917 路	983 路
文化程度最高的公交线路	616 路	331 路
历史最悠久的公交线路	611 路	5 路

一、语音特征

语音是语言的物质外壳，从便于识记、简明扼要、声律和谐的角度讲，应当对公交车站名称的音节长度、节奏韵律、语音活用现象展开调查。按照表 4-4 中的公交线路，重复站名不予计入，最终共提取西安公交车站名称 217 个，北京公交车站名称 297 个。

（一）音节数量

一般情况下，汉语中的一个汉字对应一个音节，按照实际的语音播报情况，将两座城市公交车站名称的音节数量统计如下：

---

① 引自北京公交集团官方网站"关于公交"栏目。

表 4-5　西安、北京公交车站名称音节数量统计

西安				北京			
音节数量	数量（个）	比例（％）	示例	音节数量	数量（个）	比例（％）	示例
二	16	7.37	土门、水司	二	16	5.39	北海、天桥
三	78	35.94	南稍门、端履门	三	87	29.29	八达岭、琉璃厂
四	33	15.21	市图书馆、小居安村	四	100	33.67	抗战雕塑、东花园镇
五	20	9.22	大唐芙蓉园、长安街十字	五	61	20.54	五棵松桥北、西榆林老村
六	22	10.14	沪太葡萄基地、滨河大道路口	六	26	8.75	颐和园北宫门、公共艺术小镇
七	15	6.91	陕师大长安校区、长安一中初中部	七	6	2.02	北京植物园南门、林业科学研究院
八	16	7.37	南二环雁塔立交北、西长安街居安路口	八	1	0.34	北京航空航天大学
九	14	6.45	航天大道神舟三路口、大明宫雁塔购物广场				
十	2	0.92	西北大学长安校区东门、北池头二路芙蓉东路口				
十一	1	0.46	西安外国语大学长安校区				
合计	216	100		合计	297	100	

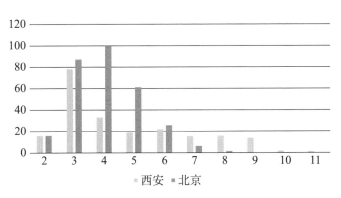

图 4-11　西安、北京公交车站名称音节数量统计

西安公交车站名称音节长短不一、差距悬殊，最短的由两个音节组成，最长的则由十一个音节组成，按照音节数量从多到少的顺序依次排列，分别是：三音节 > 四音节 > 六音节 > 五音节 > 八音节 / 二音节 > 七音节 > 九音节 > 十音节 > 十一音节。三音节的公交站名称最多，高达 78 个，所占比例为35.94%，如"张家堡""赵坡桥""营沟村"等，多为"专名 + 通名"的组合形式，便于类推、批量生成，符合语言使用的经济性原则。这一现象也符合新词语的生成特征，现代汉语词汇虽以双音节词为主，但随着社会的发展、表达要求的提升，三音节词呈现出日益增多的趋势，"三个音节的格式日益增多，适应人们迫切的交际需求，表意更加精细化、多样化"（张家太，1988）。四音节的公交站名有 33 个，占到 15.21%，如"韦兆中学""市图书馆""小居安村"等，四音节的词语朗朗上口、结构均衡，使用较为简洁的语言形式表达丰富的意义内涵，符合中国人传统"偶语易安，奇字难适"的审美心理。六音节、八音节词语则在四音节词语的基础上又添加了限制、说明的成分，使得所指对象更加明确。值得注意的是，双音节词仅占到车站名称总量的 7.37%，如"土门""水司""杜曲""洋桥""高村"等，其中绝大多数是"专名 + 通名"的组合方式，而"水司"最为特殊，是"自来水公司"的简缩式。

北京公交车站名称表现出的特点与西安差异较大，首先从音节数量来看，最多的仅有八个音节，而不同音节数量的名称降序排列为：四音节 > 三音节 >五音节 > 六音节 > 二音节 > 七音节 > 八音节。其中四音节的公交站名最多，所占比例为 33.67%，吕叔湘先生（1963）曾在《现代汉语单双音节问题初探》一文中论述了汉语的四音节发展趋向，并指出："四音节倾向表现在某些个组合里一个双音节成分要求另一个成分也是双音节"，如加以整顿、管理图书、音乐欣赏、宝贵意见、文化教育。从根本上讲，这是出于韵律和谐的要求，2+2 的音步组合朗读、记忆均十分方便，"好事成双"的心理暗示表现在语言使用方面便为四音节的词语更加匀称协调、言简意赅。我们将西安、北京两座城偶数（即二、四、六、八音节、十音节）站名所占的比例加在一起，西安为41.01%，北京为 48.15%，这一数据再次证明了北京人更倾向于选用抑扬顿挫、富有节律的短语给事物命名。

（二）音节节奏

有规律的交替被称为"节奏"，它通过对称性、重复性建立自我调节。叶军（2008：12）对"节奏"的定义为"从属于韵律的一个超音段感知范畴，表现为轻重对立在一定时间间隔上的反复交替，是人对时长、音强、调形、调域等多重声学要素及其他因素加以整合的综合感知经验"。"调配节拍是形成节奏美的一种方法"（王希杰，2014：203）。公交车站名的节奏美体现在工整、匀称的韵律使语言富有美感，容易引起乘客的关注，也便于辅助记忆。每一个公交车站名都是固定短语，对其内部结构层次进行拆解，可以掌握不同音节之间的结合方式、紧密程度、先后次序。西安公交车站名称的节奏呈现出多样化的特点，由于表 4-5 显示三音节至九音节的名称所占比例为 91.24%，以下我们主要分析此七类所包含的 198 个站名音律情况，其他不在研究范围之列。

表 4-6　西安、北京公交车站名称音节节奏统计

音节	节奏		数量（个）	比例（%）	示例
三	西安	2+1	71	91.0	香山寺、南稍门、民乐园
		1+2	7	9.0	小雁塔、大白杨、小白杨
	北京	2+1	69	79.3	望和桥、东窑村、亚运村
		1+2	18	20.7	岳各庄、北岗子、正蓝旗
四	西安	2+2	21	63.6	西北大学、培华学院、西寨十字
		3+1	3	9.1	鱼鲍头村、火车站北、罗汉洞村
		1+3	1	3.0	市图书馆
		2+1+1	5	15.2	引镇南站、蝴蝶表厂、杜曲新村
		1+2+1	3	9.1	省体育场、小居安村、北豆角村
	北京	3+1	56	56.0	定慧桥北、三岔河北、北岗子东
		2+2	37	37.0	抗战雕塑、望京医院、东坝中街
		1+3	7	7.0	铁十六局、小陈各庄、东八间房
五	西安	2+2+1	10	50.0	长安汽车站、野生动物园、大唐芙蓉园
		2+1+2	3	15.0	航天总医院、文苑路小区、金堆城小区
		3+2	6	30.0	徐家沟路口、杨虎城陵园、长安区政府
		2+1+1+1	1	5.0	曲江农博园
	北京	3+2	28	45.9	动物园枢纽、保福寺桥西、五棵松桥北
		2+3	15	24.6	老山公交场、三河地税局、金都大酒店
		1+3+1	2	3.3	小南辛堡镇、北太平桥西
		2+2+1	16	26.2	东单路口东、皮村路口北、将台路口东

续表

音节	节奏		数量（个）	比例（%）	示例
六	西安	2+2+2	12	54.5	西安财经大学、朱雀森林公园、滨河大道路口
		3+1+2	3	13.6	大雁塔北广场、大雁塔南广场、火车站西广场
		3+2+1	1	4.5	阿姑泉牡丹园
		1+3+2	1	4.5	东长安街西口
		2+2+1+1	2	9.1	地铁韦曲南站、航天大道西口
		2+1+1+1+1	3	13.6	雁塔西路东口、航天五零四所、长庆西路西口
	北京	2+2+2	17	65.4	老山南路东口、东坝家园东口、北京城市学院
		3+2+1	6	23.1	楼梓庄路口西、永安里路口西、天安门广场西
		2+3+1	1	3.8	地铁北苑路北
		3+1+2	1	3.8	颐和园路东口
		3+3	1	3.8	颐和园北宫门
七	西安	2+1+2+1+1	9	60.0	汉城路大庆路口、友谊路文艺路口
		3+2+2	4	26.7	太平峪森林公园、北池头二路立交、陕师大长安校区
		2+2+3	2	13.3	虎峰鲜果采摘园
	北京	2+2+3	4	66.7	林业科学研究所、大厂温泉度假村、燕北畜牧机械厂
		2+2+2+1	1	16.7	北京物资学院南
		2+3+2	1	16.7	北京植物园南门
八	西安	2+2+2+2	7	43.8	政法大学长安校区、神舟四路航开路口、长兴北路新华街口
		1+2+1+2+2	2	12.5	西长安街居安路口、北长安街凤栖路口
		2+1+2+1+2	4	25.0	丰镐路团结南路口、建强路自强东路口、友谊路测绘西路口
		1+2+2+2+1	2	12.5	南二环雁塔立交北、南二环长安立交南
		2+1+2+2+1	1	6.2	岳家寨公交调度站
	北京	2+2+2+2	1	100.0	北京航空航天大学
九	西安	2+2+2+1+2	6	42.9	航天大道航天西路口、电子正街丈八东路口、航天大道雁塔南路口
		2+1+1+2+1+2	4	28.6	长兴北路韦曲北街口、芙蓉东路芙蓉西路口
		2+1+1+2+2+1	1	7.1	丈八东路朱雀大街口
		2+2+1+1+2+1	1	7.1	朱雀大街西部大道口
		2+1+1+3+2	1	7.1	长安南路清凉寺路口
		3+2+2+2	1	7.1	大明宫雁塔购物广场

根据表 4-6 可知，七类不同音节长度的西安公交车站名中能够分解出音节节奏形式 31 组，按照分解出的组数由高到低排列顺序为：六音节 / 九音节 > 四音节 / 八音节 > 五音节 > 七音节 > 三音节。六音节站名的节奏形式包括 6 组，其中"2+2+2"所占比例最大，达到 54.5%，如站名"西安财经大学"，其次"3+1+2"与"2+1+1+1+1"并列第二，各占到 13.6%，如"大雁塔北广场""雁塔西路东口"，再次是"2+2+1+1"，最后是"3+2+1"和"1+3+2"。此外，九音节站名中占比最高的形式是"2+2+2+1+2"、四音节站名中"2+2"理所当然位居最常用的形式，八音节站名中"2+2+2+2"的组合形式最受欢迎，五音节站名"2+2+1"使用数量最多，七音节站名中则以"2+1+2+1+1"最盛行，分解节奏形式最少的是三音节站名，仅有"2+1"与"1+2"两种，各占91.0% 和 9.0%。

由于西安、北京两座城市中三、四、五、六音节的车站名均数量较多，下面将此四类的分解情况进行详细比较：（1）三音节站名中，"2+1"式的数量均多于"1+2"式；杨书俊（2015：31）统计了《现代汉语词典》中三音节词语的结构层次，发现"2+1"式有 1888 个词，占到 36.82%，而"1+2"式有 1243 个词，仅占 24.24%，这一比例分布与三音节公交站名不同内部形式的占比多寡完全一致，说明了"2+1"式具有更强的能产性。（2）四音节站名中，西安以"2+2"居多，一般为定中式短语，前面两个音节起到了修饰、限制、说明作用，后面两个音节为中心语所在，如"西北大学"，而北京则以"3+1"较为多见，一般为"专名 + 通名 + 方位"的内部组合，如"定慧桥北"，体现了方位词语在北京公交站名中被高频使用。（3）五音节站名中，西安偏向于选择"2+2+1"式，而北京则使用"3+2"式更多一些。（4）六音节站名中，两个城市不同内部结构车站名称数量居于前三的情况为：西安 2+2+2>3+1+2/2+1+1+1+1>2+2+1+1，北京 2+2+2>3+2+1>2+3+1/3+1+2/3+3。众所周知，双音节词在现代汉语中占优势地位，同时也是构成其他短语的基础，通过观察表 4-7 中站名短语的内部结构形式，我们发现"3+1"式、"1+3"式、"1+3+1"式以及"3+3"式中均包含双音节词，它们多为"专名 + 通名""专名 + 方位"的内部组合关系。

总体来看，西安市公交车站名称音节节奏形式丰富多样，内部组成以双音节为主，单音节、三音节辅之，车站名称的内部结构层次与现代汉语短语情况基本一致，因此阅读顺畅、节律均衡、便于识记。

二、词汇特征

公交车站名称是社会发展的缩影、是历史文明的产物，想要深入了解其内涵，有必要对其结构进行拆解，国务院 2022 年 5 月 1 日起实施的《地名管理条例》中明确规定"地名由专名和通名两部分组成"，且"车站名词与车站地名管理保持一致"。李如龙（2007：297）指出，地名的命名法大致可以分为描述性、记叙性、寓托性三大类，在某个特定的地名中，专名定位、通名定类，即专名标识某一公交车站名中体现独特性、个体性、排他性的特定名称，如"西稍门"中的"西"、"长安汽车站"中的"长安"，通名则代表公交车站名、路名中的某一类事物的名称，具有概括性、群体性、抽象性，如"路口""广场""学院""花园""村""堡""门"等，仅以"广场"命名的便包括"西钞广场""大雁塔南（北）广场""大明宫雁塔购物广场""樱花广场"。公交车站名将专名、通名组合在一起，共同表达一个完整的意思，指向一个特定的地理空间。探讨西安公交车站名中的专名、通名，有助于人们了解其命名规律与理据，将西安、北京两座城市公交车站名中的专名、通名进行对比，能够发现不同城市独具特色的命名喜好与倾向。

（一）公交车站名称通名用词分析

通名一般被置于公交车站名的后半部分，指代实体所属的类别。"实体"可以分为自然实体、人文地理实体两种类型，以下详细说明。

表 4-7　西安、北京公交车站名称通名统计

	自然地理实体通名	人文地理实体通名
西安	沟、山、峡、峪、坪、湾、坡	人工建筑类：桥、立交、门、寺、厂、基地、环、楼； 街道类：路、路口、大道、街、什字； 大型公共场所类：广场、站、馆、市、公园； 居民聚居地类：村、营、寨、堡、庄、镇、小区、城； 单位机关类：学校（院）、医院、政府、局

续表

	自然地理实体通名	人文地理实体通名
北京	沟、山、海、湾、岭、岗、甸、坎	人工建筑类：桥、门、寺、厂、环岛、枢纽； 街道类：路、路口、大道、街； 大型公共场所类：广场、公园、站、市场、站口、集； 居民聚居地类：村、小区、苑、城、山庄、村、营、坟、胡同、窑、镇、旗、庄、库、里； 单位机关类：医院、学校（院）、政府、局、院

1. 与自然地理实体有关的通名

西安、北京公交车站名称中共同出现的通名包括：沟、山、湾。透过这些通名，我们可以了解车站所在区域的大致地理情况。"沟"可以用于指称三类近似的地貌，一是人工挖掘的水道或工事，二是浅槽、与沟类似的洼处，三是一般的水道。"山"指地面上由土、石形成的高耸的部分。"湾"是水流弯曲的地方或海湾，由于西安、北京的地理位置均不位于海滨，因此表 4-8 中的"湾"指前者，而非海岸向陆地凹入之处。[①]包含共有通名的公交站名示例如下：

表 4-8　西安、北京公交车站共有通名示例

地貌名称	西安公交站名示例	北京公交站名示例
沟	白龙沟、后沟村、营沟村	金沟河（站）、沙沟路口西站
山	圭峰山、首阳山、清凉山	老山公交场站、地铁八宝山
湾	井家湾	香水湾（站）

除上述共有通名之外，西安、北京的公交车站名还存在部分具有特异性的通名。西安的包含"峡""峪""坪""坡"四类，表示了四种不同的地貌特征："峡"是两山夹着的水道，如"三峡""巫峡""三门峡"。"峪"是山谷，《集韵·烛韵》："谷，《尔雅》：'水注溪曰谷。'或从山。""坪"为山区、丘陵或黄土高原上平坦的场地，《说文·土部》："坪，地平也。"《正字通·土部》："坪，

[①] "沟""山""湾"的解释分别出于《现代汉语词典（第六版）》第 459、1129、1338 页。

地平处。"坡"为地势倾斜的地方,《说文·土部》:"坡,阪也。"西安公交车站名称中使用上述通名的依次如"金龙峡""直峪口""望仙坪""红庙坡"。北京的涵盖"海""岭""岗""甸""坎":"海"指大洋靠近陆地的部分,或者大型的湖,"北海(站)""四海桥南站""海淀桥西"中的"海"指的均为湖,这是由于元大都时期"北人(蒙古人)凡水之积者,辄目为海",受到了少数民族语言的影响。"岭"是地势较高、地形险峻的山道,《正字通·山部》:"岭,山道。山之肩领可通道路者。"如"八达岭(站)"。"岗"指不高的山或者高起的土堆,像山一样高起的土石坡儿,如"云岗站""北岗子站"。"甸"是指放牧的草地,如"马甸桥东站",但此处是由"马店"讹化而来,《北京地名词典》中记载:"明朝于此设马店,后演化为今名",可见这里是明廷和蒙古进行季节性茶马交易的集散地。"坎"则为田野中自然形成的或人工修筑的像台阶形状的东西,如"土坎儿""田坎儿",北京公交站名有"杜家坎站",相传该地明代建村,为杜姓官僚的田产,地势东高西洼,有一道土岭纵贯南北,以此得名。

2. 与人文地理实体有关的通名

公交车站名中与人文地理实体有关的通名远多于自然地理实体,该类又可进一步分为人工建筑类、街道类、大型公共场所类、居民聚居地类、单位机关类。

在人工建筑类通名中,西安、北京共同使用的包括"桥""门""寺""厂",仅西安使用的有"立交""基地""环""楼",如"星火立交南""沪太葡萄基地""南二环雁塔立交北""钟楼",仅北京使用的则为"环岛""枢纽",如"西关环岛站""四惠枢纽"。"基地"意为"作为某种事业基础的地区",有工业基地、农业基地、钢铁基地、水稻基地等组合搭配。"环岛"是指交叉路口中心的高出路面的圆形设置,"枢纽"本义为"事物的关键、事物相互联系的中心环节",而"四惠枢纽""动物园枢纽站"中的"枢纽"为固定搭配"交通枢纽"的减缩式,是指国家或区域交通运输系统的重要组成部分,是不同运输方式的交通网络运输线路的交会点。

在街道类通名中,西安、北京共同使用的为"路、路口、大道、街",而西安单独使用的"什字"则较为特殊，有"樊家什字""长安街什字"等公交站名。"什字"与"十字"并不相同，前者表示通向十字路口的一段道路（杨旭，2019），后者则是具体交叉的路口。该街巷名称既是交通枢纽的专有名词，又是地域文化的特色符号，一般地处于市中心的商业繁华地段。民国时期，西安地名中便有五味什字、夏家什字、柴家什字、麻家什字等，由于南院门是西安的政治、经济、文化中心，清朝时期的川陕总督行署、陕甘总督行署、陕西巡抚部院，民国时期的陕西省议会、国民党省党部，新中国成立之后的陕西省人民政府、中共西安市委员会都曾坐落于此，因此以南院门为中，向东、西、南、北四条大街辐射的街巷多以"什字"命名。著名的"五味什字"原是西安中药堂、药材集中地，如藻露堂、树仁堂、万年堂等都在这条街上，因为中药含有甘、辛、酸、苦、咸五种味道，故而得名（李昊、徐诗伟、贾杨，2020：57）。

大型公共场所类通名中，"广场""公园""站"为西安、北京共同使用，而西安独有的是"馆""市"，北京独有的为"市场""站口""集"。"市图书馆""汉阳陵博物馆"都是收藏、陈列文献、文物的场所。"大差市"名词的来源有三种说法：一是此处原为唐长安城时皇亲贵胄的居所"景风门"，宋朝时被改为大型菜市场，即"大菜市"，后被谐音读作"大差市"；二是明清时期的邮局驿站多设于此，邮差在此处忙碌不休，故而由此称名；三是传说这里为古代惩戒犯人砍头的刑场，刽子手的行业语称砍头为"出大差"，因而得此名。[①]该车站名称中的"市"指集中买卖货物的固定场所，与北京公交车站名使用的通名"市场"无异，只是古代汉语中以单音节为主，因此中心语部分使用了单音节"市"，类似的西安地名还有"骡马市""竹笆市""西羊市""东羊市""东木头市""西木头市"等。"集"是集合、聚集之义，集装站、集配站、集散站、集约站是随着物流产业发达而新生的名词，将分散于各处的货物聚集在一处，采用规范化管理、现代化信息平台对物流活动进行有效组织，能够提高运作效率、降低运营成本。"京东第一集站""京东第一集""京东第一大集"中

---

① 《西安的大差市》，个人图书馆，2023 年 8 月 1 日。

的"集"都指货物汇聚点。

居民聚居地类通名中，西安、北京共同使用的为"村""镇""城""庄""营""小区"。"营"本义为四围垒土而居，《说文·宫部》："营，市居也。"居住于"营"有不同的讲究，《孟子·滕文公下》曰"下者为巢，上者为营窟"，《礼记·礼运》曰"冬则居营窟，夏则居橧巢"。后其意义演变为军垒、军营，一般指军队驻扎的地方，《字汇·火部》："军垒为营"。西安公交车站名称"何家营"、北京公交车站名"张官营站""小七营""定州营""达子营站""营城子站""菜户营桥北站""蓝旗营站""丰户营西站""营慧寺""火器营站"中的"营"皆与军事部署有关。以"何家营"为例，唐玄宗时期遇安史之乱，将军郭子仪的偏将何昌期在此安营扎寨，人称"何将军营"，后被谐音为"何家营"。① 西安独立使用的"寨""堡"、北京独立使用的"旗"等通名也与军事相关："寨"本义为羊栏、羊圈，引申义为营垒，是旧时驻兵的地方，《玉篇·木部》："寨，军宿处"，之后进一步演变为村庄、村落，如"西寨十字""岳家寨""侯官寨""小寨"。"堡"指在冲要地点做防守用的坚固建筑物，泛指军事上的防御建筑，《广韵·晧韵》："堢，堢障，小城。"如"张家堡""桃溪堡"。"旗"本义为旗帜的总称，古代专指印有熊虎图案的军旗，《说文》有"旗，熊旗五游，以象罚星，士卒以为期"。《释名·释兵》则有"熊虎为旗。军将所建，象其猛如虎与众期其下也"。引申义是清朝军队或户口编制之一，《清史稿·兵志一》："（清初）设四旗，曰正黄、正白、正红、正蓝，复增四旗，曰镶黄、镶白、镶红、镶蓝，统满洲、蒙古、汉军之众，八旗之制自此始。"如今北京公交车站名仍保留了"蓝旗营""镶红旗站""正蓝旗站"。

单位机关类通名中，西安、北京共同使用的为"医院""学校（院）""政府""局"，而北京独立使用的"院"，如"塔院站""滨河院"则指普通的住宅类院子。

（二）通名、专名构成形式分析

除去以上所使用的通名，公交车站名称中还必须包含专名用以互相区别，

---

① 何强民：《何家营村的古往今来》，个人图书馆，2020 年 11 月 3 日。

由于专名仅存在特异性，不含有共通性，提取共性显然不现实。因此，我们将西安、北京公交车站名称的语词构成加以分解，探求通名、专名之间的组合搭配关系，以更加深入地了解命名机制。通过观察与分析，归纳出七类两地公交车站名称中共同使用的组配类型，包括"专名""专名＋通名""专名＋通名＋通名""专名＋专名（限定）＋通名""专名＋通名＋专名""专名＋通名＋专名（限定）＋通名""专名＋专名＋专名（限定）＋通名"。七类组合所构成的公交站名称，音节越长，专名限制越详细，六音节及以上的名称中不同的通名、专名则均可出现，使表达说明更为精准。

表 4-9　西安、北京公交车站名通名、专名组合情况

组合类型	西安示例	北京示例
专名	财神故里、集贤古乐	夏垫、拉菲水岸
专名＋通名	五路口、政法大学	中关村、翠微路口
专名＋通名＋通名	营沟村、西寨十字	虎坊桥路口、兴达广场小区
专名＋专名（限定）＋通名	北豆角村、曲江农博园	铁十六局、北医三院
专名＋通名＋专名	星火立交南	望京桥西、广安门内
专名＋通名＋专名（限定）＋通名	大雁塔北广场、沣镐路丰登路口	中山公园南门、煤市街南口
专名＋专名＋专名（限定）＋通名	长安一中初中部、虎峰鲜果采摘园	燕北畜牧机械厂、大厂温泉度假村

以西安的公交站名称为例进行详细说明："专名"形式一般为双音节词或固定短语，数量极少；"专名＋通名"形式存在于三音节（36 个）、四音节（12 个）车站名称中，如"长宁宫""草堂寺""白龙沟""鱼鲍头村""西钞广场""吉泰路口"；"专名＋通名＋通名"形式出现在三音节（5 个）、四音节（1 个）、五音节（5 个）车站名称中，如"营沟村""赵坡桥""西寨十字""文苑路小区""长安街十字"；"专名＋专名（限定）＋通名"形式分布于三音节（23 个）、四音节（14 个）、五音节（8 个）、六音节（6 个）车站名称中，如"张家堡""李家村""韦曲北站""小居安村""曲江农博园""长安汽车站""赵公

明财神庙""阿姑泉牡丹园";"专名＋通名＋专名"形式散见于四音节（1个）、五音节（1个）车站名称中,如"火车站北""星火立交南";"专名＋通名＋专名（限定）＋通名"形式分散于五音节（1个）、六音节（4个）、七音节（10个）车站名称中,如"沣河路东口""大雁塔北广场""沣镐路丰登路口";"专名＋专名＋专名（限定）＋通名"形式见于六音节（6个）、七音节（3个）、八音节（2个）、九音节（1个）车站名称中,如"地铁韦曲南站""虎峰鲜果采摘园""陕西职业技术学院""大明宫雁塔购物广场"。

当然,除去以上七类情况,还存在一些其他的构成形式,如"专名＋通名＋通名＋通名"（"徐家沟路口"）、"专名＋通名＋通名＋专名（限定）＋通名"（"何家营新村"）、"专名＋通名＋专名（限定）＋通名＋通名"（"库峪大寨村"）。由于类似的组合情况极少出现,我们不再逐一说明。

（三）公交车站名称短语类型

表 4–10　西安、北京公交车站名称短语类型统计

	偏正短语		方位短语		联合短语		数量短语		总量
	数量（个）	比例（％）	数量（个）	比例（％）	数量（个）	比例（％）	数量（个）	比例（％）	
西安	148	75.13	24	12.18	21	10.66	4	2.03	197
北京	198	70.46	78	27.76			5	1.78	281

语言是层级结构,由语素、词、短语、句子按照一定的规律组成,最为常见的是五种基本结构类型,即主谓、联合、动宾、偏正、补充。公交车站名称是一类特殊的词汇,由词、短语共同汇聚而成,我们对西安以及北京公交站名进行去词化处理之后,针对短语进行结构类型的分析,发现:

（1）两座城市均倾向于使用偏正短语为公交车站命名。偏正短语表示修饰、被修饰的关系,可以进一步划分为定中短语、状中短语两种类型,车站名称的类型均为前者。西安公交车站名称中包含定中短语148个,占到总量的75.13%,北京公交车站名称中包含定中短语198个,占到总量的70.46%。如"长宁宫""韦曲北站""培华学院""北京语言大学""南宫新苑小区""燕郊迎

宾路口"等都是起到修饰、限定作用的专名部分在前，体现类属、类别、类型的通名内容在后。

（2）方位短语的运用在北京更为普遍。方位短语表示处所、范围或时间，常包括方位词。西安公交车站名称中包括 24 个方位短语，占到总量的12.18%，与之相较，北京公交车站名称中的方位短语在数量与比例上均有所上升，包括 78 个方位短语，占总量的 27.76%。方位短语类公交车站名中均包含"东""南""西""北""内""外""前""后"等提示空间处所位置的词语，它们可以被置于短语的前、后两部分，如"方位词 + 其他词"形式的站名"东石村""西稍门""前门""北海"，以及"其他词 + 方位词"形式的站名"土门西""钟楼西""地安门内""菜市口西"，还有"方位词 + 其他词 + 方位词"形式的"西门里""南门外""北太平桥西""西直门外"等。此外，该类车站名称中的方位词分布表现出均匀、对称的特点，即南门外 / 南门里、钟楼南 / 钟楼北、中关村东 / 中关村西、永定门内 / 永定门外，这类对应性名称的出现具有很强的定位价值，是由于西安、北京均为四四方方的皇城，车站名称的命名者默认了市民的方位观念很强，但若是面向外地游客或者少年儿童，此类命名方式则极有可能混淆具体位置。

（3）联合短语是西安公交站名称中特有的内部结构。联合短语是由地位平等的两部分或者几部分所组成，能够表示并列、递进、选择等语义关系的短语类型。西安公交车站名称中部分使用括号加以说明，如"南小巷（西安市第五医院）""广济街（市信访接待中心）""三爻（三森国际家居）""吴家坟（陕西师范大学）"等，括号内、外的名称不同，但两个不同的名称可以用来表示同一个事物，以"吴家坟（陕西师范大学）"为例，该车站既可以称为"吴家坟站"，也可以称为"陕西师范大学站"，此类公交车站名共有 21 个，占到总量的 10.66%，而在我们调查的北京公交车站名称中并未出现该用法。

（4）两座城市均使用数量短语为公交站命名，但规模较小。数量短语由数词或者指示代词加上量词共同组成。两座城市的公交站名称中都包含此类短语，西安的形式较为单一，仅有"数量词 + 其他词"的形式，如"五路口""三森国际家居""三爻""八里村"，均为数量词被置于修饰、限定的位置，在短语前半部分。北京的形式则包括了"数量词＋其他词"以及"其他词＋数量词（短语）"两种情况，前者如"八达岭""五间楼"，后者如"北医三院""北京十中""中关村一街"，多为依据实体出现时间的先后顺序而排列命名的简称，也有通过减缩、紧缩手法截取或抽取原型中具有代表性的词语而成，如"八达岭"取"四通八达"之意，明代学者蒋一葵（1980：162）在《长安客话·边阵杂记》中载："出居庸关，北往延庆州，西往宣镇，路从此分，故名八达岭"，"四惠"则位于东四环路与通惠河交汇处，有一种说法为，在建立交桥时抽取"四环"的"四"与"通惠河"的"惠"两个代表性的字组合而成。

三、公交站名与社会文化心理

地名能够反映所在区域的历史文化与民众审美倾向，而与之类似的公交车站名称也被赋予了同样的功能。站名中使用的语音、词汇、结构类型属于语言层面的特点，是"表"，而独特的文化意蕴及人文心理属于精神层面的特征，是"里"，表里相应、表里相依、表里相济，因此透过语言洞察文化是车站名称分析中相当重要的环节。西安、北京公交车站的名称所表现出的社会文化心理具有一定共性，下面从五个方面展开分析。

（一）公交车站名称与神话传说

无论是自然地理实体、行政区划以及重要集镇、纪念地、名胜、古迹，甚至街道里巷、园林、广场都有许多由神话传说构成的地名（刘向政，2006）。依托于此类地名"就地取材"而形成的公交车站名也自然与神话、传说关系紧密。

西安：白龙沟

传说汉武帝与东方朔微服出游至猎甘峪口望仙坪，碰巧遇到王母娘娘化作老妪赠仙桃，汉武帝以凡俗之物未食，错过成仙的机会，走进一条山沟，忽见溪中一条白色巨龙向上爬动，认为白龙出现是一个好的奇象，便将此地命名为白龙沟。

北京：什刹海

相传老北京有个活财神叫沈万三，他知道京城哪里埋着银子。有一年皇上要修北京城，但国库亏空，于是派大臣找来沈万三，开始他不说埋银子的地方，被狠狠打了一顿之后，无奈随便指了一块空地，竟然意外挖出 10 窖银子，一窖四十八万两，统共四百八十万两，不仅修建了城池，国库还有充盈。挖完银子后，地下形成了一个巨大的坑，聚集了大量的水，人称"十窖海"，"窖"与"刹"用北京话快速发音听感近似，因此便被讹化为"什刹海"（宋佳芹，2014：356）。

与神话传说有关的西安公交车站名称还包括白鹿原、钟楼、青龙寺、丈八沟等，此类的北京公交站名称则包括公主坟、黑龙潭、王府井、白云观等。

（二）公交车站名称与宗教信仰

古时候生产力水平低下，人类对无法解释的自然现象感到困惑，只能通过"神的庇护"求得精神上的安慰，宗教信仰深刻地影响着人们的认知与行为。西安和北京都是世界五大宗教（道教、佛教、伊斯兰教、基督教、天主教）的汇集之地，这是文化开明的古代都城特有的魅力。西安的草堂寺、大慈恩寺、大兴善寺、华严寺、敬业寺、香积寺、青龙寺、兴教寺、草堂寺、广仁寺均是佛教寺庙，楼观台、八仙宫、重阳宫、湘子庙皆为道教宫观，南新街、东新巷的礼拜堂都是基督教教堂，五星街、糖坊街的教堂隶属于天主教，化觉巷、大学习巷、大皮院、小皮院的清真寺则是伊斯兰教。北京民间流传了一句谚语"东单西四鼓楼前，九坛八庙颐和园"，可见宗教文化早已走入百姓的生活之中。道教的白云观、东岳庙，佛教的广济寺、广化寺，伊斯兰教的牛街清真寺、东四清真寺，基督教的缸瓦市教堂、崇文门教堂，天主教的宣武门教堂（南堂）、西直门天主堂（西堂）都是不同文化交流、碰撞的证据。

宗教建筑文化也直接表现在了公交车站的命名之中，如西安的"草堂寺""金峰寺""香山寺""楼观台""红庙坡""兴教寺"，北京的"白塔寺""营慧寺"等。

（三）公交车站名称与历史遗迹

2023 年 7 月 7 日，西安市民政局召开"西安市首批地名文化遗产保护名录发布会暨全市地名文化遗产保护工作现场观摩会"，发布了 18 个古街路巷地名，包括北广济街、北马道巷、北院门、冰窖巷、大皮院、大学习巷、二府街、贡院门、火药局巷、梁家牌楼、骆驼巷、洒金桥、西华门大街、西羊市、习武园、夏家十字街、香米园、早慈巷。作为十三朝古都，西安的街巷名称中尘封着历史的记忆，以此作为公交车站名称既便于与实际地址对应，又提醒人们记住不能忘却的历史。如"玉祥门"是为了纪念爱国将领冯玉祥将军所建，1926 年军阀刘镇华率领 9 万嵩军攻入陕西，围攻西安长达 8 月之久，企图消灭西北国民军，冯玉祥将军临危受命，采取了"进军西北，解西安之围，出兵潼关，策应北伐"的战略，从内蒙古五原率国民联军进军陕西。在国民联军和守城陕军的夹击下，西安之围终被解除。为纪念冯将军协助解围的功绩，人们将新凿的门命名为"玉祥门"。

"坟"是北京特殊的历史文化符号，在地名中表现得尤为突出，《说文》曰："坟，墓也。"段玉裁注释："此浑言之也。析言之则墓为平处，坟为高处。"可见，坟、墓有所区别。《字汇·土部》也阐释："茔域曰墓，封土为垄曰坟。"如"公主坟（和硕公主）""索家坟（清初康熙四大辅臣索尼）""铁狮子坟""八王坟"等，老北京实行土葬，名门望族讲究厚葬，以坟主的姓氏、身份加以区别。"铁狮子坟"则以标志物命名，其所在的北太平庄一带坟茔较多，"狮子"被视为帝王公侯陵寝镇墓的神兽，虽然墓主人已无法考证，但一对铁狮子说明了其身份高贵。[1]

（四）公交车站名称与民族聚居

民族分布受到地理环境、历史迁徙、政治经济等多重因素的影响，地名能够反映一个地区的民族构成与变迁，对于保护民族文化多样性、制定区域发展规划有积极作用。

西安所在的关中平原自古气候温和、水草丰美，魏晋南北朝时期，匈奴、氐、羌等少数民族与汉民族杂居融合，出现了"关中之人百余万口，度其多少，戎狄居半"的局面。"姜村"位于长安区以南的杜曲。东汉末年，曹魏篡权后定都于洛阳，为了巩固边防，将众多少数民族迁居关中，其中羌族人便聚集于此地，于是被称为"羌村"。因"羌""姜"谐音且字形近似，后变为"姜

---

[1] 《咱们的铁狮子坟》，个人图书馆，2018 年 6 月 16 日。

村"。[①] 唐玄宗执政时期遇安史之乱，诗圣杜甫携家人寄居于此，并谱写出了《述怀》《春望》《月夜》《北征》《羌村三首》等千古名作。

北京曾是辽、金、元、明、清的首府，民族交汇与融合的历史也在地名中留下痕迹。"胡同"源于蒙古语"gudum"，元人呼街巷为胡同，后即为北方街巷的通称。《析津志》记载"巷通本方言"。北京吃水主要依靠水井，水井成为居民聚居的代称，后用于指代街巷，并成为通名。北京的胡同不仅构成了阡陌交错的交通网络，更是北京市民的生活场所，"辟才胡同（劈柴胡同）""西绒线胡同"以市场销售商品命名，"报子胡同"亦为此因，明代称为"箔子胡同"，"箔子"是用苇秆编成的帘子，即"苇箔"，属于建筑材料，古时此胡同有售卖箔子的店铺，因而得名。"宝产胡同"以建筑物宝禅寺命名，"丰盛胡同"以吉祥话命名。

（五）公交车站名称与经济活动

公交车站名称一定程度上反映了一个地区农业、工业、商业的发展状况。西安车站名称"蝴蝶表厂""韦兆机械厂"分别是轻工业、重工业的典型代表，"曲江农博园""虎峰鲜果采摘园""阿姑泉牡丹园"体现了农业发展的不同类型，"会展中心""西钞广场"彰显了商业活动的详细内容与宏大规模。北京车站名称中与商业有关的活动场所则多体现在通名的使用中，如"南坞"的"坞"是船舶集中停靠的地方，"西大屯村"的"屯"本义为囤积、聚集粮食的寨子，"白纸坊桥北""虎坊桥路口南"的"坊"本义为城镇中街道里巷的通称，《说文新附·土部》："坊，邑里之名。"其引申义为"街市、市中的店铺"，《正字通·土部》有"商贾贸易之所亦曰坊"。"东窑村口站""刘家窑桥北站""大北窑东""碗窑村"的"窑"指烧制砖瓦陶瓷等的建筑物，《说文·穴部》："窑，烧瓦灶也。"这些通名的存在说明了老北京航运业、农业、商业、制造业的繁荣发达。

除了以上社会文化之外，部分地名也表现出了鲜明的社会心理，如传承传统文化心理的"明德门""端履门""日坛路站""先农坛站"，显示对美好生

---

① 葛慧：《带你认识在长安古音方言中形成的西安地名》，简书，2020 年 2 月 16 日。

活向往的"吉泰路口""国泰庄园""友谊路文艺路口""育慧里""义善里""多福巷",说明重视地理方位的"南小巷""中韦村""东石村""官厅西""东榆林""北太平桥西"等。

第五章

西安城市语言景观现状与展望

第一节　不同受众对语言景观的态度

为了能够准确判断不同群体对西安公共空间语言标牌的认知与态度，我们选取了本地居民与在陕留学生两类受众，通过调查问卷的形式了解他们对语言景观的满意程度与期待建议。本地居民代表了对城市精神面貌、历史人文最为谙熟的一类人，而留学生则是传统文化、地域文化海外传播的桥梁与使者，两类群体展现了对内、对外不同的方向性。

一、西安本地居民对城市语言景观的认知与态度

为了了解西安本地居民对城市语言景观的认知和态度，我们设计了调查问卷。该问卷共包括 35 个问题，基本以选择题、填空题的形式呈现，内容涉及民众对语言标牌的关注程度、关注类型，对道路指示牌、信息指示牌、商业店铺牌匾中语码选取、翻译、功用、不规范现象的态度，以及对"西安特色"语言标牌、语言景观的认同与期待。问卷通过问卷星平台进行设计，并通过微信链接形式进行发放。

（一）基本信息

我们回收问卷 131 份，全部有效。以下就受访者的个人基本信息进行分析：（1）性别分布。女性受访者 75 人，男性 56 人，女性居多。（2）年龄分布。19—25 岁年龄段的受访者最多（34 人），占总数的 25.95%，其次为 31—40 岁年龄段的受访者（28 人），占总数的 21.37%，再次为 51 岁及以上的参与

者（27人），占总量的20.61%。可见，从分布比例上看，正在攻读高等学历的本、硕学生，有一定工作经验的青年群体，社会阅历较丰富的中年阶层人数较为均衡。（3）学历层次。集中于大学本科（66人）、硕士研究生（29人）、大专及以下（25人）。（4）在西安生活时间。70.23%的受访者在西安生活11年以上，12.21%的受访者生活了6—10年，9.16%受访者有3—5年生活经历。该数据完全符合问卷对"本地居民"的特征要求。（5）职业类型。受访者中教师、学生的比例较高，均为37人，各占总量的28.2%，其余职业包括工程师、国企员工、律师、工人、自由职业者等，来自社会的不同领域。虽然样本无法覆盖各个行业的、不同社会背景的本市居民，但基本能够代表核心职业群体。（6）外语背景。50.38%的受访者（66人）有11年以上英语学习经验，25.19%的受访者（33人）有6—10年经验，17.56%的受访者（23人）有3—5年经验。该数据说明，绝大多数受访者能够阅读语言标牌中的基本英文信息。除此之外，25.19%的受访者具备第二外语能力，语种涉及日语、德语、法语、西班牙语、俄语、朝鲜语、阿拉伯语、泰语等，体现了被访群体的"国际化"语言背景。以下将依据不同的主题对调查结果展开剖析。

（二）民众对语言标牌的态度

题目1—2考察本地居民对语言标牌的关注程度与类型。对于"您是否经常关注语言标牌"这一问题，29.01%的受访者（38人）表示常常关注，52.67%的受访者（69人）表示偶尔关注，18.32%的受访者（24人）表示很少关注，该统计结果说明，大多数受访者在日常生活中都能够有意或无意地注意到语言标牌上的内容。对于问题"您所关注的语言标牌包括下列哪些类型"，各选项所占的比例从高到低依次为道路指示牌、街道名称牌（93.13%）>店铺招牌（74.81%）>广告、宣传海报（73.28%）>提示牌、警示牌（72.52%）>涂鸦壁画、横幅标语（58.78%）。可以看出，民众最为关注的依然是与出行、消费相关的信息牌，而一些新式的语言景观，如涂鸦、壁画、横幅、标语在城市生活空间的能见度较低，导致仅有特定群体对此类语言标牌持有较高的关注度。

（三）民众对道路指示牌中英文的态度

题目 3—8 考察民众对道路指示牌中英文的使用态度、关注度、作用，中英翻译的"不对称现象"、英文翻译应达到的标准，以及英语与拼音在语言实践中呈现出的竞争关系等问题与现象的看法。题目"您是否留意过道路指示牌上使用的英文"的答案显示，25.19% 的受访者（33 人）常常留意，52.67% 的受访者（69 人）偶尔留意，22.14% 的受访者（29 人）很少留意。"您认为用于指示方向的道路指示牌上是否应该出现英语"的答案显示，57.25% 的受访者（75 人）支持使用英语，因为其能够体现出城市的国际化程度，35.88% 的受访者（47 人）认为应该因地制宜，根据城市的开放程度而定，而反对使用英语，强调汉语能够满足出行需求的市民仅占 3.05%（4 人）。从以上数据可知，绝大多数的本地居民对使用英语呈赞同态度，因为"国际化"是城市发展水平、经济运行、城市管理的评判指数，而国际化的语言服务环境是城市"软实力"的表现之一。问题"'太白南路'的英文译写应该是'South Taibai Rd'还是'TaiBai NanLu'"的答案显示，49.62% 的受访者（65 人）支持使用汉语拼音，而 42.75% 的受访者（56 人）赞成使用英文。尚国文专门讨论了路名牌上拼音、英文之争的问题，认为与地名管理相关的标准、条例中，部分是强制性、部分为推荐性，性质划分界限不明晰，这就导致着眼于国际化的沿海发达城市将国家标准视为推荐性标准不予采纳，而以自身的发展需求为选用依据。国家标准的明确性与存在的矛盾都对路名标牌上的语言实践造成了重大影响（尚国文，2023：198）。谈及"道路指示牌中英文翻译的作用"，54.96% 的受访者（72 人）认为是为非汉语母语者行路提供方便，30.53% 的受访者（40 人）认同其出现彰显了西安的国际化大都市形象，9.16% 的受访者（12 人）将英语、拼音、字母等形式的使用解读为城市语言治理规则，仅有 5.34%（7 人）的受访者认为没有什么作用。翻译时"中、英文不对称"的现象普遍存在，究其原因，认为城市语言治理水平较低、标牌设计者外语水平不高、地方语言文字工作委员会宣传不到位的受访者分为占到了 34.35%（45 人）、32.82%（43人）、25.95%（34 人）。由此可知，民众对政府的语言管理能力和水平尚持质疑态度，对语言文字工作者的专业素养也存在疑虑，可见平时专门机构、专业部门深入民心的宣传活动还很不到位，应该积极主动打开民主通道，与市民沟通交流、征询其意见，共议城市规划与建设。至于"英文翻译应达到的标准"，接近半数的受访者（65人）认为应以外国人能够理解为基本原则，可以看出西安市民对国际友人的尊重与欢迎。

（四）民众对信息展示牌的态度

题目9—14反映了本地居民对旅游景区信息展示牌上外文内容的关注度、态度、作用、语码选择建议等问题的思考。39.69%的受访者（52人）会经常留意向游客介绍历史、文化、特色的信息展示牌，45.04%的受访者（59人）会偶尔留意。而对展示牌上以外文书写的内容仅有21.37%的受访者（28人）常常留意，55.73%的受访者（73人）偶尔留意。以上数据说明，外文内容受到的关注有限，一方面源于游客依然以国内、省内人员为主，另一方面源于信息展示牌中内容过多，若非长时间学习某一外语，则不具备通读所有内容的能力。民众对于景区信息展示牌使用英语的态度多为支持，占受访者的87.02%（114人），其原因我们设置为开放性问题，收到的答案包括服务母语非汉语游客、开放包容城市的体现、国际社会了解中国的途径之一、与世界接轨的通道、对外开放的窗口、吸引更多的游客、为大西安国际化大都市奠定基础、英语是世界通用语言、扬中华之绮丽宣三代之美政、语言是文化交流的桥梁等。可见，信息展示牌使用英语是众望所归，也是必然趋势，部分地级市、县、区虽有知名旅游景点，但并未使用外语介绍说明，这是日后应该完善的方向。除英语之外的其他语种是否应出现在信息展示牌上，57.25%的受访者认为应该，16.03%的受访者则反对。选择"应该"的受访者为日语、韩语、俄语、德语、西语进行了优先级排序，我们将用表格展示如下（表5-1）。可以发现受欢迎的程度由高到低依次为：俄语＞日语＞韩语＞西语＞德语。然而，田野调查结果显示，众望所归的"俄语"并未出现在景区信息展示牌之中，目前选取的多为英语、日语、韩语。"一带一路"的战略规划、"中亚峰会"的胜利召开已经使西安"龙头""桥头堡""文化高地""核心枢纽"的发展定位深入人心，而实际发展需求似乎与城市语言规划之间发生了断层，我们的建议是有关部门尽快添加俄语内容，使中亚地区来陕旅游、学习、生活的人士能够感受到"旅客友好型"城市的真诚与热忱，此举有助于推动民间交流、民间对话，从长远来看，对经济贸易往来也大有裨益。

表 5-1　景区信息展示牌语种优先级推荐

选项	综合得分	第 1 位	第 2 位	第 3 位	第 4 位	第 5 位	小计
俄语	3.41	50 (40.65%)	18 (14.63%)	25 (20.33%)	20 (16.26%)	10 (8.13%)	123
日语	3.04	36 (30.25%)	31 (26.05%)	14 (11.76%)	14 (11.76%)	24 (20.17%)	119
韩语	2.76	14 (11.57%)	35 (28.93%)	26 (21.49%)	28 (23.14%)	18 (14.88%)	121
西语	2.46	24 (20.69%)	11 (9.48%)	29 (25%)	19 (16.38%)	33 (28.45%)	116
德语	2.27	7 (6.09%)	25 (21.74%)	24 (20.87%)	32 (27.83%)	27 (23.48%)	115

（五）民众对商业店铺牌匾语码使用的态度

题目 15—23 反映了本地居民对商业店铺牌匾上使用繁体字、英文、拼音、中英双语等现象的态度。35.88% 的受访者（47 人）表示经常留意店铺牌匾上出现的繁体字，53.44% 的受访者（70 人）表示偶尔会关注。对于"老字号"牌匾是否应使用繁体字的态度，64.12% 的受访者（84 人）表示支持，25.19% 的受访者（33 人）表示无所谓，仅有 10.69% 的受访者（14 人）反对，说明半数本地居民对文化传承持积极态度，1/4 的民众则更加关心品牌提供的服务内容与质量。店铺牌匾上时有出现英文单词或字母的情况，将近半数的受访者（65 人）认为这是我国语言表达中的一部分，应该抱有宽容、包容的心态，而在繁华商业街区出现的纯英文牌匾 38.93% 的受访者（51 人）持否定态度，32.82% 的受访者（43 人）表示支持，28.24% 的受访者（37 人）认为无所谓，因为半数以上的受访者（50.38%）认为采用何种语码书写只是营销手段，并不能够体现出该品牌的高端或高质量，因此 26.72% 的受访者（35 人）仅阅读中文内容，17.56% 的受访者（23 人）极少关注英文翻译，而 38.93% 的受访者（51 人）对照汉英内容阅读只是为了判断翻译的准确性，用以练习日常英语，大多数人（71.76%）更加关注牌匾中汉字书写是否端正、英文字迹是否清晰的问题。27.48% 的受访者（36 人）认为英文内容能够辅助学习英语，达到学以致用的功能，38.93%的受访者（51人）期待从英文内容中获得更多新的信息。可见，牌匾、店铺名称、书写形式等因素对本地消费者的影响并不大，英文内容仅起到辅助学习的作用，其经济价值在我国中部城市仍然受到限制。而使用类似"Bu Ye Cheng Xiao Chi Dian"等拼音形式的牌匾接受程度也相对较高，24.43%的受访者（32人）认为合情合理，38.93%的受访者（51人）表示可以接受，也有26.72%的受访者（35人）将其视为画蛇添足。对比题目17与23的调研数据可以得知，本地居民支持店铺牌匾使用英文的受访者占比（70.99%）略高于支持使用拼音的人群（63.36%），说明西安作为旅游城市，市民对外语交际的重视程度日益提升。

（六）民众对标牌中不规范现象的认知

题目24—28是测试市民发现标牌中不规范现象的能力、态度，对相关法律法规文件的解读以及对"中式英语"的认识。87.03%的受访者会刻意或无意发现标牌中错别字、用词不当等不规范现象，79.39的受访者认为对此类语言使用问题应严加整改甚至完全取缔，寻求专家及提供更合理的表达形式，74.81%的受访者建议直接参照《公共服务领域英文译写规范》的相关条款，因为它为城市语言治理提供了参照标准，但由于宣传不到位的局限，也有19.85%的受访者（26人）表示从未听说过此文件。接近半数受访者（45.04%）将英语标牌视为一种学习语言的资源，认为既可以获取新的信息，又可以巩固学过的知识，一举两得，可见对于标牌中使用英语，民众一直抱持开放、包容的态度，那么整改、治理、规范，提供给受众一个和谐的语言空间，就成为专业工作者任重而道远的责任，尤其是让人跌破眼镜的部分"中式英语"应该作为首先整治的对象。

（七）民众对西安特色语言标牌（景观）的期待

题目29—35重点考察市民对本地特色语言景观的认知、感受、建议与期待。87.02%的受访者（114人）支持将富有地域特色的标牌融入旅游景区建设，因为此举具有便利市民生活、城市形象塑造、城市文化宣传、群体文化认同等功用，能够协助游客更加深入地了解西安历史人文、民俗风貌。40.46%的受访者（53人）认为当前西安的语言景观能够体现出地域特色，具有强辨识性，传达了盛唐文化、方言文化等文脉韵味，而50.38%的受访者（66人）发现此类特征未能实现均衡化，仅在城市部分区域、部分景点、部分类型指示牌（如道路指示牌、街道名称牌）中有所体现，并未全盘布局，应该加大力度多呈现与历史典故、诗歌诗词、方言词语有关的文化信息，让西安深厚的人文底蕴能够被世界认识。部分受访者也提供了自己的思考与建议，如：希望表达更加准确、语言规范化；增加汉唐风韵的语言景观建设；提高实用性、创新性、适用性；加强对中华优秀传统文化的涉猎；准确度、适切度双重并举；合理规范、严加整改、避免中式英语；体现民族化、地域化、乡土化、历史化、多元化、国际化、规范化、专业化；打破网红形象、增强文化自信；越来越赛博朋克化；英语翻译不要直译、尽量意译；不能流于形式，要注重内涵；优化小区人文色彩，创设特色语言环境；特殊旅游景区应使用中、英双语标牌；等等。看到以上本地居民对城市建设的众多期待，笔者为之动容，既有对未来美好图景的憧憬，也有对自身责任的反思，数据调查结果只是一小步，今后应该多部门联动迈开一大步。

二、留学生对西安特色语言景观的认知研究

语言景观作为一种潜在的可以开发利用的非物质资源，对文化交流、文化传承、文化教育、文化认同起到了全方位的影响。作为多学科耦合的界面，如今，语言景观在二语教育视域下作为语言资源的研究如火如荼。国内尚国文（2017）提出了语言景观与语言教学的关系，从偶发性学习、语言意识、语言能力等角度讨论了语言景观对二语教学的价值与作用。张艳翠（2019）从文化功能入手，探讨了汉语文化传播者应如何利用语言景观。孔悠静（2018）、张瀚文（2018）、冯俊英（2019）、秦瞳（2019）、杭虹霞（2020）、苗星（2020）、单英姿（2021）分别对合肥、大连、南京、上海、青岛、济南的地域特色语言景观如何融入国际中文教育进行了全面的考察并提出切实建议，如在多语码标牌中完善"一带一路"沿线国家语言建设，应用商务语言景观辅助商务汉语教学等。

为了考察留学生对西安地域特色语言景观的态度，我们设计了调查问卷"汉语二语学习者对城市语言标牌的感知调查"。该问卷包含"背景信息"与

"文化认同调查问卷"两部分内容，其中，第一部分为被试背景信息，内容涵盖国籍、母语、性别、年龄、受教育程度、学习中文时间、通过 HSK 考试的等级、是否学过中文之外的其他语言、是否能读懂并理解问卷问题等；第二部分为汉语二语学习者对西安语言景观的感知及了解调查，内容包括他们的认知状况、情感态度、文化认同、实践行为，共计 19 个问题。在正式发放问卷之前进行了问卷的信度检验，删除了不会引起显著差异的问题。本次调查通过"线上＋线下"的渠道发放，线上共回收问卷 55 份，有效问卷 52 份，有效率达 94.5%。被试主要来自韩国（10 人）、俄罗斯（8 人）、泰国（8 人），达到中高级汉语水平程度的为 42 人。经过独立样本 T 检验的测查，发现 17 名男性、35 名女性的性别参数并不能够对认知差异产生影响，因此将此参数忽略。下文主要结合被试的汉语水平，将其分为初级、中级和高级水平三组，分别从不同方面分析。

（一）留学生对西安语言景观的认知状况

题目 1—6 测试留学生对西安语言景观的认知程度、类型及语码关注。90% 的被试群体表示关注过语言景观，其中"经常关注"的有 50%，"有时关注"的为 40%。从关注的景观类型来看，由多到少依次降序排列为：路牌、指示牌 ＞ 商业招牌 ＞ 电子显示屏 ＞ 海报 ＞ 涂鸦、壁画 ＞ 公告牌、横幅，具体分布如图 5-2 所示。

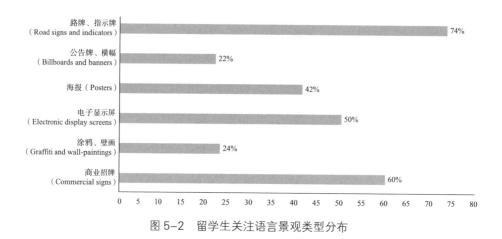

图 5-2　留学生关注语言景观类型分布

对于阅读过程中的语码选择顺序，本问卷设置了3个相关问题。题目3"我会经常注意语言标牌中的中文"，20%的被试表示"总是"，44%表示"经常"，32%表示"有时"。由于日韩游客来陕人数日益增多，故而西安市许多语言标牌中都出现了日文和韩文，题目4"当语言标牌中有中文、英文、日文、韩文时，我会优先关注中文"中，86%的被试表示认可这一判断，其中"总是"20%、"经常"46%、"有时"20%。通过方差分析可知（表5-2），差异达到了显著水平，这表明留学生对中文的关注程度与其汉语水平呈现正相关（高级3.93＞中级3.83＞初级2.93）。

表5-2　不同汉语水平留学生对中文关注度差异

方差分析结果						
分析项	项	样本量	平均值	标准差	F	p
4. 当语言标牌中有中文、英文、日文、韩文时，我会优先关注中文（When there are Chinese, English, Japanese and Korean in the language signs, I will give priority to Chinese）	初级	14	2.93	1.38	3.238	0.048*
	中级	23	3.83	1.11		
	高级	15	3.93	1.1		
	总计	52	3.62	1.24		
*p<0.05，**p<0.01						

题目5"当语言标牌中出现自己的母语时，我还会继续看中文"被试的态度则不甚统一，20%表示"总是"、14%选择"经常"、40%选取"有时"、18%挑选"偶尔"、8%选定"从不"。经过方差分析得知，汉语水平越高的留学生对中文内容的感知程度越强。表5-3中初级、中级、高级水平留学生的得分平均值分别为2.71、3.35、3.93，对于来华时间较长的中高水平留学生而言，较强的学习动机和积极的学习态度使得其可能会优先关注处于优势地位的中文；且由于中高水平学生会有意识地将语言标牌上的中外文翻译作为一种课外学习资源，故而即使在先注意到母语的情况下，也会再次关注中文（郑雨馨，2020）。相反，低水平的学生在优先注意到母语的情况下，会给予中文较少关注。这说明随着学习者汉语水平的提高，中级及高级水平的留学生培养了一定

的语言意识，对于语言景观上中文的感知度更强。

表5-3　不同汉语水平留学生对中文感知度差异方差分析结果

分析项	项	样本量	平均值	标准差	F	p
5. 当语言标牌中出现自己的母语时，我还会继续看中文（When my mother tongue appears in the language signs, I will continue to read Chinese）	初级	14	2.71	1.44	3.713	0.032*
	中级	23	3.35	1.19		
	高级	15	3.93	0.96		
	总计	52	3.35	1.27		
*p<0.05，**p<0.01						

　　题目6"我的国家的语言标牌设计和西安的很不一样"，选择情况为：30%经常、20%偶尔、28%总是、18%有时、4%从不。根据被试母语背景的分析，我们得出图5-3，并发现来自不同文化距离国家的被试成员表现出了完全不同的看法。处于汉字文化圈的日本、印尼、越南、马来西亚、韩国、泰国该题得分较低，说明具有相似文化背景的邻国、周边国际语言景观存在一定的趋同性。"中亚五国"及俄罗斯的得分较低说明地缘优势、经贸互助、提供就业岗位等措施使中亚地区对我国文化的认同程度日益加强。德国、法国、贝宁得分较高，这表明由于文化距离的远近，不同国家的留学生对语言景观的心理距离也有所差异。

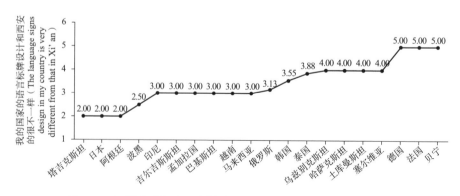

图5-3　不同文化距离国家被试认为本国与西安语言标牌相似度

超过半数（64%）的被试表示自己能够根据商业牌匾中的汉字正确判断店铺售卖的商品属性，仍有 32% 表示部分情况下能够判断准确、4% 表示极少数情况下判断正确。

（二）留学生对西安语言景观的情感态度

题目 8—11 重点关注留学生对西安语言景观及其功用的情感态度及审美倾向。90% 的被试表示对西安的语言标牌持有积极态度（总是 30%、经常38%、有时 22%），对富有西安特色的语言标牌，86% 的被试也依然保持积极评价（总是 36%、经常 30%、有时 20%）。在语言标牌的功能方面，92%的被试认可能够为他们的旅游、生活提供便利（总是 36%、经常 34%、有时22%），仅有 8% 的被试否认此项信息功能。在语言标牌审美偏好方面，我们将小寨赛格国际的商业标牌"夸父炸串"与大唐不夜城步行街的标牌"唐礼坊"同时提供给被试，86% 的受访者更认可后者古色古香的设计模式（总是26%、经常 36%、有时 24%），说明相比于小寨千篇一律的商业区语言景观而言，绝大多数留学生对大唐不夜城的语言景观比较感兴趣。大唐不夜城充满历史感的特征满足了留学生在异国环境中对于符号的需求及对异域文化各种符号的期待。而且"唐礼坊"主要展示、售卖文创产品，也是留学生可以作为礼品馈赠亲友的首要选项。

（三）留学生对西安语言景观的文化认同

题目 12—15 侧重于了解留学生对西安语言景观的认同情况，包括是否有助于其中文学习、了解中国文化、产生认同感。100% 的被试认为浏览地方特色语言标牌对学习中文有一定帮助。不同语言标牌类型对推动汉语学习的助力作用表现为：商业标牌 ＞公告牌、横幅 ＞海报 ＞路牌、指示牌 ＞电子显示屏 ＞涂鸦、壁画，汉语学习者们认为商业招牌的形式最能够促进并推动自身汉语学习（图 5-4）。这与商业招牌形式多样、场景化置放、标牌特征等因素有关。

46% 的被试认为地域特色文化标牌总是有助于了解中国文化。问题15"相比小寨的语言标牌（夸父炸串），大唐不夜城的语言标牌（唐礼坊）让我了解更多中国文化"，68% 的被试持赞同态度，30% 表示不夜城的景观有时更容易反映传统文化特色。而考查"语言景观能否促进对中国文化认同感"的第16题中，选择"总是""经常""有时"的比例分别为24%、30%、40%，且通过独立样本T检验不同汉语水平与其认同感的联系，发现差异并不显著。可见，处于各个汉语水平阶段的留学生都能够通过西安语言景观中包含的诗词、美食、服饰、方言等特色类型找寻到对中华传统文化的认同与归属感。

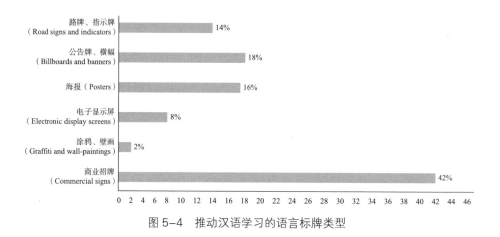

图5-4　推动汉语学习的语言标牌类型

（四）留学生由西安语言景观产生的实践行为

17—19题测查留学生面对西安语言景观时的好奇心、求知欲及由此产生的二语行为实践。题目"如果不认识语言标牌上的汉字，我会询问朋友或翻译查询汉字的意思"，38%的被试选择"经常"，32%选取"总是"，22%选定"有时"。可见，多数被试面对语言实践中的繁难问题，有学习的欲望并能够充满信心地去解决问题。语言景观构造的互动空间使得浏览者处于真实的语言环境中，那么真实语境中的语言景观是否会激起留学生与同伴交流的欲望呢？对于这一问题，30%的被试选择"总是"，40%选择"经常"，24%选择"有时"。我们通过方差分析测量了留学生汉语水平与语言景观实践频率之间的关系，发现汉语水平越高平均值越大（高级4.33>中级3.87>初级3.14），这代表高级别汉语水平的留学生更倾向于主动获取语言标牌中的文本信息，因为他们已经具备了一定的汉语学习与使用能力。

表5-4　语言标牌内容实践意愿调查

方差分析结果（普通格式）						
分析项	项	样本量	平均值	标准差	F	p
18. 外出时看到的语言标牌会让我有和同伴交流的欲望（The language signs I see when I go out will give me a desire to communicate with my peers）	中级	23	3.87	1.14	3.889	0.027*
	初级	14	3.14	1.41		
	高级	15	4.33	0.90		
	总计	52	3.81	1.22		
*p<0.05，**p<0.01						

　　问题19"通过地方特色语言标牌识得的中文表达，我会学着使用"，所有被试（100%）均持同意态度，表示会对中文表达进行再认和使用，这表明留学生无论水平高低，会通过语言景观中认识的中文表达，辅助学习中文。

　　本问卷调查了留学生对西安语言景观的认知状况、情感态度、文化认同、实践行为，发现地域特色语言景观不仅塑造了城市的独特形象与风貌，而且构建了古典化、现代化、国际化的多元格局，还使国际游客找到了宾至如归的感觉，形成了对中华传统文化的高度认同。当然，参与调研的留学生数量有限，调查结果只有一定参考价值，要搞清楚不同语言背景的汉语学习者对西安地域特色语言景观的态度，仍需要借助大规模的数据方能得出精确结论。

第二节　西安城市语言景观的现状与展望

　　语言景观作为公共空间的一种语言、文字样态，能够展示特定区域的文化特质、文明程度、人文水准。它不仅全面体现了地方政府对语言使用的规划和治理，而且积极反映了当地人民的精神风貌和审美观念。我们对历史名胜古迹区、城市步行商业街、都市文明窗口区、公共交通系统区的语言景观进行调研后，发现了西安城市语言景观的个性化特征，总结了其功能与价值，并归纳了当前存在的不足以及日后努力的方向，本节内容将就以上问题展开论述。

一、西安城市语言景观的现状

长期以来，西安市政府十分重视城市景观的规划、设计和保护，《西安历史文化名城保护条例》（2002）第二条划定了保护范围："在西安市行政区域内体现西安历史文化的古遗址区域、古城墙及其以内区域和历史文化风貌区域。"然而，以上景观中的语言文字部分并未得到充分关注，经过调研我们发现西安城市语言景观具备如下特点：

（一）官方标牌多样化，私人标牌个性化

语言标牌一般分为官方标牌、私人标牌两种类型。前者是由政府或行政部门设立的，对全体社会成员起到规约作用的官方性质标牌；后者则是由经销商或私人设立的，面向特殊目标群体，吸引其注意力并促进消费的方式及手段。

《陕西省风景名胜区管理条例》（2002）第十五条规定："在风景名胜区隶属的人民政府领导下，由风景名胜区管理机构会同有关行政主管部门依照国家和省有关规定组织编制。"在大雁塔南、北广场的标牌体系中，多为由景区管理部门设置的"自上而下"式官方标牌，具体包括景区导览型、道路指示型、警示关怀型、设施名称型、景物说明型，这些标牌能够协助游客迅速抵达目标景点、保护自身人身财产安全、了解景区历史人文。

国务院颁布的《中华人民共和国风景名胜区条例》（2006）第十三条明确："风景名胜区总体规划的编制，应当体现人与自然和谐相处、区域协调发展和经济社会全面进步的要求，坚持保护优先、开发服从保护的原则，突出风景名胜资源的自然特性、文化内涵和地方特色。"以此为宗旨，大唐不夜城步行街的商业店铺遵循了唐风唐韵的原汁原味，处处体现了大唐盛世的绝代风华，如"大唐文创集""唐食坊""武皇牡丹馆""贵妃稠酒"等。通过唐食荟萃、潮玩文创、沉浸演艺、综合商业各个板块的完美组合，形成了文旅融合的新业态、新模式。

（二）汉语为优势语言，双语化现象突出

从官方制定、商业领域、政府网站、地铁轨交等诸多领域所使用的语码种类来看，汉语（普通话）占据了优势语种的地位，表现了"权势关系"原则，政府或官方机构作为语言景观的设计者、管理者、监控者，强化了汉语的主导地位，符合《中华人民共和国宪法》《中华人民共和国教育法》《中华人民共和国商标法》《中华人民共和国广告法》《地名管理条例》《中华人民共和国义务教育法实施细则》《广播电视管理条例》等诸多法律法规中对"说普通话、写规范字"的基本要求，其优势地位能够从语种分布、字体大小、使用材料等方面加以体现。尤其是以凸显自我、招徕顾客、获取收益为目的的店铺标牌，普遍能够遵从相应的法律法规条款。如《中华人民共和国国家通用语言文字法》（2001）第十三条规定："因公共服务需要，招牌、广告、告示、标志牌等使用外国文字并同时使用中文的，应当使用规范汉字。"然而，也存在少部分企业，在选用店铺名称时为了求新求异、吸引眼球，违反了国家工商行政管理局《关于规范企业名称和商标、广告用字的通知》（1996）中的相关款项，如"Lee""Supreme""GXG""Levis""I.T"均为以英文书写的店名，与"确因业务需要使用外文名称的，应当与中文名称同时使用，且不得突出外文名称"的要求南辕北辙。

中国社会目前处于"双语化"的初期，英语已经成为一种辅助性的语言被使用于不同领域，道路指示牌、警示牌，设施名称牌一般均会采用"中文+英文"双语模式。2009年由浙江省质量技术监督局发布并出台的《公共场所英文译写规范第1部分：通则》为长江三角洲地区公共场所英文使用规范提供了样本。西北地区的发展则相对滞后，《西安市国家通用语言文字管理规定》（2021）说明了公共场所公示语英文译写的原则，包括合法性、文明性、规范性、准确性、通俗性、针对性、简练性。《公共场所标识语英语译写规范》（2021）涵盖了交通、旅游、教育、体育、餐饮住宿、医疗卫生、文化娱乐、商业金融、邮政电信、组织机构等不同行业的译写规范，如"地铁三号线"为"Metro Line 3 / Line 3"、"检票处"为"Ticket Check-in"、"礼品商店"为"Gift Shop / Souvenirs"，实现了公共服务领域英文译写的统一化、标准化、规范化，具有较强的操作性、现实性、科学性。在现代文明时期，双语现象主要是以达到经济和外交目的而存在的，而"多语化"现象则可能成为下一个发展趋势。AAAAA 级旅游景区设计的官方标牌使用了汉语、英语、韩语、日语，市政府门户网站语言界面选择了汉语、英语、韩语。虽然由于对外开放程度的限制，西安无法像北京一样，提供更丰富、更优质的语言服务，但随着越来越多的跨国公司、企业在此落地，不同语言的价值被开发，政治、经济、文化、移居等都为"多语化"提供了契机。

（三）本土景观较集中，文化传承不均衡

语言景观的象征功能属于隐性价值，能够折射出社会层面的语言政策、语言生态，以及民众层面的语言意识、语言观念。代表本土化元素的语言景观在留住时代印记、激发游客兴趣、获得文化认同等方面表现出了巨大的功用。大雁塔北广场的诗词雕塑、"东邦哥"情景式文化街区的店铺牌匾、火车站富有地域特色的商业模态及伴手礼，都是本土文化的集中显现。值得一提的是，西安老字号作为民族产业的精粹与传统技艺的承继，长期以来受到关注的是企业文化、经营思维、时代角色，而与之相关的语言文字载体并未受到充分重视。李艳（2017）对北京老字号命名文化进行了深入探究，发现了一定规律，如商家对吉祥语尤为偏好（吴裕泰、天福号），引用诗文楹联增加店铺底蕴（一得阁、同升和），老百姓约定俗成的叫法（砂锅居、都一处），与经营产品相关的名称（馄饨侯、六必居），由人名、地名构成的名称（王致和、牛栏山）。2019 年西安商务局启动"西安老字号""西安名吃"活动以来，商贸领域具有历史印记和本土特色的产品、技艺与服务得到了广泛关注，具有社会影响力，富有地域性、民俗性、代表性、广泛性、特色性的菜肴、面点和优质小吃品种也构建了良好的信誉品牌。首批认定 42 个"西安老字号"企业和 51 个"西安名吃"，第二批认定 55 家"西安老字号"和 57 家"西安名吃"。李宇明（2019）认为语言产业的第三种形态是语言文字艺术产品，语言艺术包括小说、诗歌、楹联、谜语、歌词、戏曲唱词、剧本、话剧、相声、小品、评书等，文字艺术包括书法、字体设计、用汉字或字母设计的各种图案、文字画等。深入挖掘西安老字号的命名艺术、牌匾楹联、俗语熟语，既响应了时代的号召，又传承了非物质文化遗产，是本土化语言景观可以着力的支撑点。

2005 年，时任西安市市长孙清云在《政府工作报告》中正式提出"皇城复兴计划"。同年，《西安国际化、市场化、人文化、生态化发展报告》（2005）提出"张扬世界历史文化名城特色"，实施中华文明古都保护工程，实行"古新分治"，"把四大遗址、秦汉唐陵等周秦汉唐文化遗存的保护和古都及其周边文化带的整体保护结合起来"。时隔近 20 年，我们在统括与历史朝代相关的语言景观时发现，重现盛唐气象已经取得了显著的人文辐射与经济效益，2019 年西安市旅游发展委员会已经推出了 9 条唐文化旅游路线，包括：唐都遗韵——盛唐寻迹之旅；诗映大唐——唐诗之旅；大唐遗珍——博物馆之旅；寺庙遗风——宗教文化之旅；不夜天街——新唐人街之旅；歌舞盛唐——唐文化演艺之旅；饕餮之宴——盛唐美食之旅；水沐华清——唐风温泉之旅；市井光影——大唐非遗民俗之旅。然而，作为十三朝古都，历史遗迹与景观建设展现出的朝代风貌着墨不等，并不均衡，商周、两汉、魏晋南北朝、隋、五代十国都鲜有体现，因而商周时期的铭文，两汉时期的赋、乐府诗歌，魏晋南北朝时期的佛经教义等都未能在语言景观规划中呈现出来，这些是日后全盘考量时可以逐步填补的空缺。

（四）站名文化底蕴深，一站多名应剔除

公交、地铁站点名称是城市历史人文的反光镜，是民俗传统的留声机，不仅能够发现通名、专名的选择倾向，而且能够溯源车站名称的命名理据，同时能够反映民众的社会文化心理。2023 年 11 月 22 日，根据《地名管理条例》《陕西省实施〈地名管理条例〉办法》《西安市地名管理实施细则》，西安市民政局牵头拟定了《西安市轨道交通车站命名规则》，并面向社会公众公开征询意见。《规则》中明确指出了车站命名的原则，即"名地相符、指示明晰、用字规范、词语简洁"，重要条款如：

第五条

地铁车站一般按照以下顺序派生命名，可后缀方位词突出车站指位：（一）车站所在区片或村落、镇（街道）名称；（二）车站周边公共设施、标志性建筑名称；（三）道路街巷名称；（四）以上名称因歧义、误导、指位性差，或无以上名称可选择时，可择定其他名称。

第八条

车站命名应当遵守下列禁止性规定：（一）不得使用楼盘（小区）、企业字号、商标名称以及商业性建筑、设施和机构名称；（二）不得使用双站名；（三）不得使用标点符号；（四）不得与本市或与本市互联互通的外地地铁线网的地铁车站重名，避免同音、近音、歧义；（五）不得违反国家、省、市地名管理法规的其它禁止性规定。

该《规则》中详细说明了地铁站点命名的依据与禁忌，这些规则与规范不仅是针对轨道交通，对地面交通也有重要的参考价值。在我们的调研中，仍存在部分以楼盘、小区名称命名的站点名称，这一点在公交车站名称中表现得尤为突出，如"文苑路小区""金堆城校区""太阳新城"等，这些都应成为被规范的对象。此外，第八条中的"不得使用双站名"也应加以重视，"一站多名""一名多站"指向模糊、难以正确定位，正是给乘客出行带来不便的主要原因。2014 年"荣耀西安"曾发布新闻记者闫文清的报道《西安一公交站有四个名字 站名不统一影响乘客乘车》，网友指出丈八八路和西部大道十字向东十米的地方有一公交站点，共有两个牌杆，其中一个站牌上有 3 条公交路线，分别是 4-13 路、902 路、4-18 路，然而它们却有不同的命名，依次为"比亚迪南区""法士特""丈八八路"。离该站牌五六米处的另一个站牌上，只有高新 2 号线，但本站名称却为"西部大道南段"。一个站点，四个名称，广大网友直呼太混乱了！2015 年"新浪陕西"曾发表本地新闻《西安公交有 50 多个钟楼站 "一名多站"乘客犯愁》[①]，钟楼作为市区最繁华的地段，是东、西、南、北四条大街的交会处，仅标为"钟楼"乘客难以判断站点的具体方位，于是"钟楼西、钟楼北"的站名类型才应运而生。

近年来，西安市轨道交通集团在为地铁站点命名的过程中，会注意征询

---

① 《西安公交有 50 多个钟楼站 "一名多站"乘客犯愁》，新浪陕西，2015 年 2 月 9 日。

民意，但仍会引发重大争议。最为突出的事件便是 2021 年陕西科技大学（简称：陕科大）与西安工业大学（简称：西安工大）两校因地铁站点命名发生矛盾，最终 14 号线相关站点定名为"西安工大·武德路站"，而非此前初步命名的"西安工业大学站"。[①] 可见，地铁、公交站名称看似微不足道，但其不仅是历史的传承、文明的赓续，在现代社会中更能为居民出行提供便利、维系良性人际关系，诸如此类问题，相关政府部门应该更加审慎！

（五）政府官网特色明，招商引资待加强

西安市人民政府网站设置了汉语、英语、韩语三个语种界面，其独有的"市情"板块以多模态的形式完整地呈现了西安的城市概况，能够展现出古城的历史印记、人文精神、古今风貌。曾静平、李欲晓（2010）认为网络文化的分级分类建设重点可以从政府网站、媒体网站、企业网站三个方面展开，政府网站是各级地方政府展示自我形象、顺达民情民意的互联网络信息平台，应该坚持"求同持异"的建设原则。"求同"是在宣传党和国家的路线、方针、政策方面保持一致，在弘扬传统文化、凸显地域文化、传播民族文化等主流文化时表现出一致性。"持异"则指省级或地方政府网站可以将区域特色展现得淋漓尽致，形成"百花齐放"的格局，此举有利于满足不同受众的文化需求，五湖四海的华人华侨也可以通过浏览地方政府网站寻找乡音、乡情、乡愁，将非物质文化遗产以及其他瑰宝传承延续。西安市政府网站虽然以"嘹咋咧额滴城"栏目展示了风景、民谣、旅游路线、食俗礼仪等地域元素，但与广州市人民政府网站相比尚存在差距，仍需详细划分类目，并且调动更多可以利用的人文要素，如诗歌、戏曲、服饰、建筑、美食、民俗等，力求营造一个富有独特人文情怀的国际化旅游大都市形象。

在官网中"优化营商环境"类标牌的置放及内容，也应该重新调整，以体现西安市政府对招商引资工作的重视程度。目前，"优化营商环境"的导航标题牌位于政府网站首页中段，仅使用了单一语码汉语，板块内容包括工作动

---

① 《引发西安两高校站名之争的地铁站名定了：西安工大·武德路站》，华商网，2021 年 5 月 24 日。

态、每日聚焦、惠企政策、改革措施、区县开发区营商环境专区等。从置放位置看，未将此类标牌置顶，无法体现招商引资对城市经济发展的重大作用；从语码选择看，未能满足意向投资者的语言需求，无法有力传达政府对投资者的欢迎态度；从板块设置看，尚缺乏成功案例的展播、展演，未能给投资行为提供更强劲的助推力量。我们认为，招商引资是推动区域经济高质量发展的重要手段，政府网站作为官方态度的代言人，应高度重视，将其置于国民经济发展的重要位置。

二、西安城市语言景观的展望

基于上述城市语言景观中的状况及问题，我们认为西安在建设国家中心城市、丝绸之路经济带核心区、世界著名旅游城市的过程中，应该朝着国际化、多元化、标准化、制度化的方向继续努力。

（一）提升城市语言景观监测意识

对语言景观的观察与监测目前只是流于学术文本，被局限在狭窄的范围之内，近年虽有大量的期刊文献、硕博论文涌现，证明了语言知识服务于现实生活的理念正在逐步加强，然而主动观测的群体范围并未扩大，依然束缚在有限的圈层之内。2018年上海市语言文字"啄木鸟"志愿者服务队成立，旨在服务于各个区公共场所的语言文字监测工作，志愿者们接受了专门的语言文字规范知识以及公共场所英文译写规范培训，他们试图寻找并清理公共标识中的外文误用实例，学以致用、服务社会、关注民生，该举措使普通市民也相应地增强了语言文字法律法规意识。西安的语言文字工作机构也有责任带领普通民众开展与此类似的常态化、固定化、专业化、大众化的调研与监测活动，将晦涩难懂的语言知识以鲜活生动的形式传递给群众，不仅可以提高人们使用语言文字的敏感性、自觉性、准确性，也使每一位社会成员都肩负起建设家园的责任。2023年3月26日《西安日报》发表《@西安人，快来给英文标识"找茬"吧！》的文章，宣传了一场由西安市委宣传部、市委外办、市教育局主办的"西安公共场所英文标识全民纠错活动"，该项目以"爱西安·迎世界"为主题，以"Better Signs, Easier Life"（美好标识，惬意生活）为宣传口号，为优化国际语言环境建设、提升精细化管理与服务水平、助力国际化大都市建设、改良涉外服务环境、提升城市国际形象奠定了更加深厚的基础。显然，当下的关注焦点仅局限于英文翻译领域，日后很有必要对汉字的书写形式与规范化也加强宣传与监督，为下一代搭建起良好的语言文字使用环境。

（二）依托于语言政策及语言规划

语言文字的发展滞后于社会发展，因此滥用繁体字、乱造简体字、企业名洋化、乱用谐音梗、滥用外文等现象都是应该加强治理的领域。陈章太（2010）提出语言政策、语言立法、语言规划三者的关系，即语言政策是行政行为，是语言立法和语言规划的基础与核心；语言立法是法律行为，是语言政策和语言规划的升华与保障；语言规划在当今中国又称为语言文字工作，它既是行政行为，又是社会行为和学术行为，是语言政策的延伸与体现，也是语言法规的具体执行标准。

魏丹（2005）指出："语言文字工作也同其他各行各业一样，也应该把语言文字工作纳入法制轨道。"当前，我国从中央到地方已经形成了三个层级的语言文字法律法规系统，即第一层法律（《中华人民共和国国家通用语言文字法》），第二层行政法规（主要有国务院行政法规、地方性法规），第三层规章（主要有国务院部门规章、地方政府规章）。例如，自 2000 年 10 月 31 日《中华人民共和国国家通用语言文字法》颁布以来，《陕西省实施〈中华人民共和国国家通用语言文字法〉办法》（2007 年 10 月 1 日起施行）、《西安市国家通用语言文字管理规定》（2005 年 6 月 1 日起施行）等地方性的法规、规定陆续出台，形成上、中、下三层管理体系，对不同层面的管理问题、执法问题进行富有针对性的解释说明。

李宇明（2015：104）阐述了"语言规划"的内涵与外延。语言规划是某种语言政策的体现，指政府或学术权威部门为特定目的对社会语言生活和语言本身所进行的干预、调整和管理，"经典的语言规划"主要解决四个方面的问题：一是语言地位规划，即确定语言及其变体的社会地位及使用场合；二是语言本体规划，即对官方语言持续进行规范化、丰富化的工作；三是语言习得规划，即通过教育实现的地位与本体规划；四是语言声望规划，即树立某种语言的声望，使人们愿意学习它、应用它，并从中得到多层面的利益。现行的语言文字规划文件，即由教育部、国家语委于 2012 年 12 月 4 日公布的《国家中长期语言文字事业改革和发展规划纲要（2012—2020 年）》中提出："推进语言文字规范化、标准化、信息化建设，加强语言文字社会应用监督检查和服务。"因此，打造社会生活语言实践的监督平台，长期跟踪新的语言现象，纠正使用中存在的混用、滥用、生造等问题，便能够引导语言生活朝着健康的方向发展。

（三）调研双语标牌英文翻译质量

国际化、全球化的发展趋势要求语言表达与使用呈现双语化的发展倾向，汉语双语标牌中英文的翻译质量及水平成为学界普遍且长久关注的问题。根据我们对西安轨道交通空间语言标牌的调查，英语翻译的格式与内容均存在显著问题，如：（1）地名转写不统一。具体为专名通名分写连写不统一、英文格式不统一、大写小写不统一、标点符号不统一。（2）地名转写不准确。表现为拼写错误、分写不当、标点不当、大小写不当。这些错误或缺失的表达在交际过程中丢失了语言的基本信息，极其容易引起读者的理解偏差。若将此类语言标牌展示给外国游客，不仅会造成信息误读，而且会严重损害西安的国际形象。因此，翻译此类信息指示牌关键在于正确传达信息内容，应尊重中文文本的具体意义，完整再现其内容并确保实现语言的交际功能，这样才能够使标牌完成其指示性、提示性、限制性、强制性的功能和使命。

在旅游景区对信息公示牌内容的翻译，其理论视角广泛，如跨文化交际理论、语用学理论、生态翻译理论，应该选择合适的理论进行翻译，不仅注重语言层面的转换，更应涉及历史、文化背景的介绍。采用直译的方式，需要注意不同词类的使用频率，选取词汇的难度高低、句式的长短等语言问题。在对专有名词进行翻译时则可以借鉴《公共场所公示语英文译写规范第 2 部分：旅游》①，如"大唐西市"为"Tang West Market"，其中的"大"无须译出，"城隍庙"为"City God Temple"，"空海纪念碑"为"Kukai Monument"。而在对传

---

① 该规范由陕西省质量技术监督局于 2011 年 11 月 24 日下发并实施。

说故事、历史典故、神话寓言的翻译中应尽量满足外国游客的好奇心，多多添加注解，而不能故意回避或漏译。

（四）提供好语言治理及语言服务

语言治理是由政府部门集中部署，通过多途径实施，在实践过程中需要考虑各种话语和语言使用的治理模式（Pennycook，2002），一般由专家使用专业知识（语言法规、语言规范）引导群体或个体的语言行为，构建水平化的协商治理模式（Walsh，2012）。李宇明（2020）认为"语言治理的核心对象是语言生活中的语言应用部分"；王春辉（2020）指出："不同主体能够依法对语言事务、语言组织、语言生活进行引导和规范，最终实现公共事务有效处理、利益最大化"；王玲、陈新仁（2020）提出，宏观语言规划要求规范化、统一性、静态化，语言治理则面向千差万别的语言生活，因此具有特殊性、差异性、动态化的特征。西安的语言景观治理目前尚未启动规模化，城市治理部门、社会基层部门可以集结为团体有序开展实地调查，搜集事实依据，建立分层次、分类别、分区域的语言素材数据库，从前期保障治理的宽度、效果、质量。

语言服务是利用语言、语言产品、语言技术等手段，为满足社会语言需求而提供的各种服务。屈哨兵（2007）定义了语言服务的属性、类型、内容，并说明其包括语言翻译产业、语言教育产业、语言学问性产品开发、特定领域中语言服务4个方面。李现乐（2010）认为，语言服务的微观层面指一方向另一方提供的以语言为内容或主要工具手段的有偿、无偿活动；宏观层面指国家或政府部门为保证区域内成员合理、有效使用语言，而做出的对语言资源的有效配置及规划、规范。当前，西安的语言服务行业刚刚起步，涉及跨境电商运营平台、地铁公益广告、地面公共交通、自由贸易试验区企业、中心城区多语种服务、社区医疗、乡村振兴战略、政务大厅公务人员、旅游景区、人才培养等方面，以语言景观调查为基础的语言服务能够提升景区语言使用的规范化水平，提高西安旅游景点的吸引力、竞争力、影响力。

（五）语言景观与城市形象的互动

城市语言景观是公共空间可见语言、文字分布与呈现，是语言景观自身信息功能、象征功能的价值表现，以此为切入口探求语言与社会、政策与规划、意识观念、权势关系、身份认同等状况，对塑造具有独特魅力的旅游城市形象起到了积极的作用。2009 年国家发展改革委发布《关于关中－天水经济区发展规划的通知》，提出"加快推进西（安）咸（阳）一体化建设，着力打造西安国际化大都市"，将西安建设成国家重要的科技研发中心、区域性商贸物流会展中心、区域性金融中心、国际一流旅游目的地以及全国重要的高新技术产业和先进制造业基地。2018 年国家发展改革委、住房城乡建设部印发《关于关中平原城市群发展规划的通知》，要求到 2035 年西安国家中心城市和功能完备的城镇体系全部建成，综合实力、发展活力明显增强，国际竞争力显著提升，在区域发展格局与国家治理体系中地位更为凸显，并将西安定位为"西部地区重要的经济中心、对外交往中心、丝路科创中心、丝路文化高地、内陆开放高地、国家综合交通枢纽"（三中心两高地一枢纽）。2021 年西安市人民政府办公厅印发《西安市创建国家文化和旅游消费试点城市实施方案》，要求振兴"西安国际美食之都"新名片，举办陕菜国际美食节，开展网红菜、绿色餐饮、星际名店评选活动，扩大西安国际美食之都影响力。从上述文件的策划判断，西安正着力构建多元、包容、开放、友好的城市形象，具有科技、金融、商贸、旅游、美食、外交多重功能，在语言景观建设中应该紧扣地域特色与时代风尚两个关键词，通过全球化路径让世界领略西安的历史人文风采，吸引更多的外来投资与建设资源，同时也可以利用区域化使引入本地的多元文化逐步落地生根，为其增添地方活力。

参考文献

柴雨蕾、贾爱武:《语言景观学视域下杭州旅游官网分析与建设》,《南宁职业技术学院学报》2018年第4期。

陈敏:《网站的虚拟语言景观研究》,《汉字文化》2022年第18期。

陈汝东:《修辞学教程》(第二版),北京大学出版社2014年版。

陈睿:《城市语言景观和谐六维透视》,《江淮论坛》2016年第5期。

陈寅恪:《李唐氏族之推测后记》,台北"中央研究院"历史语言研究所集刊,1933年第4期。

陈章太:《新中国的语言政策、语言立法与语言规划》,《国际汉语教育》2010年第3辑。

程华明、何伟青:《广州地铁标示语英译研究》,《广州广播电视大学学报》2012年第1期。

程华明:《论上海地铁站名英译:问题与策略》,《江苏外语教学研究》2016年第2期。

代丽丽、邹小青:《语言景观学视域下的高校官网分析与建设》,《黑龙江教育(理论与实践)》2021年第7期。

单英姿:《语言景观中的地方文化及其对外汉语教学设计》,上海师范大学硕士学位论文,2021年。

杜平主编:《中国政府网站互联网影响力评估报告(2013)》,社会科学文献出版社,2013年。

冯俊英:《基于语言景观视角的南京海洋文化研究》,《黑龙江生态工程职业学院学报》2019年第4期。

冯全功、顾涛:《旅游景区的翻译景观研究——以杭州西湖风景名胜区为例》,《当代外语研究》2019年第6期。

高宇:《长安处处有故事:西安地理》,陕西人民教育出版社2019年版。

葛慧编著:《西安地名》,旅游文化书社2015年版。

葛慧:《三秦史话:西安地名趣谈》,三秦出版社 2005 年版。

葛慧:《西安地名文化》,陕西人民美术出版社 2012 年版。

宫晨晨等:《北京地铁站名的翻译研究——以 10 号线为例》,《海外英语》2015 年第
　　17 期。

龚先美:《桂林市公交站名的语言文化研究》,《齐齐哈尔师范高等专科学校学报》2016
　　年第 1 期。

顾荣:《西安已成韩中经济合作主要地区　愿为两国人民交流互通竭尽所能》,《西安日
　　报》2022 年 3 月 28 日第 6 版。

管晟男:《东北三省城市轨道交通语言景观研究》,黑龙江大学硕士学位论文,2023 年。

郭雪芳:《中国(辽宁)自由贸易试验区大连片区虚拟语言景观研究》,《文化创新比较
　　研究》2020 年第 5 期。

汉语大词典编纂处:《汉语大词典》,上海辞书出版社 2011 年版。

汉语大字典编辑委员会:《汉语大字典》,崇文书局、四川辞书出版社 2010 年版。

杭虹霞:《语言景观在商务汉语教学中的运用探究》,上海师范大学硕士学位论文,
　　2020 年。

何山华、朱凯:《地方政府门户网站外语选用策略:权力关系视角》,《中国语言战略》
　　2021 年第 2 期。

何威:《我国政府网站的文化研究》,《今传媒》2017 年第 4 期。

何伟伟:《西宁市公交站名的社会语言学分析》,《中国地名》2020 年第 8 期。

和静、郭晏然:《北京地铁站名英译初探》,《大学英语(学术版)》2015 年第 2 期。

贺治红:《试论公共标识"去英语化"现象——以北京地铁站名的历时演变规律为例》,
　　《文化创新比较研究》2023 年第 4 期。

胡琦霖等:《海南省对外开放先行区语言景观建设状况——以博鳌乐城医疗旅游先行区
　　为例》,《文化产业》2022 年第 11 期。

黄依玲、邓劲雷:《泉州公交站名语言景观的社会文化探究》,《海外英语》2022 年第
　　2 期。

[明]蒋一葵:《长安客话》,北京古籍出版社 1980 年版。

蒋寅:《中外语言博物馆网站的多模态对比分析》,上海外国语大学硕士学位论文,
　　2023 年。

金怡:《地铁语言景观的场所符号学分析——以合肥地铁为例》,《牡丹江大学学报》
　　2018 年第 3 期。

金怡:《地域文化景观构建与创新——以合肥地铁语言景观为例》,《沈阳大学学报（社
　　会科学版）》2020 年第 2 期。

景尔强:《关中方言词语汇释》,陕西人民出版社 2000 年版。

隽娅玮:《西安回坊风情街语言景观考察》,《汉字文化》2018 年第 18 期。

孔悠静:《汉语国际教育背景下合肥市语言景观研究》,安徽大学硕士学位论文,
　　2018 年。

乐明叶:《沈阳景区官方网站语言景观研究》,沈阳师范大学硕士学位论文,2023 年。

李琛:《西安历史文化街区多模态语言景观研究——基于文化资本理论视角》,《文化学
　　刊》2022 年第 10 期。

李昊、徐诗伟、贾杨编著:《生活维度中的西安明城街道》,中国城市出版社 2020 年版。

李琴美:《地铁站名的罗马化转写规范探析——以深圳、广州、北京、上海为例》,《语
　　言文字应用》2016 年第 2 期。

李荣主编:《现代汉语方言大词典》,江苏教育出版社 2002 年版。

李如龙:《汉语方言学》（第二版）,高等教育出版社 2007 年版。

李稳敏、陈友艳:《语言景观受众接受度调查分析——以西安市大雁塔景区英文公示语
　　及 609 路公交英文站牌为例》,《洛阳师范学院学报》2020 年第 10 期。

李现乐、刘逸凡、张沥文:《乡村振兴背景下的语言生态建设与语言服务研究——基于
　　苏中三市的乡村语言调查》,《语言文字应用》2020 年第 1 期。

李现乐:《语言资源和语言问题视角下的语言服务研究》,《云南师范大学学报（哲学社
　　会科学版）》2010 年第 5 期。

李小静:《地方特色与文化平台:市级政府门户网站文化栏目建设思考——以山东省为
　　例》,《办公自动化》2017 年第 15 期。

李艳编著:《名不虚传——北京老字号的语言与文化》,商务印书馆 2017 年版。

李宇明:《语言产业研究的若干问题》,《江苏师范大学学报（哲学社会科学版）》2019
　　年第 2 期。

李宇明:《语言治理正当时》,《光明日报》2020 年 4 月 25 日。

李宇明:《中国语言规划三论》,商务印书馆 2015 年版。

李战子:《多模式话语的社会符号学分析》,《外语研究》2003 年第 5 期。

利格吉:《"一带一路"倡议下西藏边境口岸语言景观调查——以普兰口岸为例》,《西藏大学学报(社会科学版)》2021 年第 3 期。

林叶:《城市人类学再思:列斐伏尔空间理论的三元关系、空间视角与当下都市实践》,《江苏社会科学》2018 年第 3 期。

林芸、吴静:《江西省轨道交通站名英译规范化研究》,《老区建设》2016 年第 12 期。

刘殿旭:《大连公交车站名称的语言文化分析》,辽宁师范大学硕士学位论文,2023 年。

刘慧:《印尼华族集聚区语言景观与族群认同——以峇淡、坤甸、北干巴鲁三地为例》,《语言战略研究》2016 年第 1 期。

刘岚、朱桂兰:《成都市地铁站名英译探析》,《海外英语》2017 年第 23 期。

刘丽芬、张莉:《语言景观符号学阐释》,《中国社会科学报》2022 年 2 月 8 日。

刘渭锋:《问题与原则——西安地铁站名的翻译策略选择》,《英语广场》2016 年第 10 期。

刘向政:《神话、传说与地名文化》,《船山学刊》2006 年第 2 期。

卢德平、艾宇琦:《语言符号是城市活力的象征》,《中国社会科学报》2021 年 5 月 18 日。

卢德平、陈纪宁:《"后现代"城市空间语言——语言景观透视》,《上海师范大学学报(哲学社会科学版)》2023 年第 6 期。

卢德平、姚晓霞:《中国城市政治语言景观的符号学构成》,《文化软实力研究》2021 年第 1 期。

卢德平:《语言景观研究中民族志方法的价值》,《语言政策与规划研究》2023 年第 2 期。

陆赉编著:《字体设计》,上海人民美术出版社 2019 年版。

罗瑜:《从翻译景观的象征功能角度研究地铁站名英译——广州、佛山两地地铁站名英译辨析》,《柳州职业技术学院学报》2023 年第 1 期。

吕叔湘:《现代汉语单双音节问题初探》,《中国语文》1963 年第 1 期。

毛力群、朱赞昕:《优化政府网站语言景观可提升城市形象——以义乌市政府网站为例》,《中国社会科学报》2018 年 12 月 4 日。

毛楠:《西安市公交站名的社会语言学分析》,《科教文汇》2020 年第 12 期。

苗星:《来华留学生跨文化适应视域下的青岛市语言景观研究》,青岛大学硕士学位论文，2020 年。

闵杰、侯建波：《地方政府网站语言建设的现状分析及建议——一项基于内蒙古自治区
　　地方政府网站语言景观建设的实证研究》，《当代外语教育》2021 年第 1 期。

倪文婕、王茹：《功能翻译理论指导下南昌市地铁站名翻译研究——以 1 号线为例》，
　　《高教学刊》2017 年第 1 期。

聂平俊：《城市再开发对语言景观的影响研究——以华盛顿的中国城为例》，《中国校外
　　教育》2019 年第 18 期。

聂平俊：《国际化社区语言景观研究》，河海大学出版社 2020 年版。

庞欢：《语言景观视觉导识设计与西安"硬科技"城市形象提升——以回坊语言景观为
　　例》，《吉林广播电视大学学报》2020 年第 2 期。

彭国跃：《上海南京路上语言景观的百年变迁——历史社会语言学个案研究》，《中国社
　　会语言学》2015 年第 1 期。

秦瞳：《语言景观在对外汉语教学中的辅助作用探究》，上海师范大学硕士学位论文，
　　2019 年。

屈哨兵：《语言服务研究论纲》，《江汉大学学报（人文科学版）》2007 年第 6 期。

任遥遥：《虚拟空间语言景观研究——以义乌市门户网站为例》，浙江师范大学硕士学位
　　论文，2019 年。

尚国文、赵守辉：《语言景观研究的视角、理论与方法》，《外语教学与研究》2014 年第
　　2 期（a）。

尚国文、赵守辉：《语言景观的分析维度与理论构建》，《外国语（上海外国语大学学报）》
　　2014 年第 6 期（b）。

尚国文、周先武：《非典型语言景观的类型、特征及研究视角》，《语言战略研究》2020
　　年第 4 期。

尚国文：《宏观社会语言学视域下的旅游语言景观研究》，《浙江外国语学院学报》2018
　　年第 3 期。

尚国文：《语言景观的语言经济学分析——以新马泰为例》，《语言战略研究》2016 年第
　　4 期。

尚国文：《语言景观研究的理论与实践》，商务印书馆 2023 年版。

尚国文：《语言景观与语言教学：从资源到工具》，《语言战略研究》2017 年第 2 期。

沈冬娜、李学慧:《公共虚拟空间的语言景观分析与建设研究——以大连市高校门户网站为例》,《太原城市职业技术学院学报》2022 年第 6 期。

石乐:《北京地铁站名英译探析》,《考试与评价(大学英语教研版)》2014 年第 6 期。

史有为主编:《新华外来词词典》,商务印书馆 2019 年版。

宋佳芹编著:《中国神话与民间传说》,北方妇女儿童出版社 2014 年版。

宋军丽:《新闻网站虚拟语言景观调查研究》,沈阳师范大学硕士学位论文,2023 年。

孙慧莉等:《突发事件中"新华网"和〈中国日报〉虚拟语言景观比较研究》,《汉字文化》2021 年第 7 期。

汤可敬译注:《说文解字》,中华书局 2018 年版。

田飞洋、张维佳:《全球化社会语言学:语言景观研究的新理论——以北京市学院路双语公示语为例》,《语言文字应用》2014 年第 2 期。

汪洋:《西安城市语言景观研究》,北方民族大学硕士学位论文,2022 年。

王安忆:《长恨歌》,黄山书社 2011 年版。

王彩丽:《对警示类告示语的认知语用分析》,《江苏工业学院学报》2005 年第 1 期。

王春辉:《论语言与国家治理》,《云南师范大学学报(哲学社会科学版)》2020 年第 3 期。

王春梅:《高校网站的虚拟语言景观研究》,鲁东大学硕士学位论文,2020 年。

王玲、陈新仁:《语言治理观及其实践范式》,《陕西师范大学学报(哲学社会科学版)》2020 年第 5 期。

王默:《关于建立旅游景区标识系统的探究》,东北师范大学硕士学位论文,2007 年。

王南杰、尤红编著:《文字设计与创意》,合肥工业大学出版社 2009 年版。

王萍:《论空间维度下语言景观的历史变迁》,《求索》2013 年第 6 期。

王伟:《西咸新区新农村语景观建设探析与应对策略》,《农家参谋》2020 年第 21 期。

王希杰:《汉语修辞学》(第三版),商务印书馆 2014 年版。

王秀华:《上海市公交、地铁站名英译与其它》,《上海翻译》2006 年第 3 期。

王秀梅译注:《诗经》,中华书局 2015 年版。

王毅力等:《粤港澳大湾区高校门户网站语言景观调查》,见屈哨兵主编:《语言生活皮书——粤港澳大湾区语言生活状况报告(2021)》,商务印书馆,2021 年。

魏丹:《语言立法与语言政策》,《语言文字应用》2005 年第 4 期。

吴雪红：《北京和广州地铁站名英译的比较与分析》，《柳州职业技术学院学报》2015年第3期。

《西安地名故事》编委会编：《西安地名故事》，西安出版社2015年版。

西安市人民政府参事室编：《民国西安史料集萃》，2017年。

夏乐：《基于场所符号学理论的城市轨道交通语言景观研究——以合肥市为例》，《哈尔滨学院学报》2020年第7期。

夏梦格：《虚拟空间语言景观——以中美大学英文网站导航页面为例》，吉林大学硕士学位论文，2022年。

熊玲玲、吴月：《浅析南京地铁站名的英译》，《兰州教育学院学报》2015年第1期。

熊纳：《语言景观视角下地铁站名标志研究》，南京大学硕士学位论文，2019年。

熊欣、叶龙彪：《地铁站名英译的话语分析——以广西南宁地铁站名为例》，《钦州学院学报》2017年第8期。

徐桂丽：《沈阳城市交通领域双语语言景观的现状与对策研究》，《辽宁省交通高等专科学校学报》2023年第2期。

徐江、丁晓庆：《铸牢中华民族共同体意识视域下高校虚拟语言景观构建研究——以新疆高校为例》，《黑龙江教育（高教研究与评估）》2023年第10期。

徐茗：《北京市语言景观调查研究》，上海三联书店2020年版。

许扬：《老北京商家重视牌匾》，《中外企业文化》2012年第9期。

闫文清：《西安一公交站有四个名字　站名不统一影响乘客乘车》，《华商报》2014年5月31日。

扬·布鲁马特、高一虹、沙克·科霍恩：《探索全球化的社会语言学：中国情境的"移动性"》，《语言教学与研究》2011年第6期。

杨春宇、刘斯佳：《公共交通中的语言景观分析——以大连地铁为例》，《成都师范学院学报》2020年第2期。

杨欢：《西安商贸中心牌匾语言景观及传播效果研究》，陕西师范大学硕士学位论文，2020年。

杨金龙、朱彦蓉：《面向"人类命运共同体"的海外华人社区语言景观翻译探析——以波士顿"中国城"为例》，《外文研究》2019年第2期。

杨璐：《语言经济学视角下西安多语旅游景观研究》，上海财经大学硕士学位论文，

2021 年。

杨楠、孙金华:《对话性视角下的虚拟空间语言景观研究——以中国日报网站栏目设计为例》,《海外英语》2022 年第 11 期。

杨荣华、孙鑫:《互动顺序视域下城市历史文化街区语言景观研究:以南京为例》,《外语电化教学》2018 年第 6 期。

杨书俊:《现代汉语三音节词语研究》,世界图书出版公司 2015 年版。

杨旭:《五味什字不是"十字"而是"路"》,《西安日报》2019 年 4 月 17 日。

姚银燕:《营销城市:城市形象宣传片的多模态话语分析》,《宜春学院学报》2019 年第 1 期。

叶军:《现代汉语节奏研究》,上海书店出版社 2008 年版。

于根元主编:《广告语言教程》,陕西人民教育出版社 1998 年版。

于施洋、张勇进、杨道玲:《中国政府网站互联网影响力评估报告》,《电子政务》2013 年第 11 期。

俞玮奇、王婷婷、孙亚楠:《国际化大都市外侨聚居区的多语景观实态——以北京望京和上海古北为例》,《语言文字应用》2016 年第 1 期。

袁晓红:《论公示语汉英翻译原则》,《大众文艺(理论)》2009 年第 14 期。

曾静平、李欲晓:《论中国网络文化分级分类研究》,《现代传播(中国传媒大学学报)》2010 年第 3 期。

曾雨存:《上海市红色旅游景点语言景观三维空间研究》,上海外国语大学硕士学位论文,2023 年。

翟雅嫔:《汉语警示类告示语语用研究》,陕西师范大学硕士学位论文,2012 年。

张琛睿等:《西安市新建公园语言景观调查分析》,《新西部》2022 年第 10 期。

张瀚文:《语言景观对国际学生汉语学习的影响研究》,辽宁师范大学硕士学位论文,2018 年。

张家太:《汉语新词语琐议》,《沈阳师范学院学报》1988 年第 2 期。

张婧:《虚拟空间语言景观分析——以南昌门户网站为例》,《国际公关》2023 年第 8 期。

张乃清:《七宝史话》,《上海闵行地方文史丛书》(第二辑),中西书局 2023 年版。

张佩:《北京与华盛顿旅游网站虚拟语言景观比较研究》,吉林大学硕士学位论文,2023 年。

张婷婷:《以商丘古城为例的历史遗址类景区标识系统规划设计研究》,河南工业大学硕士学位论文,2022 年。

张维慎、王锋:《从"哐"和"啖"看古人饮食的豪爽性》,《陕西师范大学继续教育学报》2006 年第 2 期。

张卫国:《作为人力资本、公共产品和制度的语言:语言经济学的一个基本分析框架》,《经济研究》2008 年第 2 期。

张卫国等:《"语言与乡村振兴"多人谈》,《语言战略研究》2022 年第 1 期。

张杏玲、王文强:《语言景观视角下国内轨道交通站名翻译研究——以昆明地铁为例》,《汉字文化》2019 年第 18 期。

张艳翠:《语言景观的文化功能及对汉语文化传播的启示》,《文学教育(上)》2019 年第 8 期。

张媛媛、张斌华:《语言景观中的澳门多语状况》,《语言文字应用》2016 年第 1 期。

张智杰、李思齐:《西安市私人语言景观考察——以回民街和永兴坊为例》,《池州学院学报》2018 年第 5 期。

赵琼:《西安地区多语言景观建设现状研究》,《河南建材》2020 年第 2 期。

郑雨馨:《语言景观作为对外汉语教学资源的实证研究》,西南交通大学硕士学位论文,2020 年。

中国社会科学院语言研究所词典编辑室编:《现代汉语词典》(第 6 版),商务印书馆2012 年版。

周国春:《城市轨道交通公示语中地名翻译的规范化探讨》,《城市轨道交通研究》2006 年第 12 期。

周珏、胡凡主编:《文字设计》,华中科技大学出版社 2018 年版。

周倩:《沈阳公交车站名称的社会语言学研究》,沈阳师范大学硕士学位论文,2012 年。

周晓春:《教育场域虚拟语言景观风貌多维阐析——以国内民族类高校官网为例》,《西南交通大学学报(社会科学版)》2022 年第 6 期。

周玉娟:《南宁市公交车站名称研究》,广西民族大学硕士学位论文,2015 年。

朱琪:《喀什市公交站名的命名及翻译研究》,喀什大学硕士学位论文,2016 年。

朱永生:《多模态话语分析的理论基础与研究方法》,《外语学刊》2007 年第 5 期。

邹慧琦:《数字化背景下博物馆虚拟语言景观研究——以故宫博物院网站为例》,《大众文艺》2023 年第 14 期。

邹霞:《江西高校官网虚拟语言景观研究》, 江西科技师范大学硕士学位论文, 2023 年。

Backhaus, P. *Linguistic Landscapes: A Comparative Study of Urban Multilingualism in Tokyo.* Bristol: Multilingual Matters, 2007.

Ben-Rafael, E., Shohamy, E., Amara, M. &Trumper-Hecht, N. "Linguistic Landscape as Symbolic Construction of the Public Space: The Case of Israel." *International Journal of Multilingualism*, vol.3, No.1, 2006.

Ben-Rafael, E. "A Sociological Approach to the Study of Linguistic Landscape." In Shoham, E. & Gorter, D. (eds.), *Linguistic Landscape: Expanding the Scenery*. New York: Routledge, 2009.

Cenoz, J. & Gorter, D. " linguistic landscape and minority languages." *International Journal of Multilingualism*, vol. 3, No. 1, 2006.

Cenoz, J. & Gorter, D. "The Linguistic Landscape as an Additional Source of Input in Second Language Acquisition." *International Review of Applied Linguistics*, vol.46, No.3, 2008.

Chiswick, B. R. &Miller, P. W. *The Economics of Language*. London:Routledge, 2007.

Giddens, A. *Modernility and Self-Identity: Self and Society in the Late Modern Age*, Cambridge: U. K. Polity Press, 1991.

Gorter, D. & Cenoz, J. "Knowledge about Language and Linguistic Landscape." In Cenoz, J. & Hornberger, N. H. (eds.), *Encyclopedia of Language &Education Edition*, 2nd ed., vol.6: *Knowledge about Language*. New York: Springer. 2008.

Gorter, D. *Linguistic Landscape: A New Approach to Multilingualism*. Clevedon: Multilingual Matters, 2006.

Griffin, J. L. "The presence of written English on the street of Rome." *English Today*, vol. 20, No. 2, 2004.

Grin, F. "Language Planning and Economies." *Current Issues in Language Planning*, vol.4, No.1, 2003.

Grin, F. "English as economic value:Facts and fallacies." *World English*,vol. 20, No. 1, 2001.

Hall-Lew, L. A. & Lew, A. A. "Speaking Heritage: Language, Identity, and Tourism." In Lew,

A. A., Hall, C. M. & Willianms, A. M. (eds.), *The Wiley Blackwell Companion to Tourism.* NJ: John wiley & Sons, 2014.

Heller, M. "The Commodification of Language." *Annual Review of Anthropology*, 2010.

Heller, M., Jaworski, A. & Thurlow, C. "Introduction: Sociolinguistics and Tourism — Mobilities, Markets, Multilinguailism." *Journal of Sociolinguistics*, vol.18, No.4, 2014.

Huebner, T. "Bangkok's Linguistic Landscapes: Environmental Print, Code-mixing and Language Change." *International Journal of Multilingualism*, vol.3, No.1, 2006.

Huebner, T. "A Framework for the Linguistic Landscape Analysis of Linguistic Landscape." In Shohamy, E. & Gorter, D. (eds.), *Linguistic Landscape: Expanding the Scenery*. London: Routledge, 2009.

Hymes, D. "Models of the Interaction of Language and Social Life." In Gumoerz, J. & Hymes, D. (eds.), *Directions in Sociolinguistics: The Ethnography of Communication*. New York: Holt, Rinehart and Winston, 1972.

Itagi, N. H. & Singh, S.K.(eds.), *Linguistic Landscaping in India with Particular Reference to the New States: Proceedings of a Seminar.*Mysore: Central Institute of Indian Languages and Mahatma Gandhi International Hindi University, 2002.

Jan Blommaert, "Cmmentary: A Sociolinguistics of Globalization." *Journal of Sociolinguistics*, Vol.7, No.4, 2003.

Jaworski, A.& Thurlow, C. *Semiotic Landscape: Language, Image, Space*. London: Continuum, 2010.

Landry, R. & Bourhis, R. Y. "Linguistic Landscape and Ethnolinguistic Vitality: An Empirical Study." *Journal of Language and Social Psychology*, vol.16, No.1, 1997.

Lefebvre, H. *The Production of Space*. Oxford: Blackwell, 1991.

Marschak, J. "The Economics of Language." *Behavioral Science*, vol.10, No.2, 1965.

Nikolas, Coupland. "Introduction: Sociolinguistics and Globalization." *Journal of Sociolinguistics*, Vol.7, No.4, 2003.

Painter, C., Martin, J. R. & Unsworth, L. *Reading Visual Narratives: Image Analysis of Children's Picture Books*. London: Equinox, 2013.

Pennycook, A. D. *Language Policy and Docile Bodies: Hong Kong and Governmentality,*

Lawrence Erlbaum Associates, 2002.

Reh, M. "Multilingual Writing: A Reader-Oriented Typology—With Examples from Lira Municipality (Uganda). " *International Journal of Sociology of Language*, 2004.

Rosenbaum, Y., Nadel, E., Cooper, R. L. & Fishman, J. "English on Keren Kayemet Street." In Fishman, J. A., Cooper, R. L. & Conrad, A.W. (eds.), *The Spread of English*. Rowley, MA: Newbury House, 1997.

Scollon, R. & Scollon, S. W. *Discourses in Place: Language in the Material Would*. London: Routledge, 2003.

Scollon, R. & Scollon-Wong, S. W. *Discourses in Material World*. London, UK: Routledge, 2003.

Shohamy, E. & Waksman, S. "Linguistic Landscape as an Ecological Arena. " In Shohamy, E. & Gorter, D. (eds.), *Linguistic Landscape: Expanding the Scenery*. New York and London: Routledge, 2009.

Spolsky, B. & Cooper, R. L. *The Language of Jerusalem*. Oxford: Clarendon Press, 1991.

Spolsky, B. "Prolegomena to a Sociolinguistic Theory of Public Sinage." In Shohamy, E. & Gorter, D. (eds.), *Linguistic Landscape: Expanding the Scenery*. London: Routledge, 2009.

Trumper-Hecht, N. "Linguistic Landscape in Mixed Cities in Israel from the Perspective of 'Walkers': The Case of Arabic." In Shohamy, E., Ben-Rafael, E. & Barni, M. (eds.), *Linguistic Landscape in the City*. Bristol: Multilingual Matters, 2010.

Urry, J. *Consuming Place*. New York: Routledge, 1995.

Walsh, J. "Language Policy and Language Governance: A Case-Study of Irish Language Legislation." *Language Policy*, vol.11, No.4, 2012.

附 录

附录1：西安本地居民对城市语言景观的认知与态度调查问卷

本问卷旨在了解您对生活环境中标牌上语言使用情况的感知与认同程度，请您为每题选择一个最符合您意见的答案。（"标牌"指城市公共空间使用文字、图案等传递信息的各类标识牌，如道路指示牌、街道名称牌、广告宣传牌、警示提示牌、店铺牌匾、横幅标语等。）

第一部分：个人信息

1. 性别：男／女
2. 年龄
   A. 18 岁及以下　　B. 19—25 岁　　C. 26—30 岁
   D. 31—40 岁　　E. 41—50 岁　　F. 51 岁及以上
3. 文化程度
   A. 高中及以下　　B. 高职或大专　　C. 大学本科　　D. 硕士　　E. 博士
4. 您在西安生活的时间
   A. 3 年以内　　B. 3—5 年　　C. 6—10 年　　D. 11 年以上
5. 职业：_____
6. 英语学习经历
   A. 3—5 年　　B. 6—10 年　　C. 11 年或以上　　D. 没有学过英语
7. 除英语之外，您是否掌握第二外语？
   A. 是　　B. 否
   您的第二外语是_____

第二部分：对城市语言景观的认知与态度

1. 您是否经常关注语言标牌？

 A. 很少关注

 B. 偶尔关注

 C. 常常关注

2. 您所关注的语言标牌包括下列哪些类型？（多选）

 A. 道路指示牌、街道名称牌

 B. 广告、宣传海报

 C. 提示牌、警示牌

 D. 涂鸦壁画、横幅标语

 E. 店铺招牌

3. 您是否留意过道路指示牌上使用的英文？

 A. 很少留意

 B. 偶尔留意

 C. 常常留意

4. 您认为用于指示方向的道路指示牌上是否应该出现英语？

 A. 应该，体现了城市的国际化程度

 B. 不应该，使用汉语能够满足出行需求

 C. 应该根据城市的对外开放程度而定

 D. 无所谓

5. 您认为道路指示牌的中文下方应该标注英文还是拼音，如"太白南路"应该标为"South Taibai Rd"还是"TaiBai NanLu"？

 A. 英文

 B. 拼音

 C. 无所谓

6. 您认为道路指示牌中的罗马化元素（英文、拼音、字母）起到什么作用？

 A. 为非汉语母语者行路提供方便

B. 彰显西安的国际化大都市形象

C. 达到城市语言治理的标准

D. 没什么作用

7. 路名标牌中偶尔会出现一些中、英文不对应的现象，原因主要是什么？

A. 地方语言文字工作委员会宣传不到位

B. 城市语言治理水平较低

C. 标牌设计者外语水平不高

D. 标牌制作者能力太差

8. 道路标牌上的英文翻译原则应该是什么？

A. 直接将中文翻译为英文

B. 英文翻译出现中文关键词即可

C. 以外国人能够理解为基本原则

D. 体现我国的语言文字政策

9. 您是否会阅读旅游景点内向游客介绍历史、文化、特色的信息展示牌？

A. 很少留意

B. 偶尔留意

C. 常常留意

D. 从不留意

10. 您是否会留意使用外文书写的信息展示牌？

A. 很少留意

B. 偶尔留意

C. 常常留意

D. 从不留意

11. 您认为景区的信息展示牌是否应该使用英语？

A. 应该

B. 不应该

C. 无所谓

原因是什么：_____

12. 您认为景区标牌使用英语有哪些作用？（多选）

    A. 体现国际化大都市特点

    B. 吸引游客阅读

    C. 辅助学习英语

    D. 帮助外国友人了解景区人文历史

13. 景区的信息展示牌是否应该使用其他语种（日语、韩语、法语等）？

    A. 应该

    B. 不应该

    C. 无所谓

14. 请按照您认为的优先级为下列语种排序。

    日语、韩语、俄语、德语、西语

___

15. 您是否留意过商铺牌匾上使用的繁体字？

    A. 很少留意

    B. 偶尔留意

    C. 常常留意

    D. 从不留意

16. 您认为西安老字号的牌匾上是否应该使用繁体字？

    A. 应该

    B. 不应该

    C. 无所谓

17. 店铺牌匾上经常出现英文单词或字母，您的态度是：

    A. 破坏汉语的纯洁性，无法认同

    B. 表达更简洁便利，应该接受

    C. 已成为我国语言表达中的一部分，应该包容

    D. 老年人、没有学习过英语的人看不懂，应该避免

18. 在大悦城、小寨赛格等繁华商业街区，很多店铺牌匾直接以英文书写，不使用中文，对此类现象您的态度是：

　　A. 支持，形式上求新求异，商场更有国际化气质

　　B. 不支持，完全看不懂英文的意思，这是崇洋媚外

　　C. 无所谓

19. 相较于汉语店铺牌匾，使用全英文书写的店铺牌匾是否能激起您的购物欲望？

　　A. 能，高端品牌当更值得信赖

　　B. 不能，只是营销手段

　　C. 偶尔会

　　D. 完全不会

20. 对店铺牌匾上书写的英文翻译，您常常会：

　　A. 阅读英语内容获取信息

　　B. 对照汉英内容判断翻译的准确性

　　C. 只读中文，不读英文

　　D. 很少关注英文翻译

21. 下列哪几类中英双语店铺牌匾名会吸引您的注意力（多选）？

　　A. 汉字书写端正，英文字迹清晰

　　B. 广告效果明显，形式大于内容

　　C. 英文翻译能够大概表达中文意思即可

　　D. 中英文表达的意思完全相同

　　E. 中文与英文的信息可以互为补充

22. 店铺牌匾上的英文内容能够引起您的注意，最主要的原因是：

　　A. 学习英语，学以致用

　　B. 英语错误（中式英语）引人发笑

　　C. 能够获取新的信息

　　D. 其他（如英语标牌无处不在）

23. 一些店铺牌匾的名称除了中文外，还以汉语拼音标注，如店名“不夜城小吃店”下方注明“Bu Ye Cheng Xiao Chi Dian”，你认为这样做：

　　A. 可以接受，为外国友人、低龄儿童认字、识字提供便利

B.合情合理，汉语的记音符号、书写符号应该合体，提倡使用此类标牌

C.无法接受，画蛇添足，使用英文更便于外国游客理解

D.无所谓

24.您是否能发现标牌上语言使用的不规范现象（如错别字、用词不当、语法错误、翻译不对应等）？

A.经常

B.偶尔

C.从未

25.您如何看待这些不规范现象？

A.完全取缔，不规范现象会影响市容市貌，甚至使市民误解相关信息的传递

B.可以放任，有些不规范现象是利用"谐音梗"等方式来博取眼球，有娱乐作用

C.严加整改，寻求专家帮助，提供更符合规范的表达

D.无所谓，不会影响日常理解

26.有人认为城市英语标牌可以成为一种语言学习资源，您的看法是：

A.赞同，可以复习学过的生词

B.不赞同，不具有太多的学习价值

C.不好说

D.没关注

27.《公共服务领域英文译写规范》于 2017 年 12 月起实施，您认为此类文件的规范作用在于：

A.非常有用，提供了标准

B.对城市语言治理有一定作用

C.没有实际作用，没人在意

D.没听说过这个文件，不关心

28.世纪联华超市曾将"一次性用品"翻译成"A time sex thing"，您如何

看待语言标牌里的"中式英语"现象？

    A. 不是规范的英语，应该清除

    B. 找专家改正

    C. 是英语的一种变体，值得深入研究

    D. 无所谓

29. 西安市的语言标牌富有地域特色，具有强辨识性（如大雁塔的标牌体现唐文化，店铺标牌有陕西方言表达，等等）。

    A. 非常赞同

    B. 一般赞同，部分景区有，整个城市则没有

    C. 不赞同

    D. 没关注

30. 对富有西安地域特色的语言标牌，您的态度是：

    A. 支持，地域特色的标牌有助于游客融入西安，了解西安风俗文化

    B. 不支持，地域特色的标牌没什么作用

    C. 无所谓，有没有都可以

    D. 没关注

31. 您认为下列哪一种类型的标牌最能体现西安特色？

    A. 道路指示牌、街道名称牌

    B. 广告、宣传海报

    C. 提示牌、警示牌

    D. 涂鸦壁画、横幅标语

    E. 店铺招牌

32. 您认为西安的城市语言景观有哪些作用？（多选）

    A. 城市形象塑造作用（如建设国际化大都市）

    B. 城市文化宣传作用（如宣传十三朝古都）

    C. 群体文化认同作用（如方言融入）

33. 您是否认同西安城市语言景观为您的生活提供了许多便利？

    A. 非常赞同，为我的出行、消费都提供了便利

B. 一般赞同，偶尔有帮助

C. 不赞同，没用

D. 不太关注，对我没影响

34. 您认为西安城市语言景观应该多展示哪一类地域元素？

A. 诗歌诗词

B. 独特的方言词语

C. 历史典故介绍

D. 戏曲戏剧术语

35. 请写出您对西安市城市语言景观的期待或建议。

_____

_____

非常感谢您的回答！祝生活愉快，万事顺意！

附录 2：汉语二语学习者对城市语言标牌的感知调查 ①

Questionnaire on International Students'Perceptions of Linguistic Landscape

第一部分（Part I）：背景信息（Background Information）

1. 你的性别（Gender）:［单选题］*

○男（Male）

○女（Female）

2. 你的年龄（Age）:［填空题］

_____

3. 你的受教育情况（Your educational background）:［单选题］*

○本科生在读（Undergraduate）

○硕士研究生在读（Under post-graduate）

○博士研究生在读（Doctor candidate）

4. 你的国籍（Your nationality）:［填空题］

_____

5. 你的母语（Your mother tongue）:［填空题］

_____

6. 你是否学过中文之外的其他语言？（Have you ever learned the other languages except Chinese?）［填空题］

_____

7. 你学习中文时间（Years of learning Chinese）:_____ 年（Year / years）［填空题］*

8. 你待在中国的时间（Length of stay in China）:_____ 年（Year / years）

---

① 该问卷中题目中加"*"者为必答题。

［填空题］*

9. 你的 HSK 成绩是？（What's your HSK grade?）［填空题］

10. 你是否能很好地理解本问卷中的问题并能用汉语回答？（Can you understand the questions in this questionnaire and answer them in Chinese?）［单选题］*

　　○是（Yes）

　　○否（No）

第二部分（Part 2）：文化认同调查问卷（Cultural Identity Questionnaire）

1. 平时我会注意语言景观（I usually pay attention to the language landscape）［单选题］*

　　○总是（Very often）

　　○经常（Often）

　　○有时（Sometimes）

　　○偶尔（Occasionally）

　　○从不（Never）

2. 你最关注的是哪种类型的语言景观？（What kind of linguistic landscapes are you most concerned about?）［可以多选（You can have multiple choices）］［多选题］*

　　□路牌、指示牌　　　　　　　　□公告牌、横幅

　　（Road signs and indicators）　（Billboards and banners）

□海报

（Posters）

□电子显示屏

（Electronic display screens）

□涂鸦、壁画

（Graffiti and wall-paintings）

□商业招牌

（Commercial signs）

3. 我会经常注意语言标牌中的中文（I will always pay attention to the Chinese language in the language signs）［单选题］*

○总是（Very often）

○经常（Often）

○有时（Sometimes）

○偶尔（Occasionally）

○从不（Never）

4. 当语言标牌中有中文、英文、日文、韩文时，我会优先关注中文（When there are Chinese, English, Japanese and Korean in the language signs, I will give priority to Chinese）［单选题］*

○总是（Very often）

○经常（Often）

○有时（Sometimes）

○偶尔（Occasionally）

○从不（Never）

5. 当语言标牌中出现自己的母语时，我还会继续看中文（When my mother tongue appears in the language signs, I will continue to read Chinese）［单选题］*

○总是（Very often）

○经常（Often）

○有时（Sometimes）

○偶尔（Occasionally）

○从不（Never）

6. 我的国家的语言标牌设计和西安的很不一样（The language signs design in my country is very different from that in Xi'an）［单选题］*

○是（Yes）

○否（No）

7. 当我在街上看到一家商店的标牌，我可以准确知道这家店是卖什么的（When I see a sign for a store on the street, I can know exactly what the store is selling）［单选题］*

○总是（Very often）

○经常（Often）

○有时（Sometimes）

○偶尔（Occasionally）

○从不（Never）

8. 我对西安的语言标牌持有积极态度（I have a positive attitude towards the language signs in Xi'an）［单选题］*

○总是（Very often）

○经常（Often）

○有时（Sometimes）

○偶尔（Occasionally）

○从不（Never）

9. 我对有西安地方特色的语言标牌持有积极态度（I have a positive attitude towards the language signs with the local characteristics of Xi'an）［单选题］*

○总是（Very often）

○经常（Often）

○有时（Sometimes）

○偶尔（Occasionally）

○从不（Never）

10. 我觉得西安的语言标牌可以为旅游和生活提供便利（I think the language signs in Xi'an can provide convenience for travel and life）［单选题］*

○总是（Very often）

○经常（Often）

○有时（Sometimes）

○偶尔（Occasionally）

○从不（Never）

11. 相比小寨的语言标牌，我更喜欢大唐不夜城的语言标牌（Compared to the language signs of Xiaozhai, I prefer the language signs of Datang Night City）［单选题］*

小寨： 大唐不夜城：

○是（Yes）

○否（No）

12. 我觉得注意或浏览地方特色语言标牌对我的中文学习有帮助（I think it is helpful for me to notice or browse the local characteristic language signs）［单选题］*

○是（Yes）

○否（No）

13. 我觉得（　　）标牌对我学习中文最有帮助（I think the（　　）sign is the most helpful to my Chinese study）［单选题］*【该题与第 2 题所用图片相同，故省略】

14. 我觉得注意或浏览地方特色语言标牌有助于我了解中国文化（I think paying attention to or browsing local language signs will help me understand Chinese culture）［单选题］*

○是（Yes）

○否（No）

15. 相比小寨的语言标牌，大唐不夜城的语言标牌让我了解更多中国文化（Compared to the language signs in Xiaozhai, the language signs in the Datang Night City let me know more about Chinese culture）［单选题］*【该题与第 11 题所用图片相同，故省略】

○是（Yes）

○否（No）

16. 西安特色的语言标牌使我在中国更有认同感（The language signs of Xi'an make me more identify in China）［单选题］*

○总是（Very often）

○经常（Often）

○有时（Sometimes）

○偶尔（Occasionally）

○从不（Never）

17. 如果不认识语言标牌上的汉字，我会询问朋友或翻译查询汉字的意思（If I do not know the Chinese characters on the language signs, I will ask a friend or a translator about the meaning of the Chinese characters）［单选题］*

○总是（Very often）

○经常（Often）

○有时（Sometimes）

○偶尔（Occasionally）

○从不（Never）

18. 外出时看到的语言标牌会让我有和同伴交流的欲望（The language signs I see when I go out will give me a desire to communicate with my peers）［单选题］*

○总是（Very often）

○经常（Often）

○有时（Sometimes）

○偶尔（Occasionally）

○从不（Never）

19. 通过地方特色语言标牌识得的中文表达，我会学着使用（I will learn to use the Chinese expression obtained through the local characteristic language signs）［单选题］*

○总是（Very often）

○经常（Often）

○有时（Sometimes）

○偶尔（Occasionally）

○从不（Never）

图书在版编目（CIP）数据

西安城市语言景观研究 / 杨彬著. -- 北京：商务
印书馆，2025. -- ISBN 978-7-100-24392-6

Ⅰ. H030

中国国家版本馆 CIP 数据核字第 2024NY5733 号

权利保留，侵权必究。

西安城市语言景观研究

杨彬 著

商 务 印 书 馆 出 版
（北京王府井大街36号 邮政编码100710）
商 务 印 书 馆 发 行
北京顶佳世纪印刷有限公司印刷
ISBN 978 - 7 - 100 - 24392 - 6

2025 年 3 月第 1 版　　　　开本 787×1092　1/16
2025 年 3 月北京第 1 次印刷　印张 15½

定价：78.00 元